alba modellbahn praxis 11

MODELLBAHN DIGITAL PRAXIS

Aufbau, Betrieb und Selbstbau

von Werner Kraus

alba

Titelbild:

Spur N Arnold DIGITAL-LOK V 221 mit Simplex-Kupplungen und Spur H0 MÄRKLIN-HAMO Digital-Lok E 191.

Wichtiger Hinweis:

Es wird keine Gewähr dafür übernommen, daß alle wiedergegebenen Schaltungen und Verfahren frei von Schutzrechten Dritter sind.

Die gewerbliche Nutzung bedarf der vorherigen schriftlichen Zustimmung möglicher Lizenzinhaber.

Sämtliche Angaben und Schaltungen sind mit großer Sorgfalt erarbeitet und wiedergegeben worden. Dennoch sind Fehler nie ganz auszuschließen. Es muß deshalb darauf hingewiesen werden, daß weder eine Garantie noch eine juristische Verantwortung oder irgendeine Haftung für Folgen, die auf fehlerhafte Angaben zurückzuführen sind, übernommen werden können. Für Hinweise auf eventuelle Fehler ist der Autor dankbar.

CiP-Kurztitelaufnahme der Deutschen Bibliothek

Modellbahn-Digital-Praxis: Aufbau, Betrieb und Selbstbau /
von Werner Kraus. – Düsseldorf: Alba, 1992
(Alba-Modellbahn-Praxis; 11)
ISBN 3-87094-567-2
NE: Kraus, Werner; GT

Erschienen	Dezember 1991
Titelfoto	Egon Pempelforth, Düsseldorf
Abbildungen	Sämtliche Fotos, Zeichnungen und Skizzen stammen vom Verfasser
Layout	Susanne Kreitzberg, Solingen
Satz	Baecker + Häbel Satz und Druck GmbH, Willich
Herstellung	L. N. Schaffrath, Geldern
ISBN	3-87094-567-2

Inhalt

Einleitung

Nach einer längeren Phase der Perfektionierung von Details an Modellbahnfahrzeugen und auf dem Gebiet des Landschaftsbaues treten mittlerweile die eigentlichen Merkmale einer Eisenbahn – Betrieb, Bewegung, Energie, Masse, Geräusche – wieder mehr in den Mittelpunkt des Interesses.

Wesentliche Ziele des überwiegend betriebsorientierten Modellbahners sind:

- vorbildgerechtes Fahrverhalten von Triebfahrzeugen, sowie
- Nachbildung eines vorbildorientierten Betriebsablaufes.

Beides geht mit dem Wunsch nach einem spürbar verringerten Verdrahtungsaufwand einher.

Die Vergangenheit hat deutlich gemacht, daß Elektronik allein um der Elektronik willen oder aus Gründen der Opportunität anzubieten, den falschen Weg darstellt. Hier ein mehr oder minder wahllos mit Knöpfen und Leuchtdioden übersähtes, bedienungsunfreundlich gestaltetes Fahr-Gerät, dort eine Dauerzugbeleuchtung und eine Geräuschsimulationseinrichtung oder eine Gleisbelegtmeldeschaltung – und kaum etwas harmonierte miteinander. Die Folge ist eine eher ablehnende Grundhaltung vieler Modellbahner gegenüber dem Thema Modellbahnelektronik.

Auf Dauer haben nur gezielt auf die spezifischen Belange der Modellbahn zugeschnittene, insbesondere bedienungsfreundliche, schrittweise ausbaubare, also *anwendergerecht konzipierte Gesamtkonzepte* eine Chance.

Mit der Markteinführung Digitaler Mehrzugsteuerungen stehen erstmals solche Systeme zur Verfügung. Sie decken die drei Bereiche *FAHREN, SCHALTEN* und *MELDEN* einer Modellbahnsteuerung ab.

Hier wird deutlich, daß die Elektronik ein prädestiniertes Hilfsmittel zur Erhöhung der Vorbildtreue darstellt und somit den eingangs genannten Zielsetzungen dienen kann.

1 Grundsätzliches

Welche Vorteile haben Digitale Mehrzugsteuerungen? Womit begann die Entwicklung? Welche Konzeptionen stehen zur Wahl? Welche Eigenschaften verbergen sich hinter den verschiedenen Fachausdrücken? Hat der Selbstbau bei dieser Technik noch Chancen? Die Beantwortung solch grundsätzlicher Fragen steht im Mittelpunkt des ersten Kapitels.

Inhalt, Ziele und Aufbau dieses Buches

In diesem Buch werden vier Themen angesprochen und damit folgende Ziele verfolgt:

– Kenntnisse über den (modularen) *Aufbau der Steuerungen* für Gleichstrombahnen von Arnold und Märklin und deren Kombinationsmöglichkeiten über die Herstellergrenzen hinweg zu vermitteln, wobei die Austausch– und Ergänzungsmöglichkeiten durch Komponenten aus den verschiedenen Angeboten im Mittelpunkt der Betrachtungen stehen,

– *Praxistips* zu Auswahl, Einstieg, Umstellung, Aufbau und Betrieb Digitaler Mehrzugsteuerungen bei Zweischienen-Zweileiter-Betrieb für die Baugrößen N und H0 zu geben,

– *Detaillierte Erklärung der technischen Funktion* einschließlich des Datenübertragungsformates mit dem Ziel, sowohl das Verständnis für die Zusammenhänge selbst, als auch die Anwendungs- und Entwicklungsreserven der Systeme aufzuzeigen und

– *Nachbaufähige Anleitungen* (jeweils einschließlich Schaltplan, Platinenvorlage, Bestückungsliste und Anschlußschaltbild) *zum Selbstbau* zu geben. Ein Teil der beschriebenen Schaltungen ersetzt herstellerseitige Komponenten. Darüberhinaus werden Bauanleitungen für Anwendungsfälle vorgestellt, für die herstellerseitig keine Lösungen angeboten werden.

Dieser Gliederung – erst der Systemaufbau, dann Praxistips, anschließend die Erklärung der Technik und schließlich Bauanleitungen – folgt auch der Aufbau des Buches.

Die Schilderung des Systemaufbaues konzentriert sich bewußt auf die in den jeweiligen Herstellerunterlagen nicht oder nur kurz angerissenen Ergänzungs– und Austauschmöglichkeiten zwischen den Fabrikaten. Die Beschreibung ersetzt folglich keine Herstellerunterlagen (siehe Anhang [1] bis [5]); sie ergänzt diese vielmehr.

Die Bauanleitungen weisen unterschiedliche Schwierigkeitsgrade auf. Erfahrungen mit dem Selbstbau elektronischer Schaltungen sind deshalb zumindest für einen Teil der vorgestellten Baugruppen notwendig.

Alle Nachbauvorschläge wurden so konzipiert, daß die Schaltungen ohne Abgleicharbeiten (keine Meßgeräte) funktionieren.

Elektronische Mehrzugsteuerungen – ein Rückblick

Impulse zum Bau solcher Steuerungen gingen nicht etwa von der Modellbahnindustrie aus – es waren vielmehr engagierte Modellbahn-Hobby-Elektroniker welche die ersten Schaltungen entwickelt und die zugehörigen Bauanleitungen veröffentlicht haben (siehe Anhang [7] bis [13]).

Danach prägten einige Jahre wenige Kleinserienhersteller die Angebotspalette.

Erst Mitte der achtziger Jahre engagierten sich die großen Modellbahnhersteller – zunächst nur Trix und Märklin, etwas später auch Fleischmann und Arnold – auf diesem zukunftsträchtigen Gebiet.

Früher arbeiteten Mehrzugsteuerungen fast ausnahmslos mit Resonanzschwingkreisen – also analog. Darin lag eine der Ursachen für ihre auch unter Hobby-Elektronikern relativ geringe Verbreitung, denn wer ist schon in der Lage, in seiner Hobby-Werkstatt sehr kleine Spulen präzise mit feinsten Kupfer-Lack-Drähten zu bewickeln!? Außerdem beschränkten sich alle Bauanleitungen auf den gemeinsamen, aber voneinander unabhängig steuerbaren Betrieb mehrerer Triebfahrzeuge innerhalb eines Stromkreises. Von den Bereichen Fahrwegsteuerung (Weichen, Signale, Fahrstraßenschaltungen, usw.) und -überwachung (Gleisbelegtanzeige, zuggesteuerte Kontaktgabe) war seinerzeit noch keine Rede. Der Grund lag in der begrenzten Selektivität (Kanalzahl) der frequenzmodulierten Schaltungen.

Den heutigen Angeboten der Großserienhersteller ist das rein digitale Arbeitsverfahren gemeinsam mit dem Ergebnis, daß in der Praxis keinerlei Beschränkungen bei der Anzahl steuerbarer Fahrzeuge und Magnetartikel bestehen. Daneben hat man mittlerweile auch die Notwendigkeit der Rückmeldung von Fahrzeugstandorten erkannt und bietet hierfür erste Lösungsansätze.

Vorzüge Digitaler Mehrzugsteuerungen

Die aus Sicht des Anwenders wohl wichtigsten Vorzüge Digitaler Mehrzugsteuerungen liegen in der freizügigen Fahrzeugsteuerung, den vielfältigen Möglichkeiten der Weichen– und Signalsteuerung einschließlich Fahrstraßentechnik (ohne Relais), sowie der Fahrwegüberwachung. Oben an steht aber die Hoffnung auf eine deutliche Reduzierung des Verdrahtungsaufwandes.

Jedes Vorbildtriebfahrzeug hat verschiedene, sog. *fahrzeugspezifische Kennwerte* wie beispielsweise Höchstgeschwindigkeit oder Fahrzeugmasse (Anfahr– bzw Bremsverhalten). Hinzu kommen unterschiedliche elektromechanische Eigenschaften der Modelle, die z. B. verschiedene Mindestanfahrspannungen erforderlich machen. Die Vorgabe fahrzeugspezifischer Eigenschaften in Verbindung mit einer Verbesserung der (Langsam)fahreigenschaften sind die entscheidenden Vorteile bei der *Fahrzeugsteuerung.* Hinzu kommen die Vorzüge eines vorbildgerechteren Betriebes von Zusatzeinrichtungen (fernsteuerbare Entkupplung, Geräuschsimulationseinrichtungen, Beleuchtung, usw.), wobei sich die fahrspannungsunabhängige Stromversorgung positiv auswirkt.

Eine vorbildgerechte Fahrwegsteuerung und -überwachung umfaßt die Funktionen

- Prüfen des Gleisbelegtzustandes
- Stellen von Weichen und zugehörigen Flankenschutzeinrichtungen
- Verriegeln von Weichen und Flankenschutzeinrichtungen und
- Stellen von Signalen

Das entspricht dem Bau eines „elektronisches Stellwerkes“. Mußten solche Lösungen früher mittels fester Verdrahtung – also einem „Schrank voller Relais“ – realisiert werden, so geht das mit Digitalen Mehrzugsteuerungen (auch schon ohne Computer!) wesentlich einfacher.

Mehrzugsteuerungen bieten darüberhinaus die Möglichkeit zur Verknüpfung von Fahrzeug– und Fahrwegsteuerung. Dies reicht bis hin zum vorbildgerechten Betrieb nach Fahrplänen.

Begriffsdefinitionen

Für das Verständnis der folgenden Ausführungen sind einige Definitionen unumgänglich: Unter *MÄRKLIN-DIGITAL* wird das für Märklin-H0-Dreileiter-Zweischienen-*Wechselstrom-*

Modellbahnen konzipierte Digitalsystem verstanden. Dieses System ist durchaus für Gleichstrombahnen von Bedeutung, weil sich zahlreiche Komponenten dieser Steuerung zur Ergänzung von ARNOLD-DIGITAL und MÄRKLIN-DIGITAL= bestens eignen.

Mit dem Begriff *MÄRKLIN-DIGITAL=* wird ausschließlich die für Zweischienen-Zweileiter-*Gleichstrom-Bahnen* der Baugröße H0 entwickelte Variante bezeichnet und *ARNOLD-DIGITAL* stellt schließlich eine spezielle Entwicklung *für Spur N Bahnen* sämtlicher Fabrikate dar.

Unter der Bezeichnung *Analog-Lok* werden alle serienmäßigen Triebfahrzeuge mit Permanentmagnet-Gleichstrommotoren – *ohne* eingebauten Lok-Decoder – also herkömmliche, konventionelle Loks verstanden.

Die Bezeichnung *Digital-Lok* findet für Fahrzeuge *mit* eingebautem Lok-Decoder Anwendung.

Magnetartikelempfänger, Weichendecoder, Magnetartikeldecoder oder Decoder mit Schaltausgängen – alle diese von den Herstellern verwendeten Namen werden in den folgenden Ausführungen unter dem Oberbegriff *Funktions-Decoder* zusammengefaßt.

Verschiedene Konzeptionen

Prinzipiell muß jede Modellbahnsteuerung die Bereiche FAHREN, SCHALTEN und MELDEN abdecken.

Bei herkömmlichen Steuerungen besaß man ein Fahrpult zum fahren, ein Stellpult zum betätigen von Weichen und Signalen und ein Anzeigepult zur Meldung von Gleisbelegtzuständen.

Dieser Steuerungsaufbau kann als *modular* bezeichnet werden. Im Gegensatz dazu ließen sich auch alle drei Bereiche in *einem* Gerät zusammenfassen – einer Art kompakten *Komplettlösung.*

Der technische Zwang zur konsequenten Umrüstung aller Triebfahrzeuge, oder die Möglichkeit, herkömmliche Loks zusammen mit Digital-Loks in ein– und demselben Stromkreis weiter betreiben zu können, sind ebenfalls Merkmale unterschiedlicher Konzeptionen.

Angebote der Modellbahnhersteller

Für Märklin H0 Wechselstrom Bahnen wird die Digitale Mehrzugsteuerung MÄRKLIN-DIGITAL angeboten.

Für Modelleisenbahner, die mit international genormten Zweischienen-Zweileiter-Gleichstrom-Systemen und Fahrzeugen der Baugrößen N und H0 fahren, stehen im wesentlichen folgende Digitale Mehrzugsteuerungen zur Auswahl:

- MÄRKLIN-DIGITAL =
- ARNOLD-DIGITAL
- Trix SELECTRIX und
- Fleischmann FMZ

Aufbau, Eigenschaften und Verwendungsmöglichkeiten aller Digitaler Mehrzugsteuerungen sind in dem Buch *MODELLBAHN DIGITAL FAHREN* (siehe Anhang [6]) einem ausführlichen Vergleich unterzogen.

Die Fa. Märklin hat ihre hinlänglich bekannte Digitalsteuerung „MÄRKLIN-DIGITAL" für Wechselstrombahnen der Baugröße H0 um eine Variante für die international genormten Zweischienen-Zweileiter-Bahnen der Baugrößen Z (noch in Planung) und H0 mit dem Namen „MÄRKLIN-DIGITAL=" ergänzt. Für Spur 1 steht eine Variante mit dem Namen „MÄRKLIN DIGITAL 1" zur Verfügung. Ferner kooperieren die Firmen Arnold, Lenz und Märklin auf dem Sektor Mehrzugsteuerungen. Als Ergebnis dieser Zusammenarbeit bietet Arnold eine für Fahrzeuge sämtlicher Spur-N-Hersteller geeignete Digitale Mehrzugsteuerung unter der Bezeichnung „ARNOLD-DIGITAL" an.

Erweiterungen der Arnold-Steuerung durch bestimmte Märklin-Komponenten – und natürlich auch umgekehrt – sind dank der Zusammenarbeit der Hersteller ohne weiteres möglich.

Technisch gesehen leistet das für Gleichstromfahrzeuge neu entwickelte System derzeit etwas mehr als die Wechselstromvariante. So bieten ARNOLD-DIGITAL und MÄRKLIN-DIGITAL= beispielsweise bei der Fahrzeugsteuerung *volle Auf- und Abwärtskompatibilität*, d. h. auch Lokomotiven ohne Lok-Decoder können mit dieser Steuerung betrieben werden und Fahrzeuge *mit* Lok-Decoder lassen sich sogar mit herkömmlichen Gleichstrom-Modellbahnfahrpulten steuern.

Arnold und Märklin decken mit ihrem Angebot *alle Baugrößen* der international genormten Zweischienen-Zweileiter-Gleichstrom-Modellbahnen und damit einen Großteil des gesamten Marktes ab.

Diese Tatsachen in Verbindung mit den bemerkenswerten technischen Eigenschaften sind Grund genug, sich auf diese Systeme zu konzentrieren und sie eingehender zu untersuchen.

Selbstbau – Grenzen und Möglichkeiten

Modellbahn und Elektronik schließen einander keineswegs aus; vielmehr ergänzen sie sich vortrefflich – Hobby-Elektroniker wissen das längst.

Auch auf den ersten Blick kompliziert erscheinende Systeme wie Digitale Mehrzugsteuerungen bieten fast unbegrenzten Spielraum für den Selbstbau von Schaltungen. Umdenken ist allerdings in einem entscheidenden Punkt notwendig: Selbstbauschaltungen *müssen* kompatibel zu den herstellerseitig angebotenen Systemen sein. Das setzt fundierte Kenntnisse über Technik (einschließlich Datenübertragungsformat) und Funktionsabläufe in kommerziellen Steuerungen voraus. Und noch eine Folge ist zu bedenken: Da jeder Hersteller eine andere Technik verwendet, muß sich der Selbstbau auf *ein Fabrikat* konzentrieren.

Der Selbstbau von Lok-Decodern mit vergleichbaren Eigenschaften zum Industrieprodukt stellt sicher ein aussichtsloses Unterfangen dar – hier werden die Grenzen deutlich!

Ganz anders ist jedoch die Situation, wenn der Eigenbau von Funktions-Decodern, Rückmelde-Decodern oder stationärer Komponenten – z. B. Leistungsverstärker oder auch Fahr-Geräte – in Betracht gezogen wird. Hier ergibt sich ein lohnendes Betätigungsfeld. Das gilt gleichermaßen in Bezug auf Aufgabenstellungen, für deren Lösung bislang noch gar keine Komponenten angeboten werden, wie beispielsweise Gleisbelegtmelder oder bestimmte zuggesteuerte Kontaktgeberbauarten.

Für jede in diesem Buch enthaltene Bauanleitung wird eine Platine vorgestellt. Sie erleichtern den Schaltungsnachbau und erhöhen die Funktionssicherheit. Im Herstellerverzeichnis (Seite 151) ist ein Bezugsquellennachweis für diese Leiterplatten aufgeführt.

Zusammenfassung

Viele Züge mit minimalem Verdrahtungsaufwand steuern zu können ist ein lange gehegter Wunsch zahlreicher Modellbahner. Erste Selbstbauschaltungen wurden zur Lösung dieses Problems von engagierten Modellbahnelektronikern Ende der sechziger Jahre veröffentlicht. Namhafte Modellbahnhersteller zogen 1985 mit professionellen Angeboten nach; wobei heute Funktionsvielfalt und Angebotspalette auf erfreulich hohem Niveau liegen. Möglich wurde das erst durch den Einsatz moderner Digitaltechnik.

Die technischen Eigenschaften der verschiedenen Produkte unterscheiden sich beträchtlich, wodurch schier unüberwindliche Systemschranken errichtet wurden. Deshalb muß man sich bei Veröffentlichungen von Praxistips, Erklärung der technischen Funktion und Bauanleitungen zwangsläufig auf ein Fabrikat konzentrieren.

Trotz anspruchsvoller Digitaltechnik bietet der Selbstbau von Schaltungen ein vielfältiges Betätigungsfeld.

2 Aufbau und Systembeschreibung

Warum muß man sich auf ein System festlegen? Will man digital fahren und/oder schalten und melden? Ist ein allmählicher, schrittweiser Einstieg in die neue Technik möglich? Kann eine vorhandene Modellbahnsteuerung weiter verwendet werden? Wie vielfältig ist das Herstellerangebot? Wo bestehen Angebotslücken? Inwieweit lassen sich Digital-Komponenten verschiedener Hersteller miteinander kombinieren, ergänzen oder gar ersetzen? Entscheidende Fragen, die im Mittelpunkt der folgenden Ausführungen stehen.

Aufgabenbereiche

Betrachtet man die Mehrzugsteuerungen von ARNOLD und MÄRKLIN unter anwenderorientierten Gesichtspunkten, so liegt eine Gliederung nach folgenden Aufgabenbereichen nahe:

– *FAHREN* (mit Fahrzeugen),
– *SCHALTEN* (auf der Anlage befindlicher Verbraucher, wie Signale, Weichen, Gleisabschnitte, Blinklichtanlagen, usw) und
– *MELDEN* (von Fahrzeugstandorten – also Gleisbelegtzuständen –, zuggesteuerten Befehlen, Signal– und Weichenstellungen, Stellung von Schiebebühnen und Drehscheiben, usw.)

Die Einteilung deutet die vielseitigen Verwendungsmöglichkeiten schon an, nämlich den ausschließlichen Einsatz zur Fahrzeugsteuerung oder nur zur Fahrwegsteuerung und -überwachung, sowie als dritte Möglichkeit die gleichzeitige Abdeckung beider Bereiche.

Die Vielseitigkeit hat ihre Ursache in einem besonderen Kennzeichen der Steuerungen: sie sind aus einzelnen Bausteinen – also *modular* – aufgebaut. Damit ist ein anwendungsgerechter, schrittweiser Ausbau möglich. Aber nicht nur eine an Wünschen und Notwendigkeiten orientierte Vorgehensweise, sondern auch eine allmähliche Umstellung konventioneller Anlagentechnik auf Digitale Mehrzugsteuerungen ist mit modularen Systemen relativ leicht machbar.

Unterschiede zwischen MÄRKLIN-DIGITAL, ARNOLD-DIGITAL und MÄRKLIN-DIGITAL=

MÄRKLIN-DIGITAL (für H0-Wechselstrombahnen) wurde als erste dieser drei Steuerungen 1985 auf den Markt gebracht. Zur Jahreswende 1988/89 folgte ARNOLD-DIGITAL (für Gleichstrombahnen der Baugröße N) und schließlich Mitte 1990 MÄRKLIN-DIGITAL= (für Gleichstrombahnen der Baugrößen H0). Warum verschiedene Systeme? Und wodurch unterscheiden sie sich?

Modelleisenbahnen unterscheiden sich bekanntlich nicht nur durch ihre Baugröße, sondern auch durch verschiedene Stromversorgungsformen, wobei es für die Technik heute schon fast unerheblich ist, ob mit Gleich- oder Wechselstrom gefahren wird. Mitentscheidend für die technische Konzeption einer solchen Steuerung ist vielmehr die unsymmetrische Stromzuführung beim international genormten Zweischienen-Zweileiter-System gegenüber der symmetrischen Anordnung bei Zweischienen-Dreileiter-Bahnen.

Gemeinsamkeiten zwischen den Steuerungen (Wechselstrom- und Gleichstrom-Digital) konzentrieren sich auf ortsfeste Komponenten, wie Fahr-Geräte, Magnetartikelstellpulte, Fahrstraßenstellpult, Rückmelde-Decoder, Interface u.ä.

Nicht austauschbar – und das ist für den Anwender wichtig zu wissen – sind die entscheidenden Systembestandteile Zentraleinheit (Central Unit), Leistungsverstärker (Booster), Lok-Decoder und Funktions-Decoder.

Ursache ist das vollkommen verschiedenartige Datenübertragungsformat von MÄRKLIN-DIGITAL (für Zweischienen-Dreileiter-Wechselstrom-Bahnen) einerseits, sowie ARNOLD-DIGITAL (für Baugröße N) und MÄRKLIN-DIGITAL= (für Zweischienen-Zweileiter-Bahnen der Baugrößen Z, H0 und 1) andererseits.

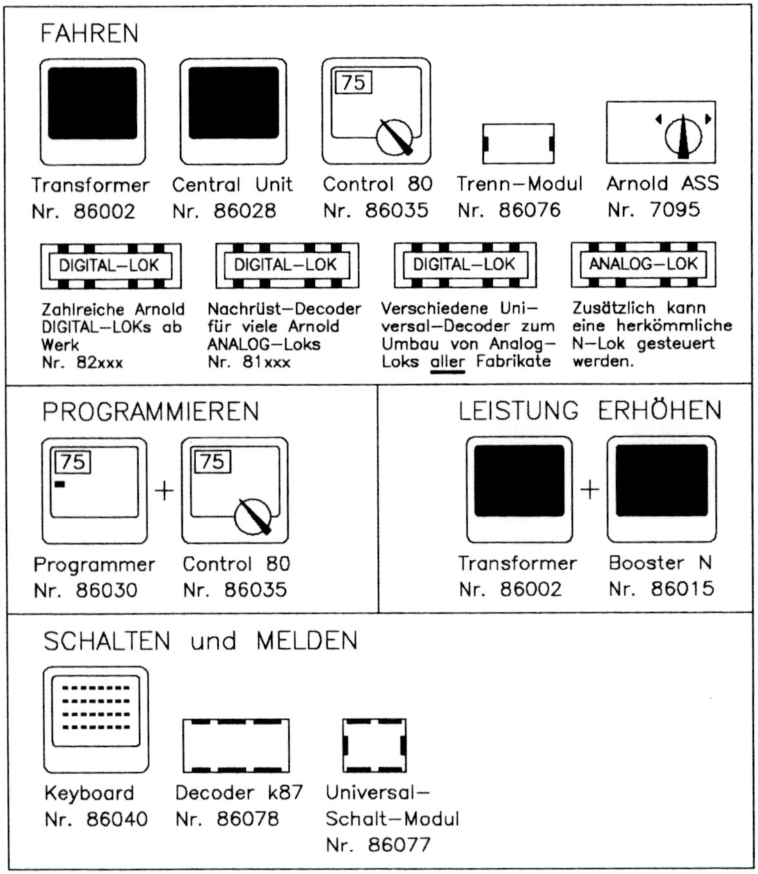

Abb. 2.1: Übersicht ARNOLD-DIGITAL für das international genormte Zweischienen-Zweileiter-Gleichstrom-System der Baugröße N

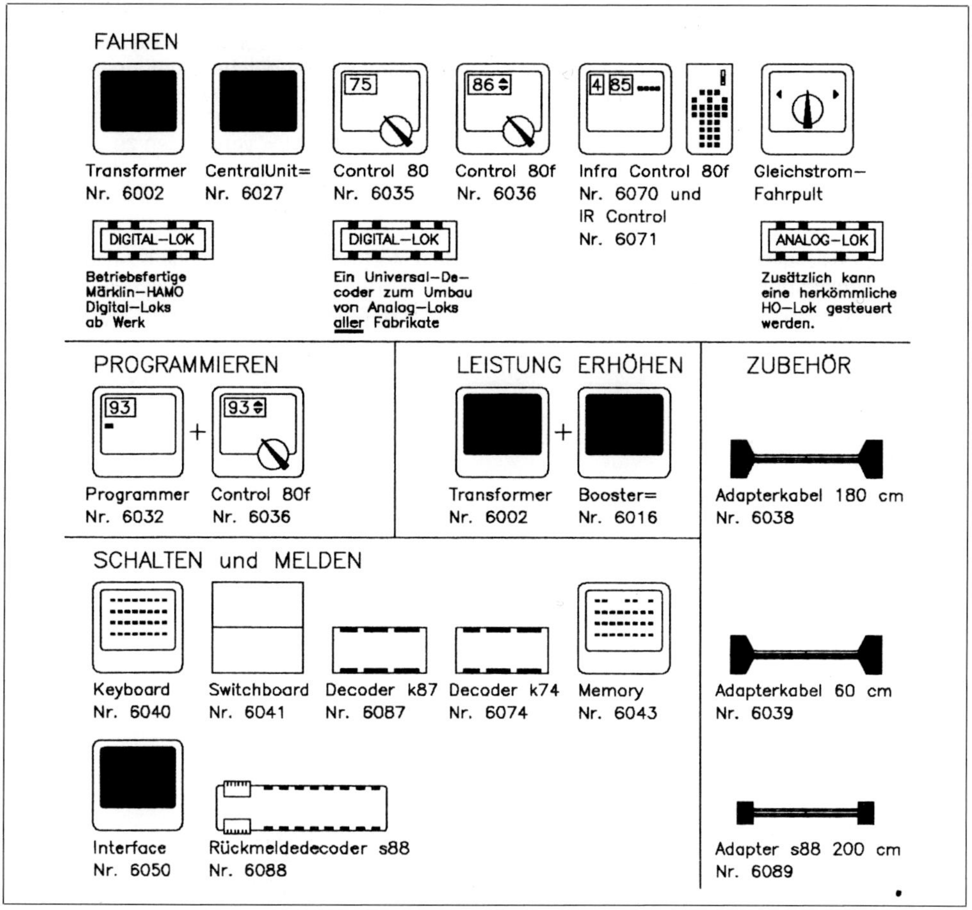

Abb. 2.2: Übersicht MÄRKLIN-DIGITAL= für das international genormte Zweischienen-Zweileiter-Gleichstrom-System der Baugröße H0

Angebot ARNOLD-DIGITAL und MÄRKLIN-DIGITAL=

Die Abbildungen 2.1 und 2.2 vermitteln einen herstellerbezogenen Überblick über alle zur Zeit verfügbaren Komponenten gegliedert nach den Anwendungsgebieten „FAHREN, SCHALTEN und MELDEN“.

Unter Beachtung der in Tabelle 2.1 aufgeführten Ergänzungs- und Austauschmöglichkeiten bieten Arnold und Märklin ein umfangreiches, viele Anwendungsfälle abdeckendes Programm.

Weitere Angaben können den jeweiligen Herstellerunterlagen (siehe Literaturverzeichnis im Anhang) entnommen werden.

Auch Kleinserienhersteller unterbreiten für bestimmte Anwendungsfälle interessante Angebote; so hat unter anderem die Fa. SB Modellbau, Olching, einen speziell für H0-Modelle mit Glockenankermotoren entwickelten Lok-Decoder im Programm.

Ganz besonders zahlt sich aber die *systemübergreifende Konzeption* des Hauses Märklin aus, nämlich zahlreiche Komponenten des Wechselstrom-Digital-Systems auch für die Gleichstrom-Versionen ARNOLD-DIGITAL und MÄRKLIN-DIGITAL= verwenden zu können.

Tabelle 2.1: Zusammenstellung der für ARNOLD-DIGITAL und MÄRKLIN-DIGITAL= (Baugröße H0) gleichermaßen verwendbaren Komponenten

Für ARNOLD-DIGITAL *und* MÄRKLIN-DIGITAL= verwendbare Artikel	Hersteller		Katalog Nr.
	Märklin	Arnold	
Transformator	×		6002
Transformator		×	86002
Central Unit =	×		6027
Central Unit N		×	86028
Booster =	×		6016
Booster		×	86015
Control 80	×		6035
Control 80		×	86035
Control 80 f	×		6036
Infra Control 80 f	×		6070
IR Control	×		6071
Programmer	×		6032
Programmer		×	86030
Keyboard	×		6040
Keyboard		×	86040
Switchboard	×		6041
Memory	×		6043
Adapterkabel 180	×		6038
Adapterkabel 60	×		6039
Interface	×		6050
Rückmeldedecoder s88	×		6088
Adapterkabel s88	×		6089
Decoder k 87 =	×		6087
Decoder k 87 N		×	86078
Decoder k 74	×		6074
Universal-Schalt-Modul (USM)		×	86077
Trenn-Modul		×	86076
Central Control* 80		×	80111 und 80112
Central Control* =	×		2627

* Kombination Fahr-Gerät Control 80 f und Central Unit aus Digital-Start-Set bzw. Digital-Grundpackung

Gemeinsamkeiten zwischen ARNOLD-DIGITAL und MÄRKLIN-DIGITAL=

Wie erwähnt kooperieren die Firmen Arnold, Lenz und Märklin auf dem Sektor Digitaler Mehrzugsteuerungen für international genormte Zweileiter-Zweischienen-Gleichstrom-Bahnen.

Das Datenübertragungsformat beider Steuerungen ist identisch; deshalb besteht zwischen ARNOLD-DIGITAL und MÄRKLIN-DIGITAL= ein hohes Maß an Gemeinsamkeiten.

Tabelle 2.1 gibt konkret Auskunft darüber, welche Komponenten aus dem gesamten Angebot beider Firmen sowohl für ARNOLD-DIGITAL, als auch für MÄRKLIN-DIGITAL= (Baugröße H0) verwendbar sind.

Klammert man die Lok-Decoder aus, dann sind alle Arnold Digitalartikel auch für MÄRKLIN-DIGITAL= der Baugröße H0 geeignet. Digitalkomponenten aus dem Hause Märklin werden mittlerweile vorbildlich gekennzeichnet. Verpackungen und die Geräte selbst tragen Aufschriften gemäß Abbildung 2.3. Wenn das Feld „H0=" auf der Verpackung mit einem roten Punkt oder auf dem Gerät durch ein „X" markiert ist, kann es ohne Einschränkung auch für ARNOLD-DIGITAL verwendet werden.

Die für Spur 1 angebotenen Geräte „Central Control 1" (Nr.6030) und „Booster 1" (Nr.6018) dürfen keinesfalls zum Betrieb von N oder H0-Fahrzeugen Verwendung finden. Die Ausgangspannungen der Spur 1 Geräte sind zur Erzielung eines besseren Anlaufverhaltens der großen Motoren – im Gegensatz zu N und H0 Komponenten – nicht auf einen Maximalspannungswert begrenzt.

Abb. 2.3: Die Verwendbarkeit jedes Märklin-Digital-Artikels ist sowohl auf der Verpackung (oben), wie auf den Geräten selbst (unten) eindeutig gekennzeichnet. Die Kennzeichnung „H0=" bedeutet gleichzeitig uneingeschränkte Eignung für ARNOLD DIGITAL, Baugröße N

Systemkapazität

Die Standardfragen zu jeder Mehrzugsteuerung lauten: Wie viele Loks können unabhängig voneinander fahren? Wie viele Magnetartikel lassen sich steuern? Wie viele Rückmeldungen sind übertragbar? Bleiben auch konventionelle Triebfahrzeuge steuerbar?

Tabelle 2.2 gibt Antwort auf solche Fragen.

Auf- und Abwärtskompatibilität

Zwischen den verschiedenen Fabrikaten (ausgenommen Arnold und Märklin) gibt es überhaupt keine Übereinstimmung. Zentral-Einheit von Märklin, Lok mit Lok-Decoder aus dem Hause Trix und Handsteuergerät von Fleischmann – das bleibt ein Traum.

Tabelle 2.2: ARNOLD-DIGITAL und MÄRKLIN-DIGITAL=, Systemkapazität zur Steuerung von Loks, Magnetartikeln und zur Verarbeitung von Meldungen

Analog-Loks	1	Natürlich können auch mehrere konventionelle Loks gleichzeitig im Digital-Stromkreis fahren, sie sind dann aber nicht unabhängig voneinander steuerbar
Digital-Loks mit Zusatzfunktionen	80	Bei Verwendung des Fahr-Gerätes Control 80 oder bei Steuerung mit Computer über das Interface + 1 Zusatzfunktion je Lok ein/aus
	99	Bei Verwendung der Fahr-Geräte Control 80 f u. Infra Control 80 f + 5 Zusatzfunktionen je Lok ein/aus oder Momentfunktion
Magnetartikel oder andere Verbraucher	256	(mit Doppelspulenantrieb) Dazu werden 64 Funktions-Decoder bzw. 128 Universal-Schalt-Module gebraucht
Programmablaufsteuerungen (Fahrstraßen, Blocksteuerungen, etc.) mit einem Memory:		
Anzahl speicherbarer Programme:	24	
Einzelschritte je Programm:	20	Schrittzahl kann durch Hintereinanderschaltung mehrerer Programme pro Memory auf 461 erhöht werden
Maximale Memoryzahl je Digitalsteuerung	4	
Rückmeldungen	496	Dazu werden 31 Rückmelde-Decoder (mit jeweils 16 Eingängen), Interface und Computer benötigt
		Sonderfälle: a) An jedes Memory (Fahrstraßenstellpult) können max. drei Rückmelde-Decoder zur Abfrage/Auslösung zuggesteuerter Meldungen angeschlossen werden b) Jedes Universal-Schalt-Modul kann zur Auslösung und Meldung von zwei zuggesteuerten Funktionen verwendet werden

Auf dem Sektor Fahrzeug- und Fahrwegsteuerung sind mit Hilfe der Mehrzugsteuerungen neue, weitreichende Systemschranken errichtet worden.
Man mag dazu stehen wie man will, aber wählen zu können zwischen mehreren Produkten mit unterschiedlichen Eigenschaften stellt aus meiner Sicht auch ein wertvolles Stück Freiheit dar. Im Falle der Digitalen Mehrzugsteuerungen hat sich schnell herauskristallisiert, wessen Produkte die Käufer durch ihre Entscheidung bevorzugen.

In Verbindung mit Digitalen Mehrzugsteuerungen wird der Begriff „Kompatibilität" häufig schon verwendet, wenn in einem Digitalstromkreis zusammen mit Digital-Loks auch herkömmliche Triebfahrzeuge betrieben werden können.

Bislang sind aber ARNOLD-DIGITAL und MÄRKLIN-DIGITAL= die einzigen auf- *und* abwärtskompatiblen Steuerungen. Digital-Loks fahren nicht nur mit Fahr-Geräten der Digital-Steuerung, sondern auch mit ganz normalen Gleichstrom-Fahrpulten. Und selbst konventionelle Triebfahrzeuge lassen sich mit Fahr-Geräten der Digital-Steuerung ohne weiteres betreiben. Auch das Nebeneinander von konventionell mit Gleichstrom versorgten Gleisabschnitten und von Digitalstromkreisen auf einer Modellbahnanlage ist ohne weiteres machbar.

Modularer Aufbau

Ausgangspunkt bilden die Komponenten zur Energieversorgung und Datenübertragung, nämlich der Transformator und die Zentraleinheit. An die *rechte* Seite der Zentral-Einheit können Fahr-Geräte zur Steuerung von Triebfahrzeugen (und ihrer Zusatzeinrichtungen), sowie ein Interface (für rechnergesteuerten und -überwachten Betrieb) angeschlossen werden.

An die *linke* Seite werden Stellpulte (Keyboard) zum schalten von Verbrauchern (Wei-

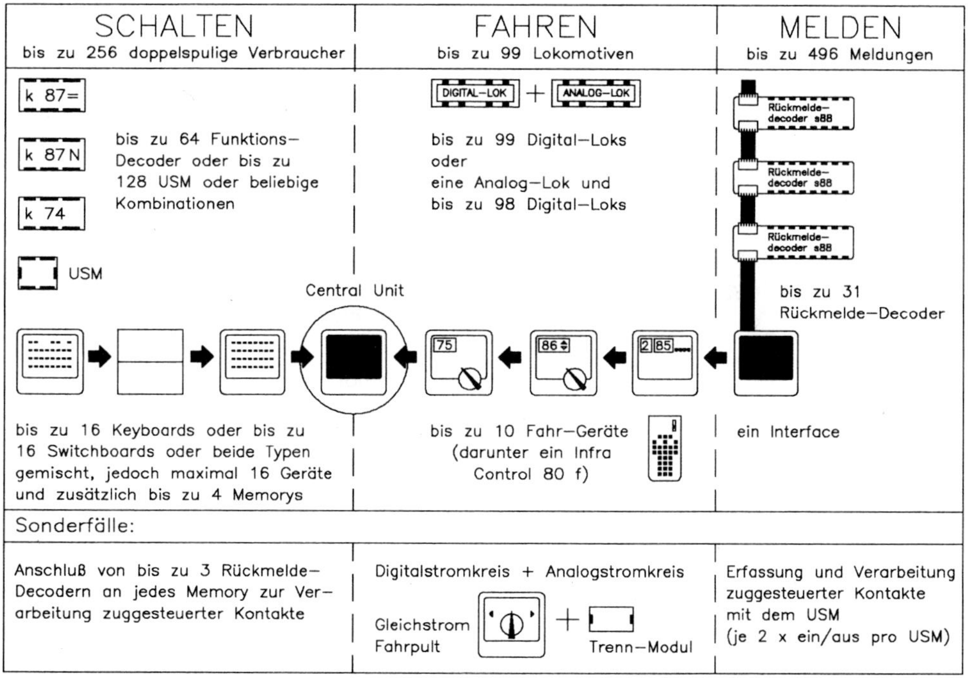

Abb. 2.4: ARNOLD-DIGITAL und MÄRKLIN-DIGITAL= sind modular aufgebaut, d.h. die Zentral-Einheit kann schrittweise durch weitere Geräte bis zu den angegebenen Höchstzahlen ergänzt werden. Wer möchte, kann beispielsweise nach und nach ausschließlich Fahr-Geräte oder Stellpulte oder beides hinzufügen

chen, Signale, Gleisabschnitte u.ä.) und Fahrstraßenstellpulte (Memory) angesteckt. Abbildung 2.4 verdeutlicht den Aufbau.

Die Geräte kommunizieren über ein internes Bus-System. Alle Verbindungen erfolgen ohne Verdrahtungsaufwand verwechslungssicher mittels 16-poliger integrierter Steckverbinder oder wahlweise mittels spezieller Adapterkabel.

Sämtliche Funktions- und Lok-Decoder werden von der Zentral-Einheit über eine zweipolige Bus-Leitung (Schienen, zweiadriges Kabel) mit Energie und Steuerbefehlen versorgt.

Die Übertragung von Meldungen von einer Modellbahnanlage hin zu den stationären Komponenten geschieht über ein separates, sechspoliges Rückmelde-Bussystem.

Außerdem können zuggesteuerte Meldungen von (maximal drei) Rückmelde-Decodern direkt an jedes der maximal vier Memorys (Fahrstraßenstellpult) übermittelt werden. Und eine weitere Sonderanwendung läßt sich mit einem speziellen Funktions-Decoder – dem sog. Universal-Schalt-Modul (USM) – realisieren: Fahrzeuge schalten mittels mechanischer Gleiskontakte unmittelbar die an diesen Decodertyp angeschlossenen Verbraucher.

Auch die Möglichkeit zur Kombination von Analog- und Digitalstromkreisen auf einer Modellbahnanlage darf im Rahmen der Sonderanwendungen nicht unerwähnt bleiben.

Besondere Eigenschaften

ARNOLD-DIGITAL und MÄRKLIN-DIGITAL= weisen folgende, herausragende Merkmale auf:

1. Digital-Loks können sowohl im Digitalstromkreis, als auch mit jedem herkömmlichen Gleichstrom-Fahrpult gesteuert werden.

2. Im Digitalstromkreis kann neben Digital-Loks auch eine Analog-Lok betrieben werden. Diese Eigenschaft erlaubt die schrittweise Ausrüstung vorhandener Fahrzeuge mit Lok-Decodern und ermöglicht daneben selbst den ständigen Einsatz der wenigen Loks, in denen der für einen Decodereinbau notwendige Raum nicht zur Verfügung steht.

3. Auf einer Modellbahnanlage ist das ungehinderte Nebeneinander digitaler und konventioneller Stromkreise möglich. Das gestattet beispielsweise die Beibehaltung einer Analogsteuerung im Bereich der Strecke und digitales fahren im rangierintensiven Bahnhofsbereich.

4. Fahrzeugspezifische Kennwerte – wie z.B. Lokadresse, Anfahr- und Bremsverzögerung – sind mittels des Zusatzgerätes Programmer ohne jeden Eingriff (wie z.B. Gehäuse demontieren, Schalter einstellen) individuell in jede Digital-Lok einzugeben. Das anzeigen und ändern eingestellter Werte läßt sich ebenso einfach bewerkstelligen.

5. Der Verdrahtungsaufwand kann im Vergleich zu herkömmlichen Anlagensteuerungen reduziert und zugleich übersichtlicher gestaltet werden.

6. Ein modularer Aufbau kennzeichnet das System.

Diese Eigenschaft gestattet den stufenweisen, an Wünschen und Möglichkeiten orientierten Einstieg (und den allmählichen Ausbau) in die neue Technik. So kann beispielsweise erst der Fahrbetrieb von analog auf digital umgestellt werden, dann der Bereich schalten von Verbrauchern und anschließend das melden von Fahrzeugstandorten. Schließlich steht sogar einer Verknüpfung aller Aufgabenbereiche durch einen PC nichts im Wege.

Wofür fehlen Lösungen?

FAHREN:

Zahlreiche Elektronik-Fahrpulte zum Betrieb *konventioneller* Triebfahrzeuge verfügen über einen hohen Bedienungs- und Anzeigestandard. Das reicht von der Fahrtrichtungsanzeige über Einstellmöglichkeiten für Anfahr- und Bremszeit bis hin zur Höchstgeschwindigkeitsvorgabe – also Eigenschaften, die auch bei Digital-Loks teilweise zum Standard gehören. Auf diesen Komfort muß beim Betrieb *konventioneller* Fahrzeuge im Digitalstromkreis leider immer noch verzichtet werden.

Da mit jedem Fahr-Gerät mehrere Triebfahrzeuge gesteuert werden können, tritt immer wieder die Situation ein, daß man eine auf der Anlage fahrende Lok auf ein Fahr-Gerät übernehmen muß. Zum Zeitpunkt der Übernahme sind Fahrtrichtung, Geschwindigkeit, usw aber nicht bekannt, was während der Übernahme beispielsweise zu abrupten Geschwindigkeitsänderungen führen kann. Es fehlt eine Statusanzeige; auf dem Fahr-Gerät müßten die aktuellen Werte angezeigt werden, damit vor Übernahme die entsprechenden Einstellungen vorgenommen werden könnten.

Das neu auf den Markt gebrachte, völlig standortunabhängige IR Control Gerät verfügt zwar über Bedienungselemente zur Steuerung von Fahrzeugen, die ebenso wichtigen Anzeigen (Lok-Adresse, Fahrtrichtung, eingestellte Fahrstufe, etc) wird mancher vermissen – zumal mit einer Fernbedienung bis zu vier Triebfahrzeuge gesteuert werden können.

Neben zahlreichen herausragenden Eigenschaften weisen die Lok-Decoder auch einige Schwachpunkte auf:

a) Die Motordrehzahl wird lediglich gesteuert – leider fehlt zur nachhaltigen Optimierung der Fahreigenschaften (insbesondere im unteren Geschwindigkeitsbereich) eine Drehzahlregelung. Ihre Realisierung würde die Vorgabe einer Mindestanfahrspannung erübrigen.

b) Anfahr- und Bremsverhalten zählen zu den sog. fahrzeugspezifischen Kennwerten; sie sind unabhängig voneinander in 15 Stufen einstellbar. Eine andere, mindestens ebenso charakteristische Eigenschaft jedes Vorbildfahrzeuges – seine Höchstgeschwindigkeit – läßt sich dagegen bislang nicht vorgeben.

c) Der elektrische Schutz der Lok-Decoderausgangsstufen sollte bei allen Decodervarianten optimiert werden.

SCHALTEN

Einmal vorausgesetzt, es stünde ein Baustein zur Erfassung zuggesteuerter Meldungen zur Verfügung – wie kann dann ein Signal durch einen Zug gestellt werden?

Die zuggesteuerte Meldung wird vom Rückmelde-Decoder über das Interface an einen Computer übermittelt, dort per Software zu einem Steuerbefehl umgeformt, dann zurück zum Interface und über die Zentral-Einheit an den entsprechenden Funktions-Decoder gesendet. Hier wird schließlich ein Stellbefehl an die Signalspule ausgegeben. Dieses Verfahren nennt man *indirekte Steuerung* von Verbrauchern. Der Ablauf ist zwar in sich systemkonform und daher für umfangreichere Anlagensteuerungen der einzig sinnvolle Weg, aber andererseits für zahlreiche einfache Anwendungsfälle reichlich aufwendig. So liegt der Wunsch nahe, alle Funktions-Decoder mit zusätzlichen *Eingängen zur Verarbeitung zuggesteuerter Meldungen* auszustatten, damit Züge Funktionen direkt (ohne Umweg über die Zentrale) auslösen können. Abbildung 2.5 stellt die unterschiedlichen Möglichkeiten einander gegenüber.

Einem anderen Aspekt sollte bei Funktions-Decodern ebenfalls Rechnung getragen werden: der Stromversorgung angeschlossener Verbraucher. Derzeit werden alle Magnetartikel mit „teuerem" Digitalstrom versorgt, obwohl sie genauso gut mit „billigem" Wechselstrom arbeiten. Eine zusätzliche, *externe Stromversorgung* erscheint zweckdienlich. Daneben ließe sich so eine Anpassung der Betriebsspannung für Fremdfabrikate (wichtig bei Weichenantrieben) verwirklichen. Schaltvorgänge verursachen Spannungsschwankungen, welche sich (je nach Stromaufnahme des geschalteten Magnetartikels) bis hin zu unschönen Geschwindigkeitsänderungen bei Zügen auswirken. Auch diese negativen Begleiterscheinungen wären durch eine externe Stromversorgung beseitigt.

MELDEN

Zentrale Voraussetzung für jede vorbildgetreue Betriebsabwicklung stellen zuggesteuerte Meldungen dar. Dafür enthält das Angebot den Rückmelde-Decoder s88. Für die Verwendung bei Zweischienen-Zweileiter-Systemen ist er allerdings wenig geeignet. Jedem der 16 Rückmelde-Decodereingänge muß nämlich zuerst ein geeigneter Kontaktgeber vorgeschaltet werden. In Betracht kommen dafür nur *potentialfreie* Geber, wie beispielsweise die Kombination Magnet/Reedkontakt. Das wiederum erfordert Manipulationen an den Fahrzeugen. Die Magnete müssen (wenigstens an allen Lokomotiven) montiert werden. Zumindest bei Baugröße N fehlt dazu häufig der notwendige Raum. Aber selbst wenn diese Schwierigkeiten gemeistert werden, ist mit dieser Art Kontaktgeber bei Zwei-

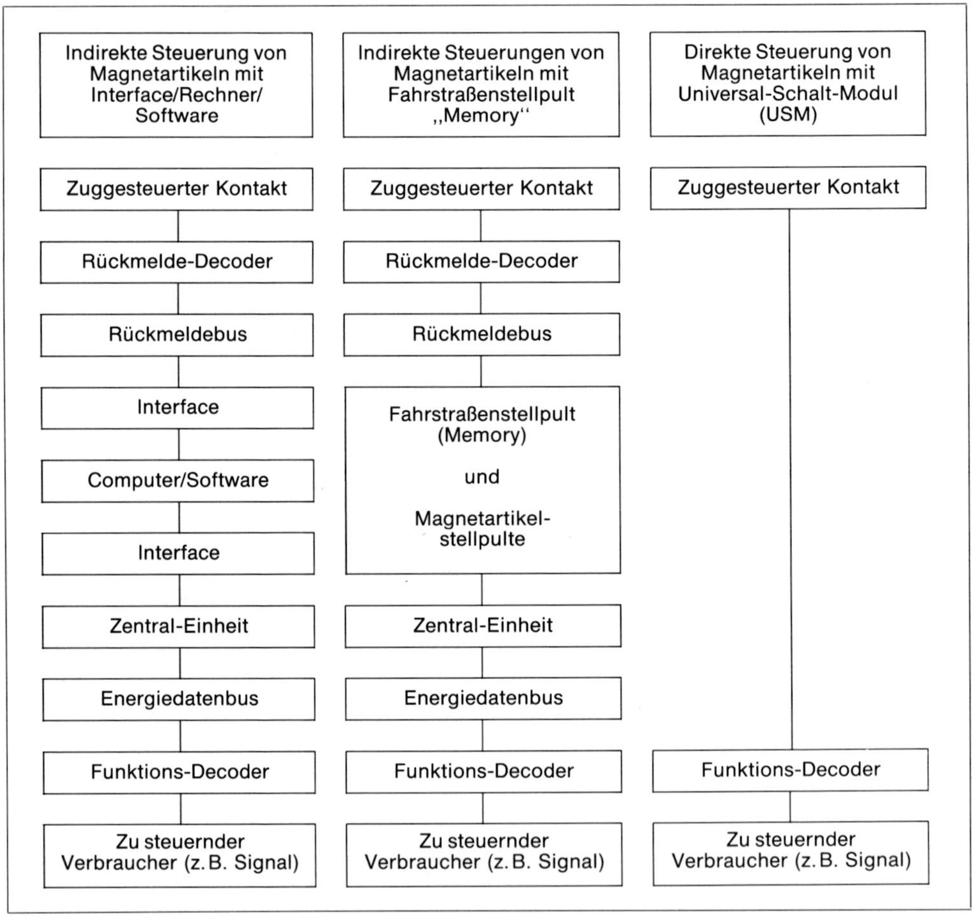

Abb. 2.5: Gegenüberstellung indirekter und direkter Steuerung von Verbrauchern durch zuggesteuerte Kontakte

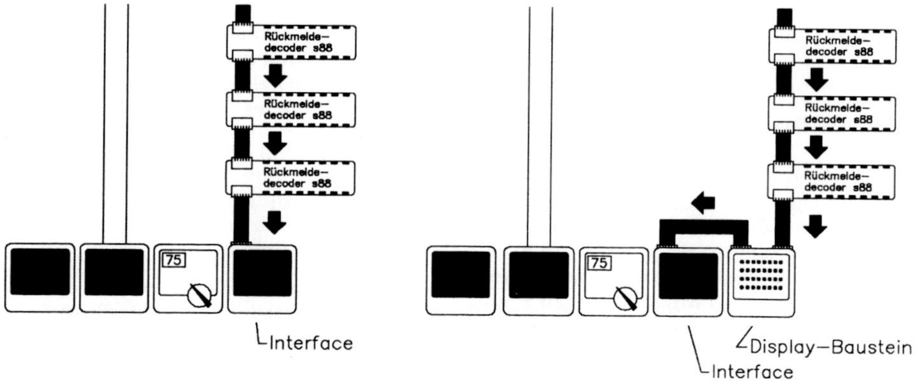

Meldungen werden mit den Rückmelde–Decodern erfaßt und an das Interface, oder das Memory, übermittelt. Eine optische Anzeige solcher Meldungen wie beispielsweise des Gleisbelegtzustandes ist bislang ohne Computer ausgeschlossen.

Bei diesem Vorschlag wird zwischen Rückmelde–Decodern und Interface ein (oder bei Bedarf auch mehrere) Display–Baustein eingefügt. Eingehende Meldungen werden hier gespeichert und mittels Leuchtdioden angezeigt.

Abb. 2.6: Vorschlag für einen „Display-Baustein" zur Anzeige von Meldungen

leitersystemen nur eine Verarbeitung von Momentkontakten – nicht aber von Dauerkontakten (Gleisbelegtzustände/Stellungsmeldungen) – realisierbar.

Was fehlt ist ein für Zweischienen-Zweileiter-Systeme *geeigneter Kontaktgeber* zur Verarbeitung von Moment- und vor allem auch Dauerkontakten.

Zuggesteuerte Meldungen erfassen ist ein Teil der Aufgabenstellung; der zweite lautet: *Anzeige von Meldungen.* Für diesen so wichtigen Bereich fehlen Lösungen. Gebraucht wird ein Anzeigepult (Display-Baustein) mit dem sich Gleisbelegtmeldungen optisch anzeigen lassen, etwa entsprechend dem in Abbildung 2.6 enthaltenen Vorschlag.

FAHREN und MELDEN

Wird die Not-Halt-Taste betätigt, so führt das zum sofortigen abschalten der Digitalspannung – keine sehr glückliche Lösung wie die folgenden Hinweise deutlich machen: Muß nur eine Lok angehalten werden, so funktionieren auf der ganzen Modellbahnanlage keine Zusatzfunktionen mehr, es halten alle Fahrzeuge an (auch die, die ohne weiteres in Betrieb bleiben könnten) und vor allem fällt die Digitalspannung in ihrer Funktion als Überwachungsspannung für Gleisbelegtmelder aus. Zweckmäßiger wäre ein Sammelbefehl, der alle Triebfahrzeuge (unter gleichzeitiger Aufrechterhaltung der Digitalspannung) anhält. Noch besser wäre eine zusätzliche, lokspezifisch wirkende Not-Halt-Taste, mit welcher nur das jeweils aufgerufene Fahrzeug angesprochen werden kann. Bislang bietet lediglich das IR Control eine solche Halt-Funktion.

Der Not-Halt führt zu einem sofortigen, rukkartigen Halt der Fahrzeuge. Optimal und durchaus realisierbar wäre auch ein Halt-Kommando in Verbindung mit der Vorgabe eines ganz kurzen Bremsweges, wodurch die

Entgleisungsgefahr beim plötzlichen Halt durch nachschiebende Wagen (insbesondere in Radien und Gefällestrecken) beseitigt würde.

Zusammenfassung

Markante Kennzeichen der für Zweileiter-Modellbahnen aller Baugrößen geeigneten Digitalsteuerungen ARNOLD-DIGITAL und MÄRKLIN-DIGITAL= sind uneingeschränkte Kompatibilität, die Möglichkeit zum schrittweisen anwendungsgerechten Ausbau und zur Kombination mit vorhandenen konventionellen Anlagensteuerungen.

Erreicht wird das durch eine durchdachte, systemübergreifende Konzeption der Fa. Märklin, welche die Verwendung zahlreicher Komponenten des Wechselstrom-Digitalsystems für die Gleichstrom-Variante erlaubt. Der Anwender kann aus einer breitgefächerten Produktpalette die seinen Vorstellungen entsprechenden Geräte wählen.

Drehzahlregelung zur Verbesserung der Fahreigenschaften und lokbezogen einstellbare Höchstgeschwindigkeit für vorbildgerechten Betrieb lauten die wichtigsten, bislang nicht verwirklichten Forderungen.

Mit den stationären Komponenten sind nicht alle Aufgabenstellungen befriedigend zu lösen. Der Sektor *Rückmeldung und Anzeige von Fahrzeugstandorten* ist dafür ein Beispiel. Hier eröffnet sich für den Selbstbauer ein interessantes Arbeitsfeld.

3

Praxistips für digitales FAHREN

Einsteiger wie Profis interessieren sich in erster Linie für den digitalen Fahrbetrieb. Bei den Fahr-Geräten beginnen schon die Fragen: Welches für welchen Anwendungsfall? Wie kommt man zu Digital-Loks – neue Fahrzeuge kaufen, nachrüsten oder umrüsten? Und welche Loks sind dafür geeignet? Was sind fahrzeugspezifische Kennwerte und wie programmiert man Lok-Decoder? Können analoge und digitale Stromkreise gemeinsam auf einer Modellbahnanlage betrieben werden und was ist dabei zu beachten? Im folgenden Kapitel werden diese Fragen nicht nur beantwortet, sondern darüberhinaus konkrete Tips zur Lösung angeboten.

Digital fahren – der Einstieg

Interesse besteht in der Regel zuerst am digitalen fahren – viele Fahrzeuge innerhalb eines Stromkreises ohne Verdrahtungsaufwand unabhängig voneinander betreiben zu können stellt zweifellos ein verlockendes Angebot dar.

Für den Einstieg zeigen die Abbildungen 3.1 bis 3.3 exemplarisch einige Möglichkeiten.

Bei der Wahl spielt eine Rolle, ob

- eine größere Anzahl von Digital-Loks betrieben werden soll
- eine Ergänzung durch weitere Fahr-Geräte beabsichtigt ist
- auf der gesamten Anlage oder nur in einem rangierintensiven Teilbereich digital gefahren werden soll
- auf zentrale oder dezentrale Aufstellung von Fahr-Geräten Wert gelegt wird
- an eine Umstellung der Weichen- und Signalsteuerung auf digitales schalten gedacht wird
- die (einfache!) Realisierung von Fahrstraßenschaltungen mit einem Memory (Fahrstraßenstellpult) auf der Wunschliste steht
- zuggesteuerte Meldungen für einen Automatikbetrieb mit dem Memory verarbeitet werden sollen, oder
- gar ein rechnergesteuerter Betrieb (mit Interface) in Erwägung gezogen wird.

Variante 1 (Abbildung 3.1) besteht aus einer Grundpackung, welche bei Märklin ein sog. „Central Control =" und eine Digital-Lok der BR 086 (mit fernsteuerbaren TELEX-Kupplun-

Abb. 3.1: Variante zum Einstieg in den digitalen Fahrbetrieb, hier eine H0-Digital-Grundpackung von Märklin

gen!) für die Baugröße H0 enthält. Das Central Control = ist bedauerlicherweise (noch?) nicht einzeln erhältlich.

Arnold hat im Neuheitenprospekt 1990 unter der Katalog Nr. 81011 eine Grundpackung bestehend aus einem „DIGITAL-COMBI 40 N" und einer Digital-Lok der BR 221 angekündigt, dann erfreulicherweise aber doch ein leistungsfähiges Digital-Startset Nr. 80111 mit einer vollwertigen „Central Control 80" (ohne die ursprünglich vorgesehene Beschränkung auf 40 Adressen) und der BR 221 Ende 1990 ausgeliefert. Diese Grundpackung ist im Hauptkatalog nicht aufgeführt; auch kann das Central Control 80 leider nicht einzeln bezogen werden. Aber vielleicht erscheint diese raumsparende Gerätekombination unter einer treffenderen Bezeichnung – z. B. Central Control 99 – in absehbarer Zeit im Standardprogramm.

Central Control Geräte werden lediglich durch zwei Kabel mit einem (in der Regel schon vorhandenen) Trafo oder dem Lichtstromausgang eines Gleichstrom-Fahrpultes verbunden und mit zwei weiteren Kabeln an die Schienen angeschlossen – und schon kann man fahren. Einfacher geht es nicht mehr!

Der im Digitalprogramm beider Hersteller angebotene Trafo hat eine Ausgangsleistung von 52 VA; das entspricht einem Strom von ca. 3 Ampère. Begnügt man sich (anfänglich) mit einer geringeren Leistung, so reicht zum Beginn ein vorhandener und nicht mehr benötigter Modellbahn-Trafo. Dessen sog. Lichtstromausgang stellt in der Regel eine Leistung von 16 VA (was ca. 1 Ampère entspricht) zur Verfügung. Wichtig ist in diesem Zusammenhang, daß die Ausgangsspannung des verwendeten Trafos maximal 16 Volt Wechselspannung betragen darf und außer der Central Unit an den Lichtstromausgang *keine weiteren* Verbraucher (z. B. Weichen, Signale) angeschlossen werden dürfen.

Das „Central Control" ist eine Kombination aus Zentral-Einheit (Central Unit) und Fahr-Gerät (Control 80 f). Weshalb das Gerät bei Arnold trotzdem nur den Zusatz „80" anstelle des logischen „80 f" trägt, kann man nur ahnen.

Central Control= und Central Control 80 bieten damit deutlich mehr Bedienungskomfort als das Standard Fahr-Gerät Control 80. Sie können um weitere 8 Fahr-Geräte verschiedenen Typs und ein Interface oder um 9 Fahr-Geräte erweitert werden. Somit stehen alle Möglichkeiten des digitalen Fahrbetriebes offen.

Auch in bezug auf digitales schalten bestehen keinerlei Einschränkungen; bis zu 16 Stellpul-

Abb. 3.2 Eine weitere Möglichkeit zum Einstieg in den digitalen Fahrbetrieb: die Standardausrüstung bestehend aus Transformator, Central Unit und Fahr-Gerät Control 80

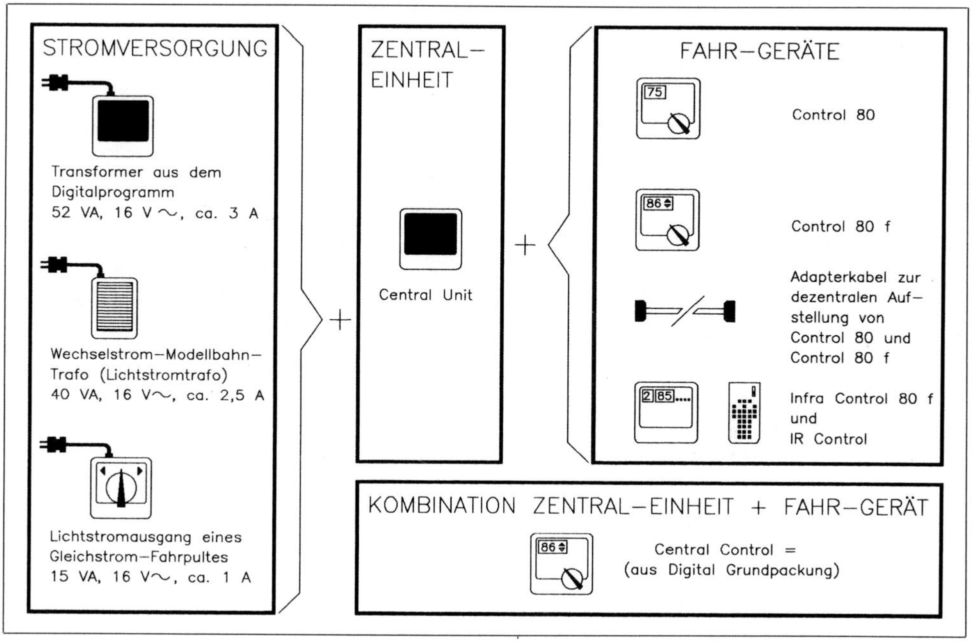

Abb. 3.3: Der modulare Systemaufbau eröffnet zahlreiche Varianten beim Einstieg in den digitalen Fahrbetrieb

te (Keyboard) und max. 4 Fahrstraßenstellpulte (Memory) lassen sich anschließen.

Mit den in den Grundpackungen enthaltenen Geräten stehen somit absolut vollwertige Digital-Komponenten zur Verfügung – ihre Anschaffung ist – sofern die zugehörigen Digital-Loks zum eigenen Fahrzeugbestand passen – sehr empfehlenswert.

Variante 2 (Abbildung 3.2) stellt den Regelfall dar – die etwas platzaufwendigere Kombination Trafo (Transformer), Zentral-Einheit (Central Unit) und ein Fahr-Gerät.

Auch hier gilt bezogen auf den Trafo: Die in den Digitalprogrammen angebotenen Geräte (genannt „Transformer") haben zwar den Vorteil der erwähnt hohen Ausgangsleistung von 52 VA; aber man kann durchaus (anfänglich) ersatzweise einen nicht benötigten Modellbahntrafo geringerer Leistung einsetzen.

Der Vorteil dieser Variante liegt insbesondere in der freien Wahl des Fahr-Gerätes. Durch die Trennung von Zentral-Einheit und Fahr-Gerät wird etwas mehr Platz beansprucht. Hinsichtlich der Ausbaumöglichkeiten bestehen bei dieser Variante natürlich keinerlei Einschränkungen.

Variante 3 (Abbildung 3.3) Die Zeichnung dokumentiert die Vorteile des modularen Aufbaues. An die Zentral-Einheit können verschiedene Stromversorgungsquellen angeschlossen werden. Als Fahr-Gerät kommen das einfache, aber bedienungsfreundliche Control 80, das komfortable Control 80 f mit technisch überlegenen Eigenschaften oder das Infra-Control 80 f in Verbindung mit bis zu 4 standortunabhängigen Fernbedienungsgeräten IR Control und natürlich die Kombination mehrerer Fahr-Gerätetypen in Betracht. Besonders hinzuweisen ist auf die Möglichkeit einer dezentralen Aufstellung der an sich ortsfesten Geräte Control 80 und 80 f unter Verwendung eigens dafür angebotener Adapterkabel.

Schließlich wird im Kapitel 4 die Kombination eines herkömmlichen Fahrpultes mit Digitalkomponenten als weitere Einstiegsvariante vorgestellt.

Sofern Interesse an den in den Grundpackungen enthaltenen Digital-Loks besteht, wird Einsteigern die Variante 1 empfohlen, zumal sie uneingeschränkte Ausbaumöglichkeiten gewährleistet. Sowohl Analog- wie Digital-Loks sind mit diesen Ausrüstungen steuerbar. Wer weiterreichende Vorstellungen verwirklichen will – beispielsweise von vorneherein auf eine standortunabhängige Fahrzeugsteuerung Wert legt – kann sie mit einer der in Abbildung 3.3 gezeigten Kombinationen erfüllen.

Viele Wege führen zu Digital-Loks

Entscheidend für den Erfolg einer Digitalen Mehrzugsteuerung ist neben den technischen Eigenschaften die Möglichkeit in jedem Modellbahnfachgeschäft eine *betriebsfertige* Ausrüstung kaufen und sofort einsetzen zu können. Wenn Loks für den Digitalbetrieb erst nach längeren Wartezeiten – die durch die Digital-Umrüstung bedingt sind – zur Verfügung stehen, ist das zumindest dem Einstieg abträglich.

Im Gegensatz zu Märklin-Wechselstromanhängern setzen Gleichstromfahrer Loks der verschiedensten Hersteller auf ihren Anlagen ein. Diese Beobachtung trifft für die Baugröße N in besonderem Maße zu. Deshalb stellen durchdachte Umrüstmöglichkeiten für vorhandene, analoge Loks *aller Hersteller* eben-

Abb. 3.4: Arnold und Märklin liefern ab Werk Digital-Loks. Bei abgenommenem Gehäuse gut zu erkennen: die winzigen Lok-Decoder im Dieseltriebwagen VT 89, der Dampflok BR 095 und der E-Lok BR 194

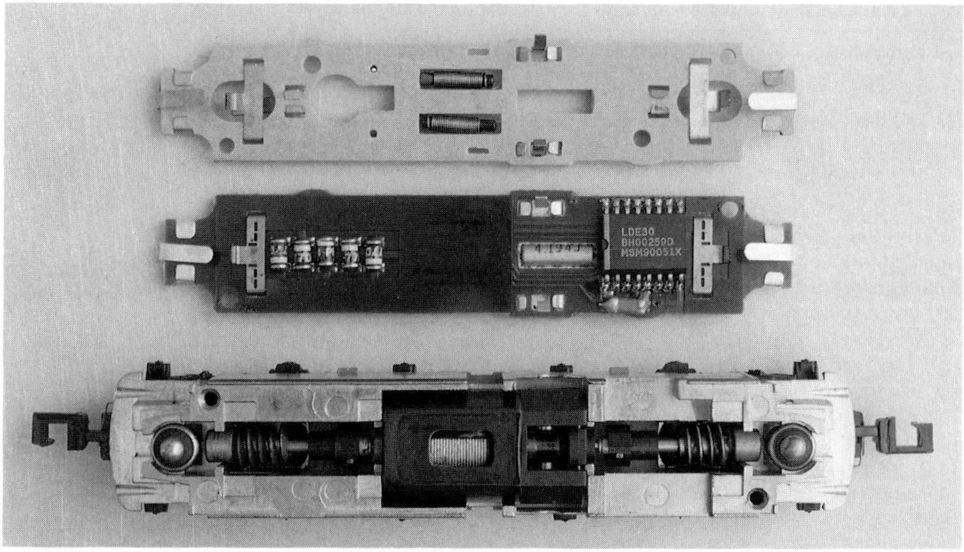

Abb. 3.5: Nachrüstung einer Arnold Analog-Lok mit einem Lok-Decoder. Die serienmäßige Platine der Analog-Lok (oben) wird einfach gegen ein Exemplar mit intregriertem Lok-Decoder (unten) getauscht

falls einen wichtigen Faktor für die Verbreitung Digitaler Mehrzugsteuerungen dar.

Arnold bietet drei Möglichkeiten zur Digitalisierung von N-Bahnen:

1. Betriebsfertige *Digital-Loks ab Werk* (Abbildung 3.4)
Derzeit sind die in Tabelle 3.1 aufgeführten Digital-Triebfahrzeuge lieferbar; wie man sieht, schon ein recht vielfältiges Angebot.

2. Nachrüstung von Arnold-Loks

Dafür stehen sog. Nachrüst-Decoder zur Verfügung. Sie sind jeweils auf bestimmte Arnold Loks zugeschnitten. Tabelle 3.2 gibt Aufschluß über Zahl, Fahrzeug-Baureihe und Typ des erforderlichen Nachrüst-Decoders. Die in Analog-Loks eingebauten Platinen werden einfach gegen solche mit integriertem Lok-Decoder getauscht (Abbildung 3.5). Zusätzlich liegen verschiedenen Nachrüst-Decodertypen vernickelte Fahrzeugrahmen als Tauschteil zur Optimierung der Stromabnahme bei – ein Beleg, daß ernsthafte Anstrengungen zur Verbesserung der Fahreigenschaften unternommen werden. Die Montage von Nachrüst-Decodern erfordert weder Löt- noch Fräsarbeiten. Der daher einfache und schnelle Einbau erfolgt in der Regel durch den Fachhändler; auch der Digital-Service des Werkes steht hierfür zur Verfügung. Das Nachrüstverfahren stellt darüberhinaus den kostengünstigsten Weg dar, um zu Digital-Loks zu kommen.

3. *Umrüst-* oder *Universal-Decoder*

Drei Typen mit verschiedenen Abmessungen (Abbildung 3.6) stehen zur Auswahl. Sie sind zum Umbau von Fremdfabrikaten gedacht. Diese Lok-Decoder dienen gleichfalls der (nachträglichen) Digitalisierung von Arnold-Loks, für die keine Nachrüstsätze angeboten werden. Den Einbau in Fremdfabrikate nehmen spezielle Fachwerkstätten – verständlicherweise nicht die Fa. Arnold – vor; einen Adressennachweis stellt Arnold zur Verfügung.

Tabelle 3.1: Übersicht ab Werk lieferbarer Digital-Loks (Stand Herbst 91) für Baugröße N

Lfd. Nr.	Katalog Nr.	Lok Typ	Ver-wal-tung	Bau-reihe	Bezeichnung
1	80166	D	DRG	BR 061	Henschel Wegmann Zug
2	82022	V	DB	V 200 *	Diesel-Lok, SIMPLEX-Kupplung
3	82023	V	DB	V 221 *	Diesel-Lok
4	82025	V	DB	V 200 *	Diesel-Lok
5	82035	V	DB	V 240	Diesel-Lok
6	82212	D	DB	BR 075	Tenderlok
7	82213	D		Vlc	Tenderlok, blau, Baden
8	82215	D	DB	BR 005	Schlepptenderdampflok
9	82216	D	DR	BR 005	Schlepptenderdampflok, Wagner
10	82217	D	DR	BR 005	Schlepptenderdampflok, Stromlinie, rot
11	82275	D	DR	BR 096	Mallet Tenderlok
12	82280	D	DB	BR 095	Tenderlok
13	82281	D		Gt 2×4/4	Tenderlok, grün
14	82283	D	DRG	BR 095	Tenderlok
15	82290	D	DRG	BR 093	Tenderlok
16	82291	D	DB	BR 093	Tenderlok
17	82310	E	DB	BR 194	E-Lok, grün
18	82312	E	DB	BR 194	E-Lok, grau
19	82315	E	DB	BR 110 *	E-Lok, Rheingold, blau/beige
20	82319	E	DB	BR 141 *	E-Lok, rot, SIMPLEX-Kupplung
21	82320	E	DB	BR 141 *	E-Lok, rot
22	82322	E	DB	BR 141 *	E-Lok, oceanblau/beige
23	82324	E	DB	BR 141 *	E-Lok, lichtgrau/orange, S-Bahn
24	82325	E	DB	BR 111	E-Lok, oceanblau/beige
25	82328	E	DB	BR 111	E-Lok, rot
26	82333	E	ÖBB	1042	E-Lok
27	82351	E	DB	BR 103	E-Lok ohne Schürze
28	82353	E	DB	BR 103	E-Lok, rot
29	82355	E	DB	BR 150	E-Lok, grün
30	82356	E	DB	BR 150	E-Lok, rot
31	82409	E	SBB	Re 4/4	E-Lok, grün
32	82414	E	BLS	Re 4/4	E-Lok
33	82415	E	SBB	Re 4/4	E-Lok, rot
34	82453	E	DRG	BR 118	E-Lok, grau
35	82455	E	DB	BR 118	E-Lok, blau
36	82459	E	DB	BR 118	E-Lok, oceanblau/beige
37	82470	E	SNCF	BB 25203	E-Lok, grün
38	82471	E	SNCF	BB 25201	E-Lok, Corail
39	82511	D	DR	BR 041	Schlepptenderdampflok, Wagner, mit Dampf
40	82512	D	DB	BR 041	Schlepptenderdampflok, Witte, mit Dampf
41	82920	VT	DB	VT 89	Dieseltriebwagen
42	82921	VT	DB	VT 89	Dieseltriebwagen, Jägermeister
43	82923	DT	DR	CidT	Dampftriebwagen, grün
44	82924	DT	DB	CidT	Dampftriebwagen, rot

Lfd. Nr.	Katalog Nr.	Lok Typ	Verwaltung	Baureihe	Bezeichnung
45	82925	DT	SNCF	XDR10102	Dampftriebwagen
46	82930	ET	KPEV	C4elT	Elektrischer Triebwagen, grün
47	82935	ET	DB	ET 88	Elektrischer Triebwagen, rot
48	82941	ET	DB	ET 420	Elektrischer S-Bahn-Triebwagen, orange/weiß

* Loks können (auch nachträglich) mit SIMPLEX-Kupplungen ausgerüstet werden.

Tabelle 3.2: Übersicht der zur Nachrüstung mit einem Lok-Decoder geeigneten N-Loks der Fa. Arnold (Stand Herbst 91)

Lfd. Nr.	Katalog Nr.	Lok Typ	Verwaltung	Baureihe	Nachrüst-Decoder Nr.	Bezeichnung
1	0166	D	DRG	BR 061	81 010	Henschel Wegmann Zug
2	0180	E	DB	BR 111	81 004	Lufthansa Airport-Express
3	2019	V	DB	V 200[5])	81 103	Diesel-Lok, SIMPLEX-Kupplung
4	2022	V	DB	V 200[5])	81 103	Diesel-Lok, SIMPLEX-Kupplung
5	2023	V	DB	V 221[5])	81 103	Diesel-Lok
6	2024	V	FSF	220[5])	81 103	Diesel-Lok
7	2025	V	DB	V 200[5])	81 103	Diesel-Lok, DEUTSCHE BUNDESBAHN
8	2026	V	SBB	Am 4/4[5])	81 103	Diesel-Lok, Sondermodell Lemaco
9	2027	V	SBB	Am 4/4[5])	81 103	Diesel-Lok, Sondermodell, Simplex
10	2029	V	SBB	Am 4/4[5])	81 103	Diesel-Lok, grün/beige, Sondermodell
11	2035	V	DB	V 240	81 021	Diesel-Lok
12	2212	D	DB	BR 075	81 022[4])	Tenderlok, schwarz
13	2213	D		VIc	81 022[4])	Tenderlok, blau, Baden
14	2214	D	DR	BR 075	81 022[4])	Tenderlok, schwarz
15	2215	D	DB	BR 005	81 005[1])	Schlepptenderdampflok
16	2216	D	DR	BR 005	81 005[1])	Schlepptenderdampflok, Wagner
17	2217	D	DR	BR 005	81 005[1])	Schlepptenderdampflok, Stromlinie, rot
18	2268	D	KPRV	T 18	81 014[4])	Tenderlok, schwarz
19	2269	D	SNCF	TC 414	81 014[4])	Tenderlok, grün/schwarz
20	2270	D	DB	BR 078	81 014[4])	Tenderlok, schwarz
21	2271	D	SNCF	TC 408	81 014[4])	Tenderlok, grün/schwarz
22	2272	D	DR	BR 078	81 014[4])	Tenderlok, schwarz
23	2273	D	KPEV	T 18	81 014[4])	Tenderlok, grün/grau
24	2274	D	DB	BR 078	81 014[4])	Tenderlok, schwarz, Dachlüfter
25	2279	D		BR 078	81 014[4])	Tenderlok
26	2275	D	DR	BR 096	81 019	Mallet Tenderlok, schwarz
27	2276	D		Gt 2x4/4	81 019	Mallet Tenderlok, grün
28	2277	D		Gt 2x4/4	81 019	Mallet Tenderlok, gelb, Bayern
29	2278	D	DR	BR 096	81 019	Mallet Tenderlok, schwarz
30	2282	D		Gt 2x4/4	81 019	Mallet Tenderlok, blau
31	2280	D	DB	BR 095	81 017	Tenderlok
32	2281	D	DR	BR 095	81 017	Tenderlok, grün

Lfd. Nr.	Katalog Nr.	Lok Typ	Verwal-tung	Baureihe	Nachrüst-Decoder Nr.	Bezeichnung
33	2283	D	DRG	BR 095	81 017	Tenderlok
34	2290	D	DRG	BR 093	81 013	Tenderlok
35	2291	D	DB	BR 093	81 013	Tenderlok
36	2310	E	DB	BR 194	81 012	E-Lok, grün
37	2311	E	DB	BR 194	81 012	E-Lok, oceanblau/beige
38	2312	E	DB	BR 194	81 012	E-Lok, grau
39	2313	E	DR	BR 254	81 012	E-Lok, grün/rot
40	2330	E	ÖBB	1020	81 012	E-Lok, rot
41	2315	E	DB	BR 110[5])	81 004	E-Lok, Rheingold, blau/beige
42	2316	E	DB	BR 110[5])	81 004	E-Lok, rot
43	2320	E	DB	BR 141[5])	81 004	E-Lok, rot
44	2321	E	DB	BR 141[5])	81 004	E-Lok, grün, SIMPLEX-Kupplung
45	2322	E	DB	BR 141[5])	81 004	E-Lok, oceanblau/beige
46	2323	E	DB	BR 141[5])	81 004	E-Lok, blau
47	2324	E	DB	BR 141[5])	81 004	E-Lok, lichtgrau/orange, S-Bahn
48	2325	E	DB	BR 111	81 004	E-Lok, oceanblau/beige
49	2326	E	DB	BR 111	81 004	E-Lok, creme/rot
50	2327	E	DB	BR 111	81 004	E-Lok, lichtgrau/orange, S-Bahn
51	2328	E	DB	BR 111	81 004	E-Lok, rot
52	2332	E	ÖBB	1042	81 004	E-Lok, grün, Sondermodell für Österreich
53	2333	E	ÖBB	1042	81 004	E-Lok, rot
54	2350	E	DB	BR 103	81 007[2])	E-Lok
55	2351	E	DB	BR 103	81 007[2])	E-Lok, ohne Schürze
56	2352	E	DB	BR 103	81 007[2])	E-Lok, ohne Schürze, 150 Jahre Eisenbahn
57	2353	E	DB	BR 103	81 007[2])	E-Lok, rot
58	2355	E	DB	BR 150	81 007[2])	E-Lok, grün
59	2356	E	DB	BR 150	81 007[2])	E-Lok, rot
60	2408	E	SBB	Re 4/4	81 008[3])	E-Lok, braun, Sondermodell Lemaco
61	2409	E	SBB	Re 4/4	81 008[3])	E-Lok, grün
62	2410	E	SBB	Re 4/4	81 008[3])	E-Lok, grün, 1 Stromabnehmer
63	2411	E	MTHB	Re 4/4	81 008[3])	E-Lok, grün, MTHB
64	2412	E	SBB	Re 4/4	81 008[3])	E-Lok, creme/rot
65	2413	E	BLS	Re 4/4	81 008[3])	E-Lok, grün
66	2414	E	SBB	Re 4/4	81 008[3])	E-Lok, braun, 1 Stromabnehmer
67	2415	E	SBB	Re 4/4	81 008	E-Lok, rot
68	2416	E	SBB	Re 4/4	81 008	E-Lok, creme/rot, TEE-Ausführung
69	2417	E	SBB	Re 4/4	81 008	E-Lok, grün
70	2418	E	EBT	Re 4/4	81 008	E-Lok, grün, EBT
71	2419	E	SOB	Re 4/4	81 008	E-Lok, rot, SOB
72	2447	E	DB	BR 118	81 011	E-Lok, blau, Blauer Enzian
73	2448	E	DR	BR 218	81 011	E-Lok, grün/rot
74	2453	E	DRG	BR 118	81 011	E-Lok, grau
75	2454	E	ÖBB	1118	81 011	E-Lok, grün
76	2455	E	DB	BR 118	81 011	E-Lok, blau
77	2458	E	DB	BR 118	81 011	E-Lok, grün

Lfd. Nr.	Katalog Nr.	Lok Typ	Verwaltung	Baureihe	Nachrüst-Decoder Nr.	Bezeichnung
78	2459	E	DB	BR 118	81 011	E-Lok, oceanblau/beige
79	2470	E	SNFC	B 25203	81 016	E-Lok, grün
80	2471	E	SNCF	25201	81 016	E-Lok, Corail
81	2511	D	DR	BR 041	81 018	Schlepptenderdampflok, Wq02agner, mit Dampf
82	2512	D	DB	BR 041	81 018	Schlepptenderdampflok, Witte, mit Dampf
83	2920	VT	DB	VT 89	81 100	Dieseltriebwagen
84	2921	VT	DB	VT 89	81 100	Dieseltriebwagen, Jägermeister
85	2923	DT	DR	CidT	81 006	Dampftriebwagen, grün
86	2924	DT	DB	CidT	81 006	Dampftriebwagen, rot
87	2925	DT	SNCF	XDR10102	81 006	Dampftriebwagen
88	2930	ET	KPEV	C4elT	81 009	Elektrischer Triebwagen, grün
89	2935	ET	DB	ET 88	81 009	Elektrischer Triebwagen, rot
90	2940	ET	DB	ET 420	81 020	Elektrischer S-Bahn-Triebwagen, weiß/blau
91	2941	ET	DB	ET 420	81 020	Elektrischer S-Bahn-Triebwagen, orange/weiß
92	2950	ET	DB	ET 420	81 020	Elektrischer S-Bahn-Triebwagen, weinrot/grau

[1]) Fahrzeuge ab Baujahr 1988 oder Lok-Decoder Nr. 81 102 verwenden
[2]) Fahrzeuge ab Baujahr 1990
[3]) Fahrzeuge ab Baujahr 1984
[4]) Decoder lieferbar ab 1992
[5]) Loks können (auch nachträglich) mit SIMPLEX-Kupplungen ausgerüstet werden

Hinweis: Zum Umbau von Arnold-Loks mit alten, großen Lokmotoren sollte grundsätzlich der Decoder Nr. 81 102 verwendet werden!

Tabelle 3.3: Übersicht ab Werk lieferbarer Märklin-HAMO-Digital-Loks (Stand Herbst 91) für Baugröße H0

Lfd. Nr.	Katalog Nr.	Lok Typ	Verwaltung	Baureihe	Bezeichnung und fernsteuerbare Funktionen
1	2627	D	DB	BR 086	Tenderlok (Bestandteil der Digital-Grundpackung Nr. 2627) 1. fahrtrichtungsabhängige Beleuchtung 2. TELEX-Kupplung vorne 3. TELEX-Kupplung hinten
2	3809	D	DB	BR 085	Tenderlok 1. fahrtrichtungsabhängige Beleuchtung 2. TELEX-Kupplung vorne 3. TELEX-Kupplung hinten
3	3802	D		BR 053	Schlepptenderdampflok (Mallet) 1. fahrtrichtungsabhängige Beleuchtung
4	3882	V	DB	BR 221	Diesellok 1. fahrtrichtungsabhängige Beleuchtung
5	3879	V	DB	V 160	Diesellok (Vorserie) 1. fahrtrichtungsabhängige Beleuchtung
6	3829	E	DB	BR 191	E-Lok (grün) 1. fahrtrichtungsabhängige Beleuchtung
7	3828	E	DR	E 91[9]	E-Lok (grau) 1. fahrtrichtungsabhängige Beleuchtung

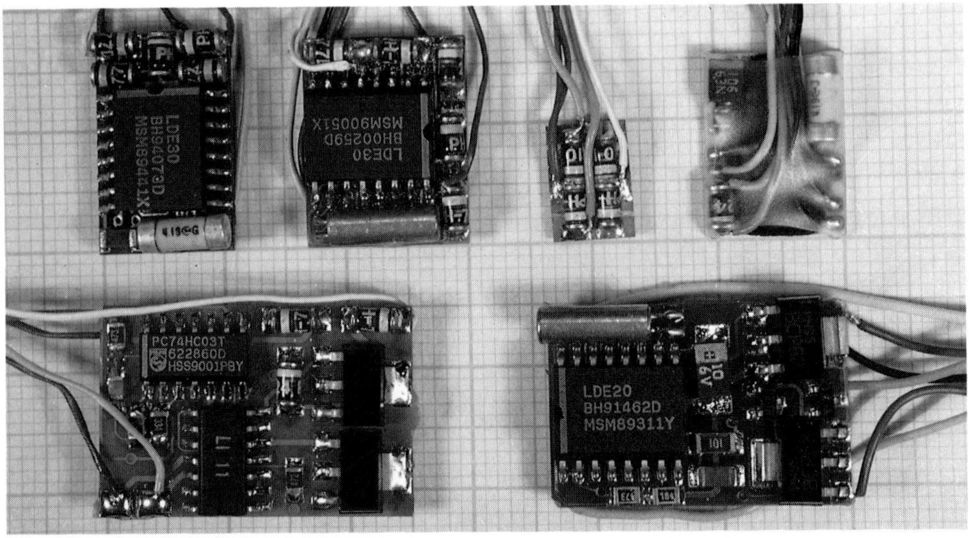

Abb. 3.6: Übersicht Lok-Decoder zum Einbau in Lokomotiven sämtlicher Hersteller

Märklin verfolgt auf dem Zweischienen-Zweileiter-Sektor der Baugröße H0 ein ähnliches Konzept:

1. Betriebsfertige *Märklin-HAMO-Digital-Loks ab Werk*

Das Angebot (siehe Tabelle 3.3) ist jedoch recht begrenzt.

2. Einen *Umrüst-Decoder* mit minimalen Abmessungen und günstiger Formgebung für Fahrzeuge der Baugröße H0, der für Fremdfabrikate mit Permanentmagnetmotoren geeignet ist (Abbildung 3.6). Er dient zur Nachrüstung vorhandener H0-Analog-Loks, sowie zur Umrüstung neuer Triebfahrzeuge. Der Decodereinbau erfolgt durch den Fachhandel.

Hinzu kommt ein speziell für H0-Fahrzeuge mit Glockenankermotoren (sog. Faulhabermotoren) entwickelter *FL-Lok-Decoder* (Abbildung 3.6), den beispielsweise die Firma SB-Modellbau Olching (einschließlich Einbau) in solche Triebfahrzeuge anbietet.

Aktuellste Neuheit ist der Lok-Decoder „LE 100" der Fa. Lenz. Er liefert einen Dauerausgangsstrom von 1,5 Ampère und deckt Motoranlaufströme bis zu 5 Ampère ab; entscheidender Vorzug ist aber der einzigartige Ausgangsstufenschutz. Weder ein Motorkurzschluß noch eine thermische Überlastung können diesem Decoder schaden. Im Störungsfall schaltet der Decoder ab, das Fahrzeug bleibt stehen und der Decoder bleibt heil.

Das Konzept beider Hersteller, neben Lok-Decodern zum nachträglichen Einbau auch betriebsfertige Digital-Loks anzubieten, erscheint sehr anwendergerecht. Besonders hervorzuheben ist das „Nachrüst-Verfahren" der Fa. Arnold, erlaubt es doch eine gleichermaßen schnelle wie technisch einfache und preiswerte Möglichkeit zur nachträglichen Digitalisierung vorhandener Fahrzeuge.

Selbst wer sich jetzt noch nicht für den Digitalbetrieb entscheidet, der weiß zumindest heute schon *vor* der Kaufentscheidung, ob das jeweilige Triebfahrzeug für den späteren Einbau eines Lok-Decoders vorbereitet ist – unter Umständen ein Argument, eine von mehreren Herstellern angebotene Lok dort zu kaufen, wo sie schon „Digital geeignet" zur Verfügung steht.

Der Raumbedarf des Märklin-Lok-Decoders c 82 und des FL-Decoders der Fa. SB-Modellbau ist so gering, daß der Einbau in nahezu alle H0-Triebfahrzeuge ohne Probleme möglich ist. In Ausnahmefällen sind spanabhebende Arbeiten jedoch nicht zu umgehen.

Äußerst winzige Abmessungen der N-Lok-Decoder in Verbindung mit unterschiedlichen Formgebungen erlauben ihren Einbau in praktisch alle N-Drehgestell-Loks und jeden Triebwagen; Probleme bereiten zuweilen sehr kleine Dampf- und Dieselloks.

Aber selbst Fahrzeuge, in welche kein Decoder paßt, sind vom Betrieb auf der Digitalanlage bekanntlich nicht ausgegrenzt – sie können ja weiterhin als Analog-Lok verkehren.

Stromabnahme

Lauftechnische „Krücken" sind schon bei konventionellem Betrieb nicht brauchbar – für den Digitalbetrieb sind sie jedoch gänzlich ungeeignet. Ein neueres Beispiel für den Beitrag der Konstruktionsbüros zur Verschlechterung der Kontaktsicherheit ist die Brünierung von Fahrzeugrädern, die mit dem Argument einer „optischen Verkleinerung" der unmaßstäblich hohen Spurkränze gerechtfertigt wird. Die Brünierung ist der Stromübertragung abträglich und darüberhinaus auch noch vorbildwidrig. Radlaufflächen und Spurkränze sind beim Vorbild die einzigen stets blanken Fahrzeugteile!

Voraussetzung für gute Fahreigenschaften ist in jedem Fall eine *einwandfreie Stromübertragung* zwischen Schienen, Lok-Decodern und Motoren; das gilt in ganz *besonderem Maß für den Digitalbetrieb* mit Zweischienen-Zweileiterfahrzeugen.

Der Erfolg von *Umrüstungen* hängt entscheidend von der Güte der Stromübertragung des umzurüstenden Modelles ab. Mit dem Einbau von Lok-Decodern sollte – wo notwendig und machbar – eine Verbesserung der Stromabnahmeeinrichtungen einhergehen; das kann nicht nachhaltig genug betont werden!

Dies haben manche Hersteller Digitaler Mehrzugsteuerungen erkannt und daraufhin Optimierungen in die laufende Serienfertigung einfließen lassen. Ein konkretes Beispiel: Arnold setzt inzwischen bei allen Drehgestell-Loks *vernickelte Fahrzeugrahmen* ein, wodurch die elektrische Leitfähigkeit entscheidend verbessert ist. Zudem führt diese Oberflächenbehandlung zu einer verringerten Oberflächenrauhigkeit zwischen Stromabnahmeschleifern an Drehgestellen und dem Fahrzeugrahmen, was die Kontaktsicherheit zusätzlich positiv beeinflußt. Vernickelte Rahmen liegen auch Nachrüst-Lok-Decodern für Drehgestell-Loks bei – eine erfreuliche Tatsache.

Ein erwägenswerter Weg zur Verbesserung der Stromabnahme bei N-Fahrzeugen ist die

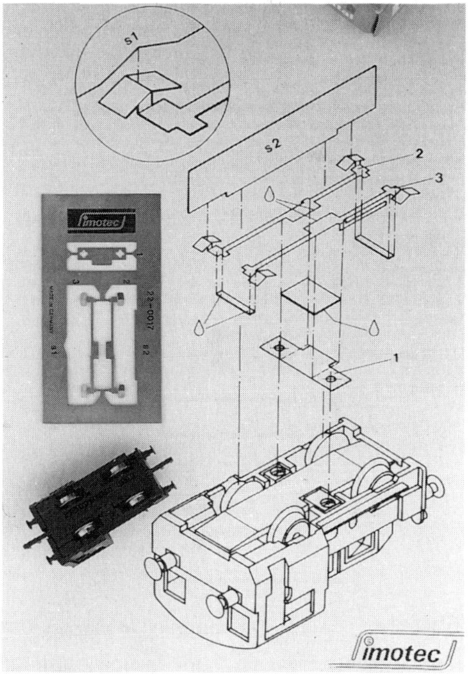

Abb. 3.7 : Wirksames Mittel zur Optimierung des Rad/Schiene-Kontaktes für Analog- und Digital-Loks der Baugröße N: Montage von Imotec-Schienenschleifern. Bausatz Schienenschleifer für eine Köf (links) und als Hintergrund ein Auszug aus der zugehörigen Einbauanleitung des Herstellers

Montage der von der Fa. Imotec (siehe Herstellerverzeichnis im Anhang) angebotenen Schienenschleifer (siehe Abbildung 3.8). Sie verbessern den Rad/Schiene-Kontakt. Darüberhinaus bewirken die kaum sichtbaren Schleifer durch ihre Reibung auf dem Schienenkopf auch noch einen gewissen Reinigungseffekt – entfernt vergleichbar dem eines Märklin-Schleifers. Den Bausätzen liegt eine ausführliche Bauanleitung bei; allerdings erfordert die Montage der Schienenschleifer schon etwas Geduld und vor allem bastlerisches Geschick.

Kontaktsicherheit hat bei Digitalbetrieb einen noch höheren Stellenwert, als bei konventionellem Zweileiter-Zweischienen-Betrieb.

Vor dem Einbau eines Lok-Decoders in ein Modell sollte man folglich dessen Stromübertragungseinrichtungen einer kritischen Prüfung unterziehen und sofern notwendig durch Montage zusätzlicher Stromabnahmeschleifer verbessern.

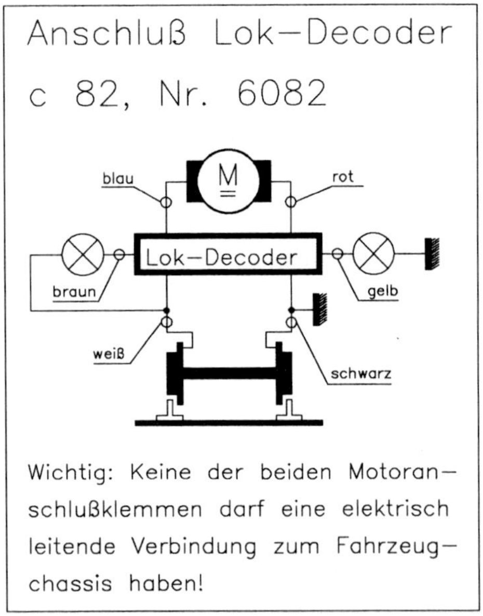

Abb. 3.8: Anschlußschaltbild für Märklin H0-Lok-Decoder c 82

Einbau von Lok-Decodern

Arnold und Märklin vertreten berechtigterweise den Standpunkt, daß der Lok-Decodereinbau allein Aufgabe des Fachhandels sei. Selbsteinbau bedeutet *Verlust jeglicher Gewährleistungsansprüche!*

Bei H0-Fahrzeugen mit konventionellen Permanentmagnetmotoren sollte der Märklin-Lok-Decoder c 82 verwendet werden. Er liefert gemäß Herstellerangabe einen Ausgangsstrom von bis zu 1500 mA für den Motor und zum Betrieb von Zusatzeinrichtungen 100 mA. Abbildung 3.8 zeigt das Anschlußschaltbild. Decoderausfälle sind bei Verwendung des c 82 in Verbindung mit „stromfressenden" Gleichstrommotoren bekannt. Hier macht sich der Umstand negativ bemerkbar, daß dieser Decodertyp weder über einen kurzschlußfesten Ausgang, noch über eine ausreichend schnell wirksame thermische Schutzschaltung verfügt. Die Decoderplatine ist in ein wannenförmiges Kunststoffgehäuse eingeklipst, wodurch eine glatte Fläche entsteht, die eine einfache Decoderfixierung mittels doppelseitigem Klebeband erlaubt.

Häufig wird auch für H0-Fahrzeuge die Verwendung des sog. Keramik-Decoders von Arnold unter Hinweis auf dessen noch geringere Abmessungen und seinen Ausgangsstrom von 1000 mA empfohlen. Dieser Ausgangsstrom steht unter genau definierten Randbedingungen tatsächlich zur Verfügung – nämlich bei Umgebungstemperaturen bis etwa 60° C. Darüber spricht die integrierte thermische Schutzschaltung an. Das schadet weder Decoder noch Lok; das Fahrzeug bleibt dann schlimmstenfalls stehen und ist nach Abkühlung wieder betriebsbereit. Grundsätzlich sollten alle Lok-Decoder an Stellen mit guten Wärmeableitungsmöglichkeiten montiert werden – vor allem muß eine Erwärmung durch den Fahrzeugmotor ausgeschlossen sein.

Die Kombination normaler Lok-Decoder/Glockenankermotor führt zu unbefriedigenden Fahreigenschaften und darüber hinaus wird der nutzbare Drehwinkel des Geschwindigkeitssteuerknopfes eingeschränkt.

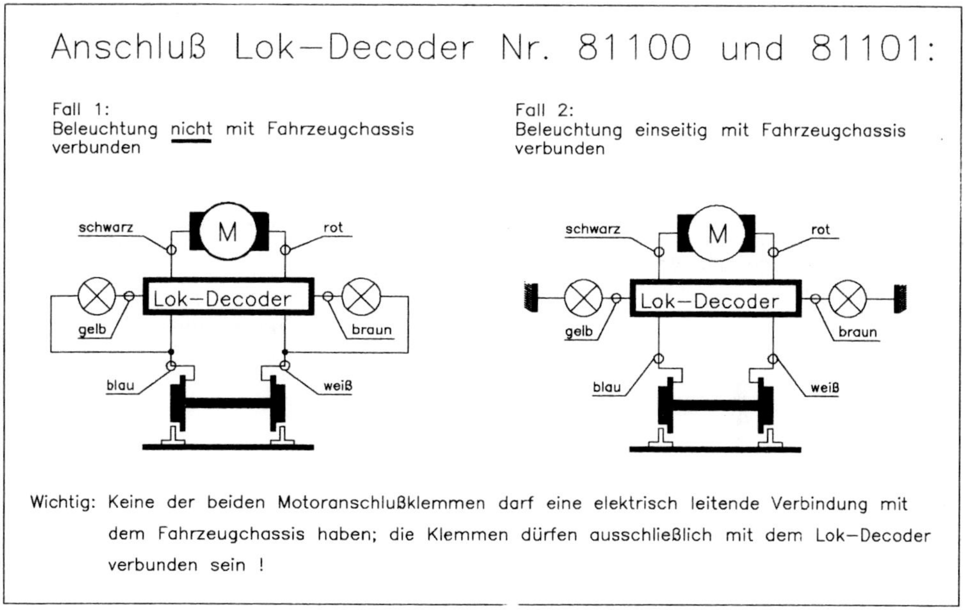

Abb. 3.9: Anschlußschaltbild für Arnold Lok-Decoder 81100 und 81101 in SMD-Bauweise

Deshalb lautet die Empfehlung für H0-Loks mit *Glockenankermotoren:* ausschließlich den speziell hierfür entwickelten FL-Decoder verwenden. Neben den ohnehin schon guten Fahreigenschaften kann beim FL-Decoder über die Zusatzfunktionstaste am Fahr-Gerät ein Rangiergang aktiviert werden, der selbst bei niedrigsten Geschwindigkeiten *brilliante Fahreigenschaften* bewirkt!

Zur Umrüstung von N-Loks aller Fabrikate stehen drei Decoder unterschiedlicher Abmessung und Formgebung zur Auswahl (siehe Abbildung 3.6). Unter technischen Gesichtspunkten erscheint der sog. Keramik-Decoder für Umrüstungen prädestiniert; er verfügt über eine zuverlässig arbeitende thermische Schutzschaltung, die überlastungsbedingte Schäden verhindert.

Einen weiteren Vorzug hat der Keramik-Decoder: er ist außerordentlich flach. Leider wurden die zur Decoderfunktion notwendigen Dioden nicht auf dem Keramikträger angeordnet. Die Gleichrichterbrücke muß deshalb über zusätzliche Kabel – welche die Decodermontage in den winzigen N-Modellen wahrlich nicht erleichtern! – mit dem eigentlichen Decoder verbunden werden.

Die Abbildungen 3.9 und 3.10 zeigen Verdrahtungsvarianten für Arnold-Lok-Decoder.

Wichtig erscheint der Hinweis auf ein Detail der in Abbildung 3.9 (linke Zeichnung) dargestellten Schaltung, nämlich den getrennten Anschluß der Stirnlampenbeleuchtung an verschiedene Schienen. Fahren Digital-Loks im Analogstromkreis, so arbeitet bekanntlich nur noch eine der beiden Stirnlampen. Durch die hier vorgestellte Schaltungsvariante – sie läßt sich bei allen Decodertypen verwenden, sofern *keine* Verbindung Lampen/Chassis besteht – ist dieser Mangel beseitigt.

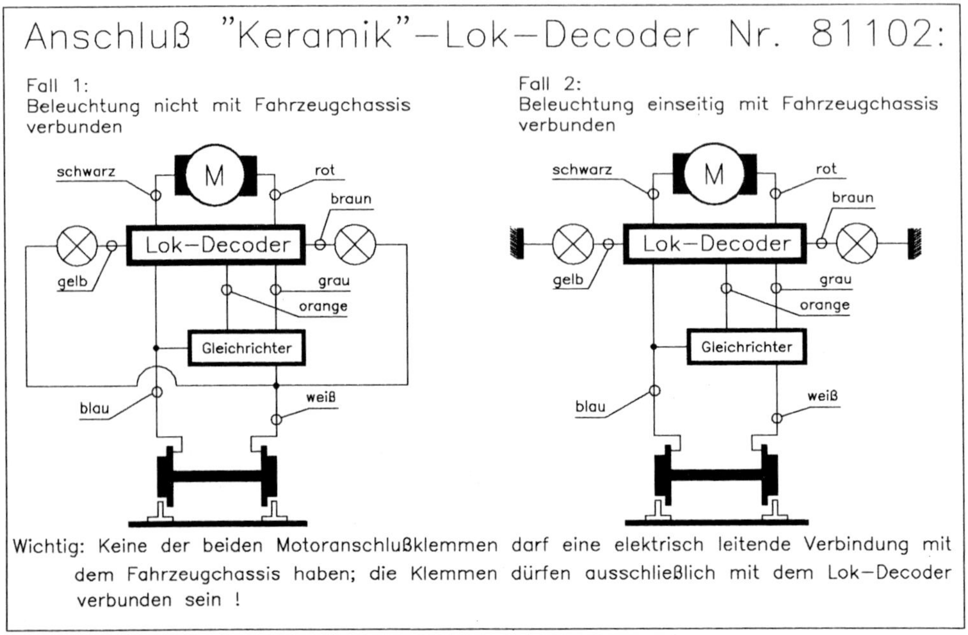

Abb. 3.10: Anschlußschaltbild für Arnold Lok-Decoder 81102 in Keramikbauweise mit separater Gleichrichterbrücke

Überdurchschnittlich gute Ergebnisse im Hinblick auf die *Fahreigenschaften* bringt der Einbau von Arnold-Decodern in Fleischmann-N-Fahrzeuge. Sehr gute Resultate sind auch beim Betrieb mit fünfpoligen N-Motoren – wie sie in Roco und Hobbytrain-Fahrzeugen zu finden sind – zu erzielen.

Wie schon bei H0-Modellen, so muß auch bei N-Fahrzeugen von der Kombination *normaler Lok-Decoder/Glockenankermotor* (Abbildung 3.12) abgeraten werden. Das führt zu unbefriedigenden Fahreigenschaften und darüber hinaus wird der nutzbare Drehwinkel des Geschwindigkeitssteuerknopfes eingeschränkt.

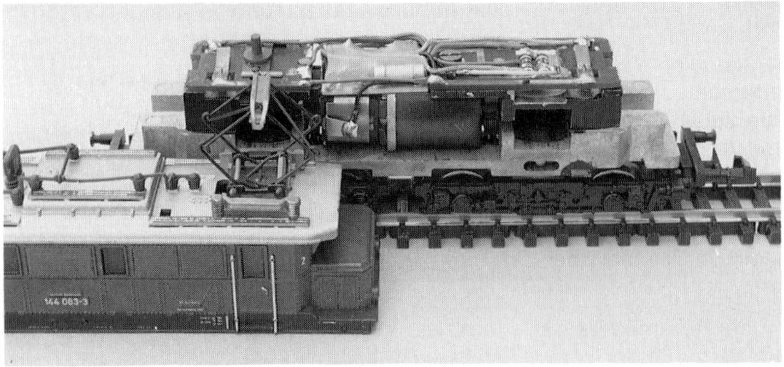

Abb. 3.11: Umrüstung von Fremdfabrikaten, Minitrix E 44 (BR 144) mit Arnold Keramik-Lok-Decoder 81102, alle Räder ohne Haftreifen zur besseren Stromabnahme. (Umbau durch Fa. SB-Modellbau)

Abb. 3.12: Umrüstung von Fremdfabrikaten, Minitrix VT 98.9 + VS 98, Glockenankermotor und mechanischer Schwungmasse, SMD-Lok-Decoder 81100, alle Räder sind zur Stromabnahme herangezogen, keine Haftreifen (Umbau durch Fa. SB-Modellbau)

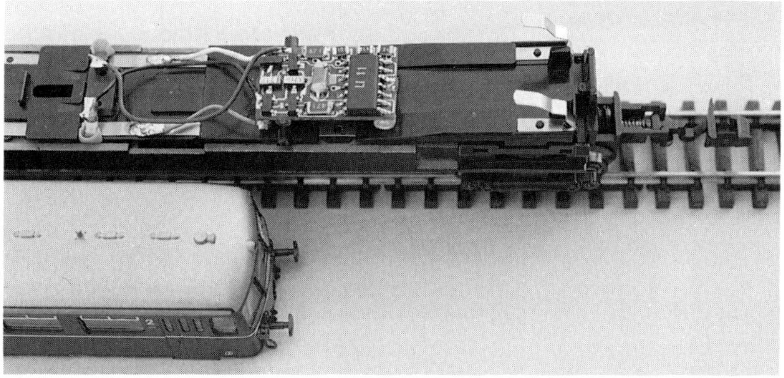

Abb. 3.13: Umrüstung von Fremdfabrikaten, hier eine Fleischmann BR 023 mit Keramik-Decoder 81102 im Führerstandsbereich (Umbau durch Autor)

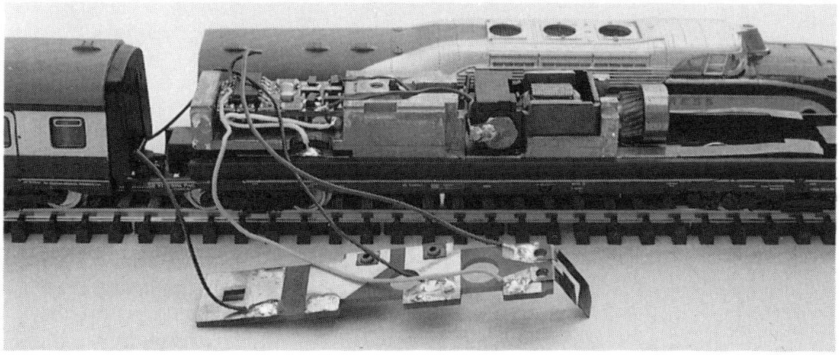

Abb. 3.14: Umrüstung von Fremdfabrikaten, oben: ein Triebwagen ETA 150 von Hobbytrain mit fünfpoligen N-Motor und Standard-Decoder 81100

Unten: Roco Dieseltriebzug BR 601 mit fünfpoligem Motor und Standard-Decoder 81 100 in SMD-Technik. Mittlerweile mußte der SMD-Decoder allerdings durch einen leistungfähigeren Keramik-Decoder ersetzt werden (Beide Umbauten durch Autor)

Natürlich stellt sich die Frage nach einer Lösung – zumindest derzeit gibt es leider für N-Fahrzeuge keine. Offenbar vermag die Nachfrage die Entwicklungskosten einer neuen Platine nicht zu decken. In diesem Zusammenhang muß man dennoch fragen, weshalb der FL-Lok-Decoder in seiner Breite nicht auf 12 mm begrenzt worden ist. Dann wäre er zwar ca. 35 mm lang geworden, hätte aber zumindest in sehr viele Triebwagenmodelle der Baugröße N hineingepaßt!

Fahrzeugeigenschaften programmieren

Jedes Vorbildfahrzeug ist durch fahrzeugspezifische Eigenschaften gekennzeichnet; solche Merkmale sind beispielsweise Höchstgeschwindigkeit (bei Schlepptenderloks zusätzlich abhängig von der Fahrtrichtung), sowie Anfahr- und Bremsvermögen. Bestimmte Eigenschaften sind rein *fahrzeugtypabhängig,* andere wiederum hängen von den *Einsatzbedingungen* des Triebfahrzeuges ab. So wird ein und dieselbe Lok mit drei Eilzugwagen in der Ebene sehr schnell beschleunigen, in einer Steigung mit einem langen Güterzug aber ihre Mühe haben.

Neben der Orientierung am Vorbild muß den *unterschiedlichen elektromechanischen Eigenschaften* der Modelle Rechnung getragen werden. Bekanntlich fahren selbst Loks des gleichen Typs unter identischen Bedingungen bei unterschiedlichen Stellungen des Geschwindigkeitssteuerknopfes (also mit verschiedenen Spannungen) an. Eine loktypbezogen einstellbare Mindestanfahrspannung lindert diesen Mangel, wenngleich eine Motordrehzahlregelung die technisch weitaus wirksamere Lösung wäre.

Eine gleichermaßen technisch bemerkenswerte wie anwendergerechte Eigenschaft von ARNOLD-DIGITAL und MÄRKLIN-DIGITAL= ist die Möglichkeit fahrzeugspezifische Kennwerte *ohne jeden Eingriff* (wie Gehäuse öffnen, Miniaturschalter in der Lok betätigen) *bei jedem Digital-Fahrzeug eingeben, anzeigen und ändern zu können.* Dazu braucht man ein Zusatzgerät namens Programmer, das während des Programmiervorganges durch ein Fahr-Gerät ergänzt werden muß.

Derzeit können folgende fahrzeugspezifische Kennwerte eingegeben, angezeigt und jederzeit wieder geändert werden:

- Lokadresse (zwischen 01 und 80 mit Control 80, von 01 bis 99 mit Control 80 f)

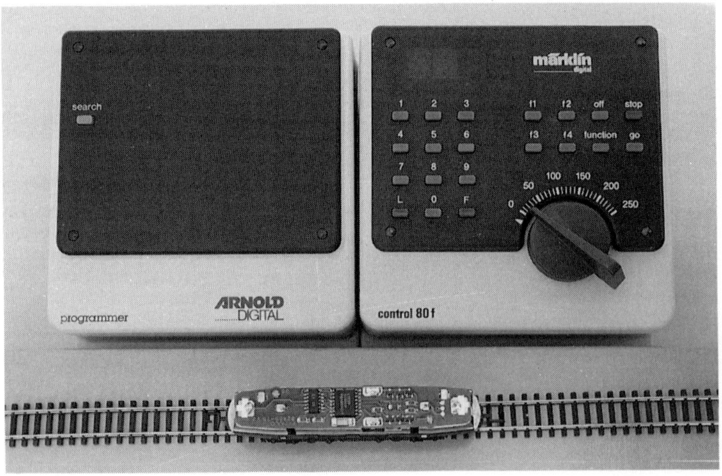

Abb. 3.15: Ein Fahr-Gerät Control 80 f und ein Zusatzgerät „Programmer" mit dem sich fahrzeugspezifische Kennwerte in jede Digital-Lok eingeben, anzeigen und ändern lassen

- Mindestanfahrspannung (Stufe 01 bis 15)
- Beschleunigung (Stufe 01 bis 15)
- Verzögerung (Stufe 01 bis 15)

Bislang ist die Vorgabe der wichtigen Kenngröße *Höchstgeschwindigkeit* leider *nicht* vorgesehen – trotzdem Programmer und Lok-Decoder über die dazu erforderlichen freien Speicherplätze verfügen.

Ausgeliefert werden betriebsfertige Digital-Loks. Alle Werte sind also werksseitig programmiert. Die Lokadresse ist auf einer Pakkungsbeilage angegeben. Dabei werden meist die beiden Endziffern der betreffenden Lokbaureihennummer verwendet; beispielsweise erhält eine Diesellok der Baureihe 221 die Adresse 21, oder eine E-Lok der Baureihe 141 die Adresse 41. So kann sich der Anwender die Adresse leicht merken. Unsystematisch wird die Angelegenheit bei Baureihennummern ≥80. So erhält z.B. eine Dampflok der Baureihe 095 ab Werk die Adresse 14 und jeder memotechnische Zusammenhang geht verloren. Dieses Verfahren wird mit Rücksicht auf das Fahr-Gerät Control 80 und auf das Interface angewendet, da diese Gerätetypen nur 80 Adressen verarbeiten können. Der Programmer ist bereits für 99 Adressen ausgelegt und so kann mit den ebenfalls für diese Adressenzahl dimensionierten Fahr-Geräten Control 80 f und Infra Control 80 f die zitierte Lok 095 auch die leichter zu merkende Adresse 95 erhalten. Auch unter diesem Gesichtspunkt stellt die Entscheidung für ein Control 80f gegenüber dem Control 80 die zweckmäßigere Wahl dar.

Arnold stellt ab Werk bei allen Modellen die Stufe 10 als Mindestanfahrspannung ein. Mit dieser Vorgabe ist bei eingefahrenen Loks mit *guter* Elektromechanik die Mindestgeschwindigkeit etwas zu hoch gewählt.

Anfahr- und Bremsverzögerung sind werksseitig jeweils auf Stufe 01 (minimale Verzögerung) gesetzt.

Nachrüst- und Umrüst-Lok-Decoder haben im Auslieferungszustand die Adresse 79. Wichtig erscheint in diesem Zusammenhang der Hinweis, daß Lok-Decodereigenschaften erst *nach* betriebsfertigem Anschluß des Fahrzeugmotors an den Lok-Decoder und *nach* Ausbau eventuell vorhandener Dioden für den richtungsabhängigen Lichtwechsel programmiert werden können.

Vor einer Korrektur der Mindestanfahrspannung sollte das Ende der Einlaufphase eines Triebfahrzeuges – etwa 3 bis 4 Betriebsstunden – abgewartet werden. Erfahrungsgemäß bildet die Stufe 7 bei N-Loks mit guten Laufeigenschaften den unteren und die Stufe 12 für Loks mit weniger guten Laufeigenschaften den oberen Wert. Die Einstellwerte für H0-Loks streuen zwar weiter, liegen aber im Durchschnitt niedriger. Hier zeigt sich, daß H0-Antriebe weniger verlustbehaftet sind als die Elektromechanik von N-Modellen. Einen Sonderfall bilden Glockenankermotoren in Verbindung mit dem FL-Decoder der Fa. SB-Modellbau; hier reicht schon Stufe 1 (höchstens 2) aus.

Empfehlungen zur Anfahr- und Bremsstufenvorgabe lassen sich kaum geben. Die Werte hängen in hohem Maße von den individuellen Fahrgewohnheiten ab. Stufe 15 bedeutet (bei Ausnutzung der Höchstgeschwindigkeit) Anfahr- und Bremszeiten von jeweils 14 Sekunden bis zum Erreichen der Maximalgeschwindigkeit bzw bis zum Fahrzeugstillstand. Stehen ca. 1 Meter lange Signalhalteabschnitte zur Verfügung und werden diese für Bremsvorgänge mit umgekehrt gepolter Gleichspannung versorgt, so stellen die Stufen 6 bis 9 praxisgerechte Vorgaben für Bremswerte dar, wobei die Beschleunigungsstufe meist etwas höher gewählt werden kann. Ausnahmen bilden Fahrzeuge mit fernsteuerbaren Kupplungen (TELEX- oder SIMPLEX-Kupplung). Bei Rangierbewegungen haben sich niedrigere Stufen als vorteilhaft erwiesen, damit die Loks schneller auf Fahrbefehle reagieren. Für die Einstellung entscheidende Faktoren sind Getriebebauart und die Frage, ob das Fahrzeug über eine mechanische Schwungmasse verfügt. Märklin-HAMO-Digital-Loks haben wegen der Stirnradgetriebe systembedingt ausgewogenere Fahreigenschaften als Loks mit selbsthemmenden Schneckengetrieben.

Vor allem muß man als „Lokführer" das Fahren mit vorbildgerecht massebedingt verzögert reagierenden Triebfahrzeugen erst einmal lernen!

Der Anwender hat zur Eingabe, Anzeige und Änderung fahrzeugspezifischer Eigenschaften zwei Möglichkeiten: entweder er läßt die werksseitigen Einstellungen beim Fachhändler ändern, oder er schafft sich selbst einen Programmer an (ein Fahr-Gerät besitzt er ja schon). Klammert man die Änderung der Lokadresseneinstellung einmal aus, so stellt der Weg zum Fachhändler eine sehr theoretische Lösung dar, denn so lassen sich Anfahr- und Bremsverzögerung kaum anlagenbezogen einstellen. Will man den Systemvorteil in der Praxis nutzen, so kommt man – zumindest mittelfristig – nicht an der Anschaffung eines Programmers vorbei.

Zur Änderung der Einstellwerte ist auf der Anlage ein sog. Programmiergleisabschnitt nötig. Das ist ein beidseitig, zweischienig isolierter Gleisabschnitt, der wahlweise an Digitalspannung oder an den Ausgang des Programmers angeschlossen werden kann.

Zweckmäßigerweise sollte er im Bahnhof oder im Bahnbetriebswerk einer Modellbahnanlage angeordnet sein. Zur Umschaltung genügt ein zweipoliger mechanischer Kipp-Umschalter. Eine aufwendigere Lösung ist der Einsatz eines Universal-Schalt-Moduls; entsprechende Schaltungsvorschläge enthalten die Herstellerunterlagen.

Neben den geschilderten Anwendungen läßt sich ein Programmer auch als komfortable *Loknummernanzeige* einsetzen. Möchte man in nicht einsehbaren Anlagenabschnitten – vornehmlich in Schattenbahnhöfen – wissen, in welchem Gleis welche Lok steht, so können die in Frage kommenden Gleise *nacheinander* an den Programmer angeschlossen und abgefragt werden. Besonders vorteilhaft wirkt sich dabei aus, daß ein Programmer zur Anzeige von Lokadressen nicht durch ein Fahr-Gerät ergänzt sein muß.

Programmer der ersten Fertigungsserie mit schwarz aufgedrucktem, alten Arnold Firmenlogo erlauben zwar die Eingabe aller fahrzeugspezifischen Daten – angezeigt werden kann aber lediglich die Fahrzeugadresse. Diese Aussage gilt unabhängig von der Lok-Decoderbauserie.

Zusammenfassend ist festzustellen, daß die Möglichkeiten zur Eingabe, Anzeige und Änderung fahrzeugspezifischer Eigenschaften einen erheblichen Beitrag zur Steigerung der Vorbildtreue leisten. Allerdings sollte unbedingt (in Verbindung mit einer Motordrehzahlregelung) eine Möglichkeit zur Einstellung einer *lokbezogenen Höchstgeschwindigkeit* geschaffen werden – zumal Programmer und Lok-Decoder über die notwendigen Reserven schon heute verfügen. Erst dann ist das System als in vollem Umfang modellbahngerecht einzustufen.

Betrieb von Zusatzeinrichtungen

Die Einen sehen in akustischen Effekten wie läuten, pfeifen und bimmeln oder in optischen Wirkungen wie Triebfahrzeug- und Wagenbeleuchtungen, Stromabnehmersenk- und Hebeeinrichtungen, sowie Dampfentwicklern eine erfreuliche Bereicherung ihres Hobbys, die Anderen billigen bestenfalls fernsteuerbaren Fahrzeugkupplungen einen Nutzen zu.

Digitale Mehrzugsteuerungen erlauben die Realisierung aller Vorstellungen – bis hin zum laufenden Kellner im Aussichtswagen oder tanzenden Paaren im Gesellschaftswagen. Ob man das nutzt, bleibt der eigenen Entscheidung überlassen.

Bei Digital-Loks wird in der Regel die Triebfahrzeugbeleuchtung serienmäßig als schaltbare Zusatzeinrichtung angeboten. Sie ist mit jedem einfachen Control 80 Fahr-Gerät zu betätigen. Mit dem Control 80 f und dem Infra Control 80 f/IR Control sind daneben vier zusätzliche Funktionen fernsteuerbar. Auch alle Lok-Decoder verfügen schon heute über die technischen Voraussetzungen zum

Betrieb von vier weiteren Zusatzeinrichtungen.

Die Lok-Decoderausgänge liefern für Zusatzfunktionen einen Ausgangsstrom von 100 mA. Zum direkten Anschluß der Triebfahrzeugbeleuchtung reicht das, aber einen Dampfentwickler darf man schon nicht mehr anschließen, weil dessen Stromaufnahme die zulässige Grenze mitunter überschreitet und somit zur Beschädigung des Lok-Decoders führt. Gelöst werden kann das Problem durch Einbau einer einfachen Transistorverstärkerstufe oder eines Relais zwischen Decoderausgang und zu steuernder Zusatzeinrichtung.

Zweifellos gewinnen Rangiervorgänge durch fernsteuerbare Fahrzeugkupplungen *wesentlich* an Vorbildtreue. Märklin bietet als Lösung seine TELEX-Kupplung an, die dank MÄRKLIN-DIGITAL= nun auch Zweischienen-Zweileiter-H0-Anhängern (Beispiel: BR 086 in der Digital-Grundpackung) zur Verfügung steht. Arnold rüstet seit Jahren zahlreiche N-Loks mit der mechanisch arbeitenden SIMPLEX-Kupplung aus (d. h. zu deren Nutzung ist keine Digitaltechnik erforderlich); auch Digital-Loks sind mit dieser hilfreichen Einrichtung erhältlich. Die umfangreichen Nachrüstmöglichkeiten für SIMPLEX-Kupplungen gehen aus denTabellen 3.1 und 3.2 hervor – gewinnen doch fernsteuerbare Kupplungen an Digital-Loks für betriebsorientierte Modellbahner noch mehr an Bedeutung.

Eine *Digital-Rangierlok mit fernsteuerbaren Kupplungen* stellt für für den Rangierbetrieb zweifellos das Optimum dar!

Noch einige Hinweise zur Funktion von Beleuchtungen: Sofern im Digitalstromkreis *keine* Analog-Loks betrieben werden, arbeiten Triebfahrzeugbeleuchtungen von Digital-Loks geschwindigkeits*un*abhängig mit gleichbleibender Helligkeit. Viele Triebfahrzeuge verfügen über eine fahrtrichtungsabhängige Stirnlampenbeleuchtung, wobei diese Funktion auch bei Triebfahrzeugstillstand richtungsabhängig funktioniert.

Fährt im Digitalstromkreis zusätzlich eine Analog-Lok, so ändert sich die Helligkeit der Beleuchtung der Digital-Loks innerhalb einer gewissen Bandbreite in Abhängigkeit von Fahrtrichtung und Geschwindigkeit der Analog-Lok. Allerdings gibt es keinen Betriebszustand, bei dem die Stirnlampenbeleuchtung nicht mehr erkennbar wäre.

Betreibt man eine Digital-Lok im Analogstromkreis, so funktioniert deren Stirnlampenbeleuchtung lediglich bei einer Fahrtrichtung. Diese Einschränkung gilt natürlich auch für Gleisabschnitte, die zur Erzielung vorbildgerecht verlaufender Bremsvorgänge mit entgegen der Fahrtrichtung gepolter Gleichspannung versorgt werden, wie z. B. Signalhalteabschnitte.

Bei Verwendung der in Abbildung 3.9 (linke Zeichnung) dargestellten Schaltung tritt dieser Mangel allerdings nicht auf.

Sofern keine Dioden eingebaut sind, arbeitet die Beleuchtung konventioneller Loks im Digitalstromkreis gleichbleibend hell und fahrtrichtungsunabhängig.

Innenbeleuchtungen von Wagen und Zugschlußbeleuchtungen leuchten im Digitalstromkreis – einwandfreien Rad/Schienekontakt vorausgesetzt – stets mit konstanter Helligkeit. Nur in spannungslos geschalteten Signalhalteabschnitten (ohne Gleichspannungseinspeisung) wird es in den Wagen dunkel.

Fahr-Geräte Anordnung

Das Streben nach vorbildgerechtem Betrieb ist letztlich nur sinnvoll, wenn der Erfolg solcher Bemühungen auch richtig zur Geltung kommt. Wird mit einem Fahr-Gerät jeweils nur eine Lok gesteuert, so konzentrieren sich Bedienung und Beobachtung zwangsläufig auf dieses eine Triebfahrzeug, weil zwischen ihm und seinem „Lokführer“ eine direkte Verbindung über das Fahr-Gerät und den Sichtkontakt vorhanden ist.

Zwischen Beobachtungsmöglichkeiten und Fahrzeugsteuerung besteht folglich eine beachtenswerte Wechselwirkung:

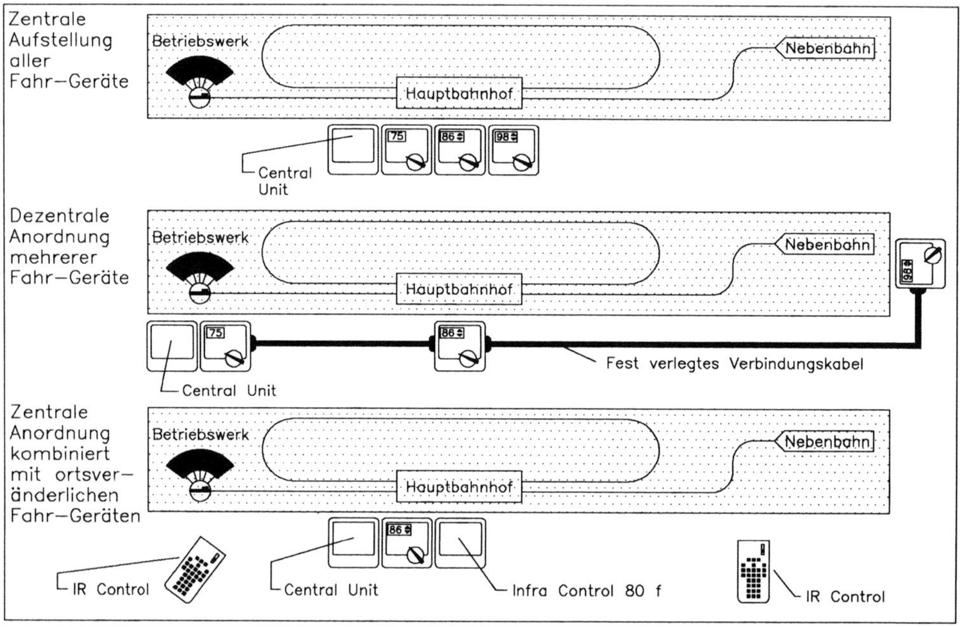

Abb. 3.16: Zentrale, dezentrale und ortsveränderliche Fahr-Geräteanordnung im Vergleich

Je besser ein Fahrzeug beobachtet werden kann, desto vorbildgetreuer wird es gesteuert.

Grund genug, einige Stichworte über die Einflüsse auf die Fahrzeugbeobachtung zu nennen:

- Höhe der Modellbahnanlage
- Längenmäßige Ausdehnung der Anlage
- Anlagenform
- Modellbahnmaßstab und
- Standort des Fahr-Gerätes

Wäre stets ein optimaler Fahrzeugbeobachtungsstandort einzuhalten, so würde das schon eine erhebliche Erleichterung für die vorbildgerechte Fahrzeugsteuerung darstellen. Bei günstigem Beobachtungsstandort wird – ohne weiteres Zutun – in der Regel schon langsamer, also vorbildgerechter, gefahren, da jeder Bewegungsablauf – beispielsweise der eines Dampflokantriebes – genau beobachtet werden kann. Zwangsläufige Folge ist eine kritischere Bewertung der Fahreigenschaften unserer Fahrzeuge.

Dies gilt bei direkter Steuerung einer Lok – wie sieht das aber bei automatisch gesteuerten Zugbewegungen – beispielsweise Selbstblockbetrieb auf freier Strecke – aus?

Dort herrscht die Beobachtung mit Abstand zum Geschehen vor. Nicht mehr die einzelne Speiche des Dampflokrades ist maßgebend – sondern daß die Dampflok mit schwerem Güterzug massebedingt einen ganz anderen Bewegungsablauf wiedergibt, als ein Schnelltriebwagen. Typische Geschwindigkeits*unterschiede* zwischen Zuggattungen und vorbildgerechte Geschwindigkeiten sind gleichermaßen wichtig. War es bei der Steuerung einer Lok Aufgabe des Bedieners für einen vorbildentsprechenden Bewegungsablauf zu sorgen, so ist dies nun Sache der Automatik.Diese Aspekte sollten bei der Auswahl von Fahr-Geräten Beachtung finden.

Empfehlungen zur Fahr-Gerätewahl

Die Angebotspalette von Arnold bzw Märklin deckt alle drei Anwendungsfälle – zentrale, dezentrale und standortunabhängige Anordnung – einschließlich der zur dezentralen Aufstellung notwendigen Verbindungskabel – ab.

Im einen Anwendungsfall sollte ein Fahr-Gerät immer dort sein, wo sich Bediener und das zu steuernde Fahrzeug befinden. Dazu benötigt man ein *standortunabhängiges* Fahr-Gerät – eine sog. „walk-around-control".

Alternativ kommt die Anordnung mehrerer Fahr-Geräte bei den betrieblichen Schwerpunkten einer Anlage in Betracht – also eine *dezentrale* Aufstellung.

Für den zweiten Fall – der automatischen Steuerung von Zügen auf Strecken – genügt ein ortsfestes, *zentral* aufgestelltes Fahr-Gerät, beispielsweise beim Stellpult der Modellbahnanlage.

Für zentrale und dezentrale Aufstellung stehen das Control 80 und das Control 80 f zur Auswahl (siehe Abbildung 3.17). Letzteres bietet gegenüber dem einfachen Control 80 folgende Vorzüge:

- Fahrtrichtungsanzeige (durch pfeilförmige LEDs)
- bis zu 99 (gegenüber 80) Fahrzeugadressen aufrufbar
- einfache Übernahme eines von einem anderen Fahr-Gerät gesteuerten Fahrzeuges durch zweimalige Adresseneingabe (sehr zweckmäßig bei dezentraler Geräteanordnung!)
- vier weitere Zusatzfunktionen steuerbar
- Schaltzustand der Zusatzfunktionen wird durch LEDs angezeigt
- Einstellung von 99 Fahrzeugadressen in Verbindung mit einem Programmer

Die Empfehlung für ein standortgebundenes Gerät lautet eindeutig Control 80 f. In Verbindung mit Adapterkabeln kann auf einfache Weise eine dezentrale Aufstellung realisiert werden. Wichtig erscheint der Hinweis, daß selbst die in den Grundpackungen von Arnold

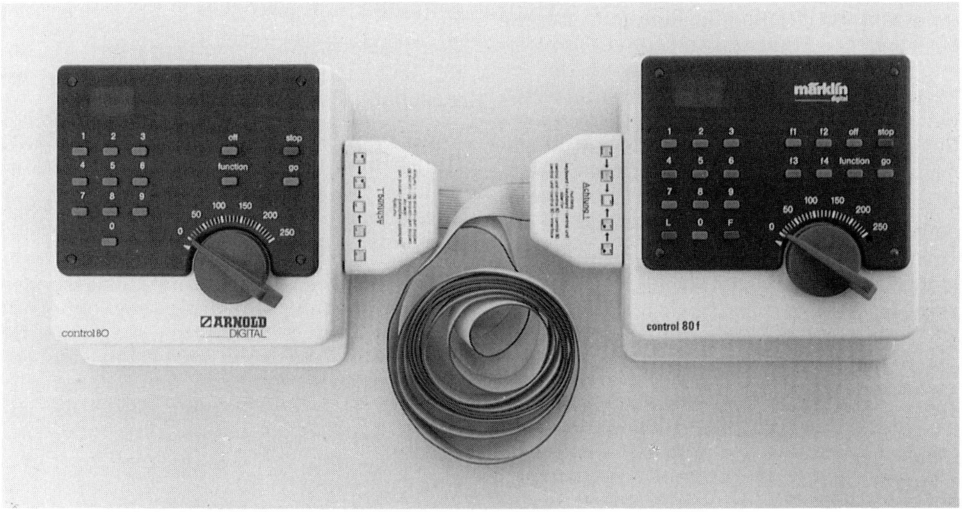

Abb. 3.17: Die standortgebundenen Fahr-Geräte Control 80 (links) und 80 f (rechts), hier durch ein Adapterkabel zur dezentralen Aufstellung miteinander verbunden

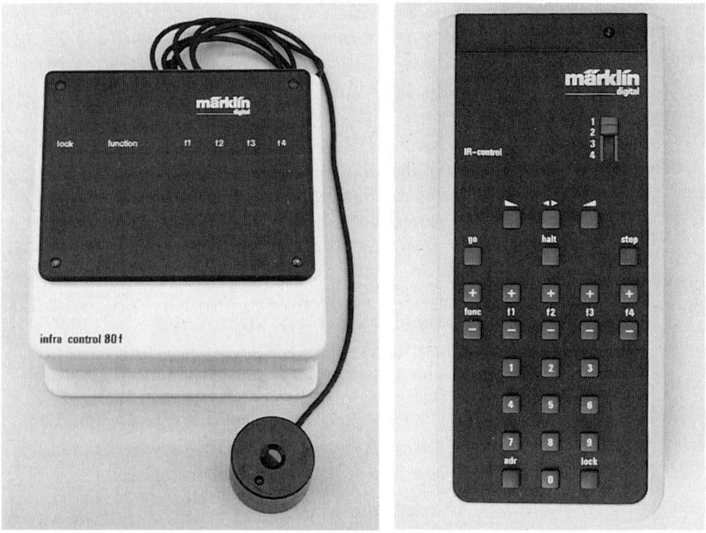

Abb. 3.18: Ortsfestes Infra Control 80 f mit freizügig montierbarem Infrarotempfänger und einer standortunabhängigen Fernbedienung für Fahrzeuge – der sog. IR Control

und Märklin enthaltenen „Central Control" Geräte die Eigenschaften des Control 80 f aufweisen.

Eine standort*un*abhängige Fahrzeugsteuerung wird mit der Kombination Infra Control 80 f und der Fernbedienung IR Control erreicht (siehe Abbildung 3.18). Durch die Anwendung des drahtlosen Infrarotübertragungsverfahrens ist eine bislang einzigartige Standortunabhängigkeit realisiert – nicht einmal die sonst bei Walk Around Control Geräten übliche Stolperfalle „Kabel" beeinträchtigt den Aktionsradius des Bedieners.

Der standortgebundene Geräteteil wird wie jedes Fahr-Gerät rechts an die Central Unit angesteckt, wobei die Zahl der Infra Control 80 f auf ein Gerät begrenzt ist. Zusätzlich dürfen jedoch noch neun Control 80 bzw 80 f verwendet werden.

In Verbindung mit einem Infra Control 80 f lassen sich bis zu vier drahtlose Fernbedienungen IR Control einsetzen. Damit das stationäre Gerät die Fernbedienungen unterscheiden kann, muß ein vierstufiger Schiebeschalter am IR Control entsprechend eingestellt werden. Das bedeutet, daß systembedingt 9 + 4 = 13 Triebfahrzeuge unabhängig voneinander steuerbar sind – eine Zahl, welche alle praktischen Anforderungen übertreffen dürfte.

Umgekehrt lassen sich mit nur *einem* IR Control bei Ausnutzung aller *vier* Schiebeschalterstellungen vier Triebfahrzeuge steuern.

Infra Control 80 f und IR Control sind – wie die Bezeichnung schon vermuten läßt – zur Verarbeitung von 99 Fahrzeugadressen und fünf Zusatzfunktionen (wahlweise als Dauer- oder Momentfunktion) ausgelegt.

Positiv zu bewerten sind Geräteabmessungen und -formgebung. Das IR Control liegt gut in der Hand und ist bei etwas Übung auch für eine Einhandbenutzung nutzbar. Dank der hohen installierten Sendeleistung erübrigt sich die von Fernsehgerätebedienungen her bekannte Notwendigkeit zur Ausrichtung der Fernbedienung auf den IR-Empfänger des Infra Control 80 f.

Alle Funktionen werden über Tasten ausgelöst (siehe Abbildung 3.18), wobei erfreulicherweise keine Taste mit Doppelfunktionen belegt wurde. Tasten mit wichtigen Funktionen sind farblich von den übrigen abgehoben.

Die Adressenwahl funktioniert im Prinzip wie bei den ortsfesten Fahr-Geräten; nur muß als Schutz gegen versehentliche Bedienungen vor der Eingabe die Zehnertastatur mit der Taste ,,adr" entriegelt und anschließend durch die taste ,,lock" wieder verriegelt werden. Die eigentliche Fahrzeugsteuerung geschieht mit drei Tasten; eine zum beschleunigen, eine zum bremsen und eine dritte für den Fahrtrichtungswechsel. Die Handhabung ist etwas gewöhnungsbedürftig, zumal mit Einführung dieses Fernbedienungsgerätes *in ein- und demselben Digitalsystem unterschiedliche Bedienungsarten für identische Funktionen* auftauchen. Beispiele: Bei Control 80 und 80 f wird die Geschwindigkeit mittels einer Drehbewegung eingestellt – hier sind es zwei Tasten. Wurde in einem Fall die Fahrtrichtung mittels Drehbewegung über einen Druckpunkt hinaus gewählt, so erfolgt die Vorwahl nun mittels Taste. Bei Control 80 und 80 f reagiert ein Fahrzeug (sofern keine Anfahr/Bremsverzögerung im Lok-Decoder programmiert ist) auf Veränderungen am Geschwindigkeitssteuerknopf sofort. Drückt man dagegen beim IR Control z.B. die Beschleunigungstaste, so braucht das gleiche Fahrzeug vom Stillstand bis zur Höchstgeschwindigkeit 14 Sekunden, also eine Sekunde pro Fahrstufe. Für Bremsvorgänge gilt das sinngemäß. Daraus den Schluß zu ziehen, das IR Control verfüge über eine eingebaute Massensimulation wäre falsch. Ursache der Reaktionszeit sind vielmehr datenübertragungstechnische Zwangspunkte (z.B. geräteinterne Prüfung der Infrarot-Datenübertragungstelegramme). Daraus folgt, daß ein– und dieselbe Lok bei Steuerung mit verschiedenen Fahr-Gerätetypen unterschiedlich reagiert, was der Benutzer nicht gerade als vorteilhaft empfindet.

Kann man auf jedes Control 80 f (durch *zweimaliges* eintippen der Adresse) ein bereits mit einem anderen Fahr-Gerät aufgerufenes Triebfahrzeug übernehmen, so geht das mit dem IR Control leider nicht. Die Folge: bevor ein solches Fahrzeug übernommen werden kann, muß zuerst zum standortgebundenen Gerät gegangen werden und dort die entsprechende Fahrzeugadresse freigegeben werden.

Mit der lokbezogen wirkenden ,,Halt"-Taste erfüllt das IR Control eine alte Forderung. Der Befehl wird sofort ausgeführt; sofern im Lok-Decoder eine Bremsstufe eingegeben ist, erfolgt der Bremsvorgang mit entsprechender Verzögerung – ein gut durchdachtes Detail. Die Umsetzung eines Fahrtrichtungswechselkommandos geschieht richtigerweise erst nach vorherigem Fahrzeugstillstand.

Fahrzeugbedienung heißt aber nicht nur Erteilung von Steuerbefehlen, sondern auch Anzeige von Betriebszuständen (aufgerufene Adresse, momentane Fahrtrichtung, eingestellte Fahrstufe, usw). Genau dies ist ein Schwachpunkt des IR Control – es bietet keine Anzeigen. Eine entsprechende Gerätevariante wäre sicher von Vorteil. Das auf dem stationären Infra Control 80 f vorhandene und besonders aussagekräftige LED-Display stellt gerade bei standort*un*abhängiger Fahrzeugsteuerung keinen Ersatz dar.

Die Fahr-Geräte-Variante Infra Control 80 f/IR Control überzeugt vor allem durch die beispiellose Standortunabhängigkeit. Deshalb erscheint diese Gerätekombination insbesondere für zwei Anwendungsbereiche geeignet:

- ausgedehnte L- und U-förmig gebaute Modellbahnanlagen und
- für Modellbahner, die auf eine optimale Beobachtung ihrer Fahrzeuge (vor Ort) Wert legen.

Digital- und Analogstromkreise kombinieren

Die Systemeigenschaft Digital-Loks mit normalen Gleichstrom-Fahrpulten steuern zu können und Analog-Loks im Digitalstromkreis

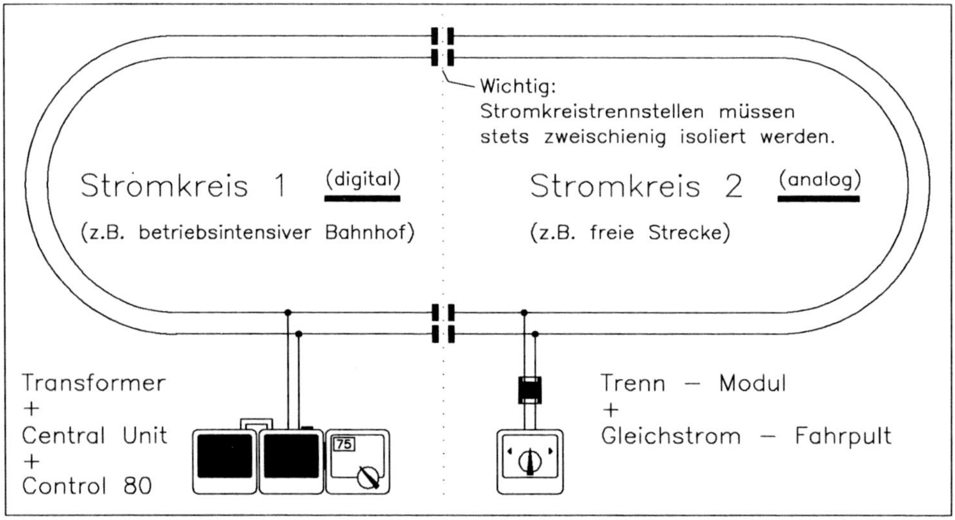

Abb. 3.19: Digitalstromkreis und Analogstromkreis nebeneinander auf einer Anlage. Bedingung: zweischienige Gleistrennungen, Empfehlung: Trenn-Modul zwischen Gleichstrom-Trafo und Analogstromkreis

betreiben zu können, läßt sich unter anderem dazu nutzen, auf einer Modellbahnanlage analoge *und* digitale Stromkreise *gemeinsam* zu betreiben. Abbildung 3.19 demonstriert das an einem einfachen Beispiel. Dort werden Fahrzeuge auf der freien Strecke mit einem angenommenermaßen schon vorhandenen Gleichstrom-Fahrpult versorgt und im rangierintensiven Bahnhofsbereich kommt eine Digitalsteuerung zum Einsatz.

Die Kombination von Digital- und Analogstromkreisen sichert die Weiterverwendung vorhandener Fahrpulte bei gleichzeitiger Nutzung der Vorteile des Digitalbetriebes in betriebsintensiven Anlagenteilen – ein wichtiger Vorzug von ARNOLD-DIGITAL und MÄRKLIN-DIGITAL=, den besonders „Umsteiger" auf den Digitalbetrieb zu schätzen wissen.

Hilfreich für einen problemlosen Übergang zwischen Analog- und Digital-Stromkreisen und umgekehrt ist das sog. Trenn-Modul der Fa. Arnold. Es wird zwischen die beiden Ausgangsklemmen eines konventionellen Gleichstrom-Trafos und den Analog-Stromkreis geschaltet (siehe Abbildung 3.19). Während des überfahrens der stets *zweischienig auszuführenden Stromkreis-Trennstellen* unterbindet das Trenn-Modul die ansonsten auftretende Funkenbildung an Schienen, Stromabnahmeschleifern und Fahrzeugrädern.

Das Fahrverhalten von *Analog-Loks* beim passieren der Stromkreistrennstelle ist gut. Sofern die „Fahrspannungen" am Control 80 Gerät (für den Digitalstromkreis) und am herkömmlichen Fahrpult (für den Analogstromkreis) einander angeglichen sind, treten keine störenden Geschwindigkeitsänderungen auf.

Das Fahrverhalten von *Digital-Loks* kann als noch befriedigend eingestuft werden – es ist nicht so gut wie bei konventionellen Fahrzeugen. Kurz nach dem überfahren der Trennstelle beschleunigen bzw. bremsen Digital-Loks nämlich zunächst etwas, um sich dann wieder ihrer Sollgeschwindigkeit zu nähern. Dieses Verhalten läßt darauf schließen, daß die Lok-Decoder eben eine gewisse Zeit zur Betriebsartenerkennung benötigen.

Stimmen die in Digital- und Analogstromkreisen eingestellten Fahrtrichtungen *nicht* überein, so *pendeln Analog-Loks* auf der Trennstelle hin und her – so wie das eben bei konventionell gesteuerten Anlagen in der Vergangenheit schon immer war. *Digital-Loks* hingegen bremsen nach der Trennstelle mit der im Lok-Decoder programmierten Bremsstufe bis zum Stillstand ab und bleiben stehen, bis die richtige Polarität am Fahr-Gerät eingestellt wird.

Die *technischen Vorteile* des Trenn-Moduls (keine Ausgleichsströme und damit Schonung der Stromabnahmeeinrichtungen an Fahrzeugen) *überzeugen*; vom Fahrverhalten der Digital-Loks kann das leider nicht im selben Maße gesagt werden.

Der Abschnitt „Trenn-Modul Einsatz" enthält weitergehende Hinweise zu diesem Thema.

Booster oder Fahrpulte?

Die Einhaltung der für Spielzeuge – und dazu zählen im Sinne der Richtlinien Modellbahnen – gültigen VDE/GS Bestimmungen garantiert ein *Höchstmaß an Sicherheit* für den Benutzer. Daraus ergibt sich aber auch die weniger erfreuliche Begrenzung der Ausgangsleistung für jeden Trafo auf etwa 50 VA, was einem Strom von ca. 3 Ampère entspricht.

Reicht der Ausgangsstrom einer Central Unit nicht aus, so kann zusätzliche Leistung durch sog. Booster (Leistungsverstärker) zur Verfügung gestellt werden. Dazu muß natürlich jeder Booster durch einen Transformer ergänzt und die Modellbahnanlage in entsprechende Versorgungsabschnitte (Abbildung 3.20) aufgeteilt werden.

Die *Kombination analoger und digitaler Stromkreise* eröffnet vielfältige Verwendungsmöglichkeiten für Gleichstrom-Fahrpulte – „Trafo ade" ist bei ARNOLD-DIGITAL oder MÄRKLIN-DIGITAL= also keineswegs angesagt. Denn wer nicht neu ins Modellbahnhobby einsteigt, verfügt über herkömmliche Gleichstrom-Fahrpulte. Damit kann man einige Stromkreise konventionell weiterbetreiben und so auch einen *hohen Leistungsbedarf auf*

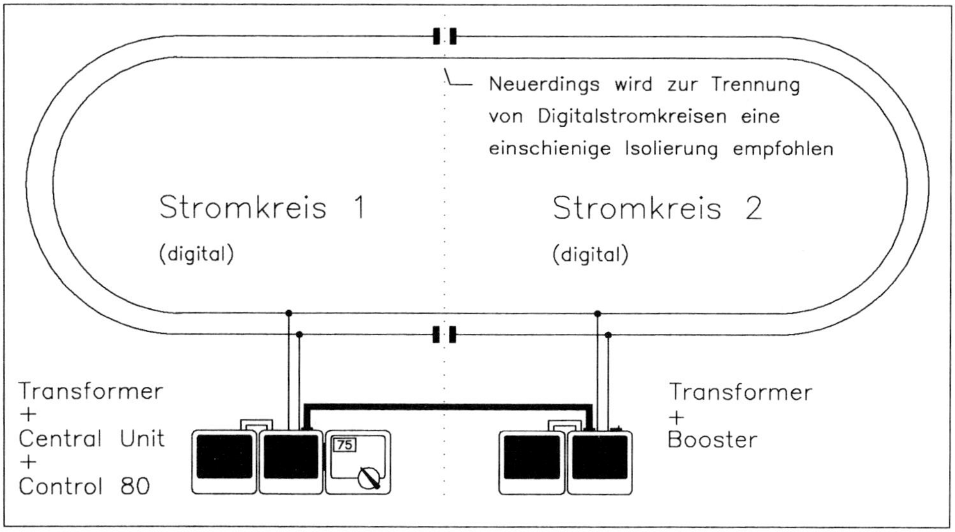

Abb. 3.20: Ergänzung der Central Unit durch Trafo/Booster-Kombination zur Deckung eines höheren elektrischen Leistungsbedarfes

preiswerte Weise decken. Ein Rückblick zu Abbildung 3.19 und ein Blick voraus zu Kapitel 4 lohnen sich in diesem Zusammenhang.

Grenzen zwischen analogen und digitalen Stromkreisen müssen in jedem Fall zweischienig isoliert werden.

An den Übergangsstellen zwischen mehreren digitalen Stromkreisen (Central Unit, Booster) kann man zwischen ein- und zweischieniger Trennstellenausführung wählen. Das geht, weil Booster und Central Unit durch Opto-Koppler galvanisch perfekt getrennt sind. Die neueste, noch nicht in den Herstellerunterlagen dargestellte Empfehlung lautet: nur noch einschienige Isolierung zwischen Digitalstromkreisen.

Signalhalteabschnitte und Blockbetrieb

Am einfachsten steuert man Züge in Abhängigkeit der Signalstellung durch simples ein– und ausschalten der (Digital)spannung mit einem Relais (z.B. dem Universal-Schalt-Modul oder Funktions-Decoder k74). Ziemlich ruckartiges anhalten und plötzliches beschleunigen sind bei Loks mit selbsthemmenden Schneckengetrieben und ohne mechanische Schwungmasse jedoch vorbildwidrige Folgen dieser Methode.

Akzeptabel ist das Verfahren zur Steuerung von Fahrzeugen mit Stirnradgetrieben, oder bestenfalls als erster Schritt zu einer automatischen Blocksteuerung.

Der zweite Vorschlag ist nur bei *ausschließlichem Einsatz von Digital-Loks* brauchbar – er steht damit im Widerspruch zum Grundgedanken der Kompatibilität.

Der Signalhalteabschnitt wird bei Halt-Stellung des Signales mit einer der Fahrtrichtung entgegengesetzt gepolten *Gleichspannung* versorgt. Dabei wird die Eigenschaft von Lok-Decodern zur Detektierung der Polarität der an den Schienen anliegenden Spannung genutzt. Stimmt nämlich die momentane Fahrtrichtung (bei passieren einer Stromkreistrennstelle) *nicht* mit der im Analog-Stromkreis (sprich Signalhalteabschnitt) eingestellten überein, so bremst ein Digitalfahrzeug mit der in seinem Lok-Decoder programmierten Verzögerung vorbildgerecht bis zum Stillstand ab. Anschließend bleibt es stehen, bis die Polarität der Gleichspannung geändert wird, oder bis (bei „Fahrt" zeigendem Signal) wieder eine Versorgung mit Digitalspannung erfolgt.

In der Praxis bereitet dieses Schaltungskonzept allerdings Probleme.

Entstehen während eines Bremsvorganges Kontaktunterbrechungen, so interpretiert der Lok-Decoder bei wiederhergestelltem Kontakt die „falsch gepolte Gleichspannung" als Befehl in einem analogen Anlagenteil fahren zu sollen mit dem Effekt, daß die Lok in die entgegengesetzte Richtung losfährt.

Steht eine Digital-Lok beim Einschalten der Modellbahnanlage auf einem „falsch gepolten" Bremsabschnitt, so bewegt sie sich über die Trennstelle in den Digitalstromkreis und fährt dort unvermindert weiter, weil ihre Digital-Adresse an einem Fahr-Gerät zuvor noch nicht aufgerufen werden konnte. Folglich dürfen entweder beim ausschalten der Anlage keine Triebfahrzeuge in „Halt" zeigenden und mit Gleichspannung gespeisten Signalhalteabschnitten abgestellt werden (was praxisfremd wäre), oder es muß nach dem einschalten schaltungstechnisch dafür gesorgt werden, daß zunächst alle Fahrzeuge aufgerufen sind, *bevor* Signalhalteabschnitte mit Gleichspannung versorgt werden.

Versuche zeigen, daß die Höhe der in Bremsabschnitte eingespeisten Gleichspannung etwa 9 Volt nicht übersteigen sollte. Auch der Verlauf der Spannung hat Einfluß auf den Bremsvorgang. Am besten arbeitet die Schaltung mit gesiebter Gleichspannung. Selbst die Lok-Decoderbaureihe beeinflußt das Fahrverhalten. Wie beim Übergang vom Digital- in den Analogstromkreis und umgekehrt beschleunigen Digital-Loks bei Einfahrt in den mit Gleichspannung gespeisten Signalhalteabschnitt zunächst einmal etwas um dann bis zum Stillstand zu bremsen. Je höher die

Gleichspannung, desto ausgeprägter der „Beschleunigungseffekt".

Folgenden Vorzug muß man dieser Schaltung allerdings zubilligen: die Länge des Signalhalteabschnittes beschränkt sich auf den Bremsweg. Auf die normalerweise in Signalhalteabschnitten erforderliche Anfahrstrecke kann man verzichten, weil eine Digital-Lok bei Zuschaltung der Digitalspannung mit der in ihrem Decoder programmierten Beschleunigungsstufe anfährt. Wer folglich ausschließlich Digital-Loks und Wagen *ohne* Innenbeleuchtung verwendet, erreicht bei dieser Schaltung relativ lange Bremswege auf kurzer Strecke.

Eine dritte Methode steht zur Wahl: Da Digital-Loks ebenso mit Gleichspannung fahren, lassen sich vorbildgerechte Anfahr- und Bremsvorgänge auch auf diese Weise nachbilden.

Der Vorteil ist darin zu sehen, daß solche Schaltungen gleichermaßen auf Analog- und Digital-Loks wirken. Aber auch hierbei sind Einschränkungen zu machen: So dürfen ausschließlich Anfahr/Bremsschaltungen eingesetzt werden, welche die Signalabschnitte mit gesiebter Gleichspannung speisen. Andere Spannungsverläufe (Impulse, Halb- und Vollwellen) können die Decoderfunktion stören. Der Grad der möglichen Beeinflussung hängt von Faktoren wie Amplitude der Versorgungsspannung und Lok-Decoderbaureihe ab, läßt sich also vom Anwender nur in engen Grenzen beeinflussen.

Auf wichtige Vorzüge des Digitalbetriebes muß man beim Betrieb mit Gleichspannung und herkömmlichen Anfahr/Bremsschaltungen ohnehin verzichten. Unterschiedliche Zuggattungen fahren in den Blockabschnitten nicht mehr mit individuell zugeordneten Geschwindigkeiten. Anfahr/Bremsvorgänge verlaufen entsprechend der von Anfahr/Bremsschaltungen vorgegebenen zeitlichen Funktion und nicht mehr fahrzeugspezifisch gemäß der in jeden Lok-Decoder programmierten Anfahr- und Bremsstufe. Ebensowenig arbeiten bei dieser Art der Geschwindigkeitssteuerung Zusatzfunktionen – z. B. Beleuchtungen – vorbildgerecht.

Welche der drei Methoden soll man anwenden?

Die erste Methode – Digitalspannung über einen Relaiskontakt ein- und ausschalten – ist an Einfachheit und Funktionssicherheit nicht zu überbieten. Dabei müssen allerdings beim Einsatz von Fahrzeugen ohne Schwungmasse und mit selbsthemmenden Schneckengetrieben beträchtliche Abstriche hinsichtlich des Fahrverhaltens in Signalhalteabschnitten in Kauf genommen werden.

Die zweite Möglichkeit – Speisung von Signalhalteabschnitten über Trenn-Module mit entsprechend gepolter Gleichspannung – besitzt eher theoretische Bedeutung als praktischen Nutzen. In der Praxis arbeitet sie nicht zuverlässig genug; auch ist die Einhaltung der zu einer befriedigenden Wirkung notwendigen Randbedingungen (Gleichspannung nicht zu hoch wählen, auf Bremsweglänge abgestimmte Bremsstufe im Lok-Decoder einstellen, bei Betriebsende keine Lok in Signalhalteabschnitten abstellen) zu aufwendig. Vor allem schließt diese Schaltungsvariante den Betrieb von Analog-Loks aus. Auf die Probleme mit dieser Schaltung beim Betrieb beleuchteter Züge wird im nächsten Kapitel eingegangen.

Stellt ein gemischter Betrieb von Analog- und Digital-Loks die Ausgangsbasis dar, dann bietet sich als dritte Methode unter Inkaufnahme der bereits genannten Nachteile der Einsatz herkömmlicher, mit Gleichspannung arbeitender Anfahr/Bremsschaltungen an.

Klammert man einmal den computergesteuerten Betriebsablauf aus, dann kommt man an der Feststellung nicht vorbei, daß bislang keine ideale Lösung zur automatischen Steuerung von Digital- *und* Analog-Loks in Signalhalteabschnitten angeboten wird.

Trenn-Modul Einsatz

Trennstellen sind auf jeder Modellbahnanlage erforderlich, sei es um verschiedene Stromkreise voneinander abzugrenzen, oder auch

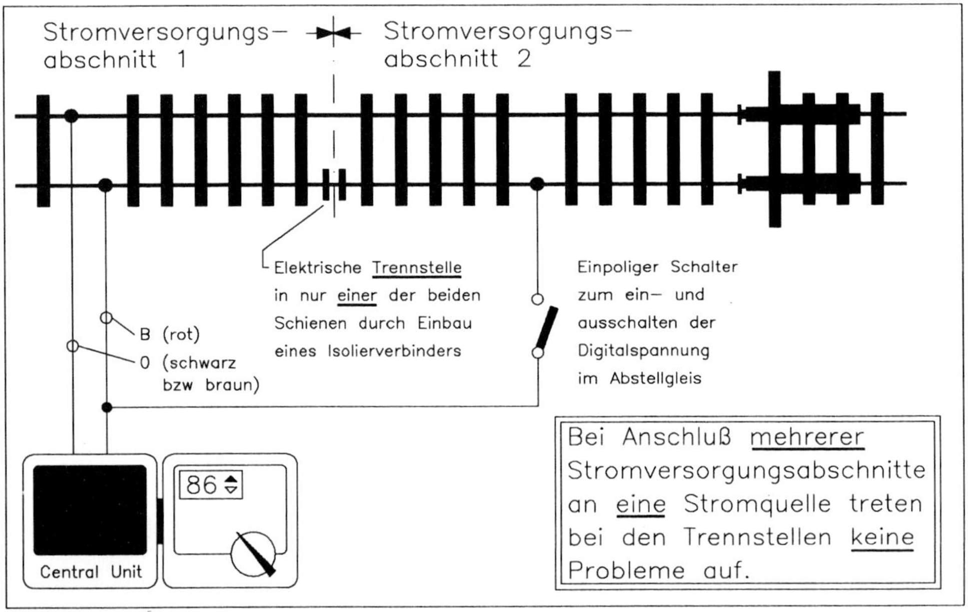

Abb. 3.21: Speisung zweier Stromversorgungsabschnitte aus einer gemeinsamen Stromquelle

nur um den Fahrstrom in Abhängigkeit von Signalstellungen (Zugbeeinflussung) ein- und auszuschalten.

Dabei sind zwei Gruppen zu unterscheiden:

- Trennstellen *innerhalb ein- und desselben* Stromkreises und
- Trennstellen zwischen *verschiedenen* Stromkreisen.

Der erstgenannte Fall bereitet keine Probleme. Werden innerhalb eines Digitalstromkreises bestimmte Gleisabschnitte ein- und ausgeschaltet – wie beispielsweise Abstellgleise für Analog-Loks – so erfordert das gemäß Abbildung 3.21 außer dem Einbau eines Isolierverbinders und einem Schalter keinerlei elektrotechnische Vorkehrungen.

Ganz anders ist die Situation, wenn zwei Gleisabschnitte aneinandergrenzen, welche aus *verschiedenen Stromquellen* versorgt werden. Beispiele sind mit Gleichspannung versorgte Signalhalteabschnitte und gemeinsamer Betrieb analoger und digitaler Stromkreise auf einer Anlage.

Beim unvermeidlichen überbrücken der Stromkreistrennstelle durch die Fahrzeugachsen treten Ausgleichsströme zwischen den beiden Stromquellen auf. Ihre negativen Wirkungen sind: Funken an Fahrzeugrädern und Stromabnahmeschleifern, ruckartiges Fahrverhalten im Trennstellenbereich, sowie hin– und herpendeln von Analog-Loks bei falscher Polung eines Fahrstromkreises.

Der Einsatz eines Trenn-Moduls (siehe Abbildung 3.23) verhindert Ausgleichsströme völlig und verbessert das Fahrverhalten von Analog- und Digital-Loks im Trennstellenbereich. Der erste Teil der Aussage trifft immer zu; beim zweiten muß auf eine wichtige Ausnahme aufmerksam gemacht werden: *Nicht* brauchbar ist das Trenn-Modul in *Signalhalteabschnitten* wenn *Züge mit Innenbeleuchtungen* eingesetzt sind. Warum?

Jede Trennstellenüberbrückung bewirkt die Abschaltung des Analogstromes bei gleichzeitiger Speisung mit Digitalstrom. Überfährt beispielsweise ein *Zug mit Innenbeleuchtung* eine Trennstelle, dann wird zwischen den Achsen jedes beleuchteten Wagens zwischen den beiden Stromquellen hin- und hergeschaltet bis schließlich der letzte beleuchtete Wagen die Trennstelle überfahren hat.

Bei mit Gleichspannung versorgten Signalhalteabschnitten (mit dem Sonderfall zweier kurz aufeinanderfolgender Trennstellen) hat das zur Folge, daß eine Digital-Lok praktisch nicht bremsen kann.

Wenn nämlich der Lok-Decoder eine entsprechend gepolte Gleichspannung als Bremsbefehl erkennt, wird er über die Metallräder der nachfolgenden Wagen wieder mit Digitalspannung versorgt und das wertet er als neuen Fahrbefehl. Anschließend steht erneut die Analogspannung an, dann wieder die Digitalspannung usw. Abbildung 3.24 veranschaulicht den Zusammenhang bei Wagen *ohne und mit Innenbeleuchtung.* Der Bremsvorgang kann erst beginnen, wenn der letzte beleuchtete Wagen die erste Trennstelle eines Signalhalteabschnittes überfahren hat. Das bedeutet, daß jeder Signalhalteabschnitt deutlich länger als der längste beleuchtete Zug sein muß.

Die Ursache der Schwierigkeiten ist beim Zweischienen-Zweileiter-Systemen *prinzipieller Natur* – auch bei konventionell gesteuerten Anlagen werden Bremsvorgänge durch Trennstellenüberbrückungen beleuchteter Wagen beeinträchtigt.

Wenn aber herstellerseitig die Versorgung von Signalhalteabschnitten über Trenn-Module empfohlen wird, dann sollte konsequenterweise auch auf die Unvereinbarkeit dieser

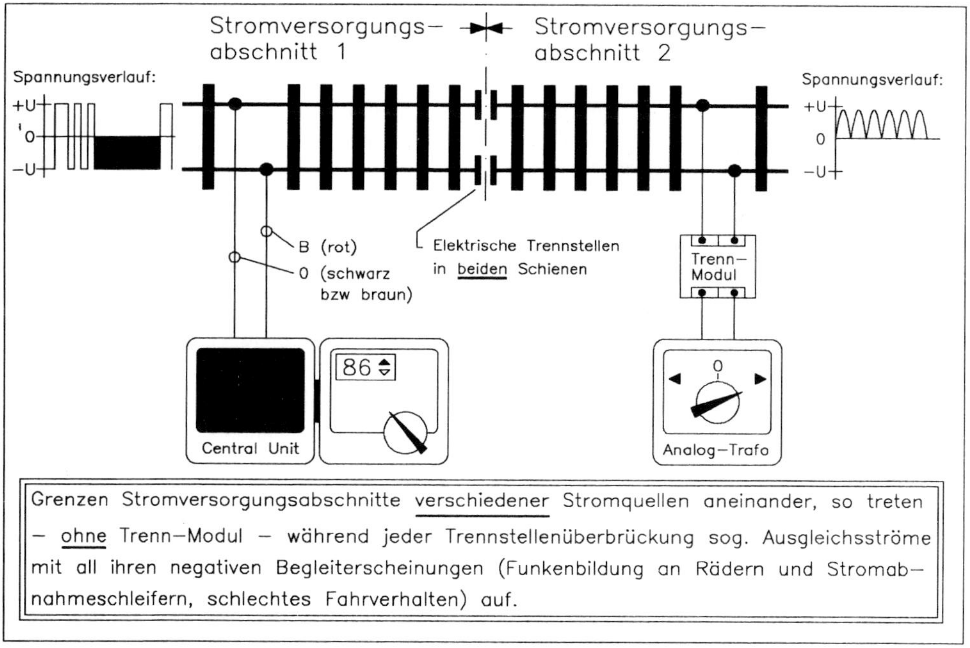

Abb. 3.22: Speisung von zwei Stromversorgungsabschnitten aus zwei verschiedenen Stromquellen

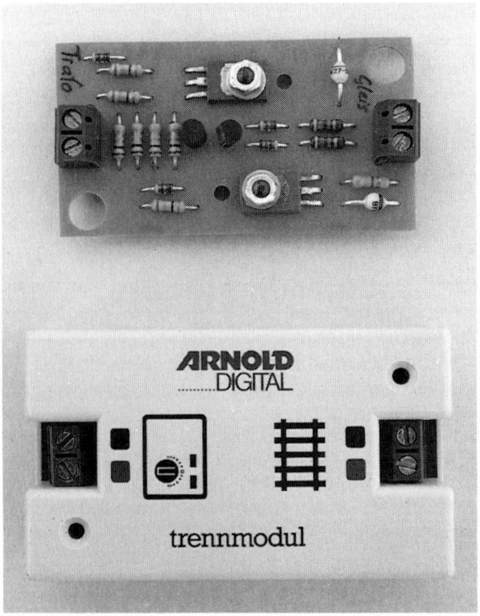

Abb. 3.23: Das Trenn-Modul, oben ein Blick in die „Innereien" und darunter der eindeutig beschriftete und mit praktischen Schraubklemmen versehene Baustein

Schaltung mit beleuchteten Zügen hingewiesen werden.

Mit Blick auf die Festlegung von Trennstellenstandorten (abgesehen vom geschilderten Sonderfall) bei Kombination analoger und digitaler Stromkreise kann man feststellen: Hat eine Lok eine Stromkreistrennstelle passiert, hängt ihr weiteres Fahrverhalten maßgeblich von der Ausstattung der angehängten Wagen ab. *Innenbeleuchtungen* überbrücken immer wieder die Trennstelle, so daß das vom unmittelbaren Trennstellenbereich bekannte Fahrverhalten stets noch so lange erhalten bleibt, bis das letzte Fahrzeug die Stromkreis-Trennstelle hinter sich gelassen hat. In der Praxis sollte diesen Erkenntnissen durch *geschickte Anordnung einer Trennstelle* Rechnung getragen werden. Ein Trennstellenstandort im Rangierbereich erscheint beispielsweise ungünstig, weil zum einen die Fahrspannungen an zwei Fahr-Geräten aufeinander abgestimmt werden müßten und zum anderen durch die im Rangierbereich niedrigeren Geschwindigkeiten ungleichmäßiges Fahrverhalten besonders auffällt. Zweckmäßig ist dagegen die Anordnung von Stromkreistrennstellen in weniger gut einsehbaren Streckenabschnitten.

Die *technische Funktion* des Trenn-Moduls ist *einwandfrei*; insbesondere werden Schäden an Stromübertragungseinrichtungen von Fahrzeugen sicher ausgeschlossen. Unter diesem Gesichtspunkt kann seine Verwendung nur empfohlen werden. Zwecklos ist der Einsatz allerdings für Signalhalteabschnitte bei gleichzeitigem Betrieb beleuchteter Wagen.

Fehlfunktionen

Funktioniert etwas nicht, so ist es naheliegend zuerst anhand der in den Betriebsanleitungen beider Hersteller enthaltenen, systematisch aufgebauten Hinweise auf Fehlersuche zu gehen. In manchen Fällen führt das jedoch noch nicht zum gewünschten Erfolg.

Treten Fehlfunktionen (z.B. unkontrolliertes losfahren nach ein- und ausschalten der Digitalspannung bei Stopweichen, nach Betätigung der Go-Funktion, o.ä.) *immer nur bei bestimmten* Triebfahrzeugen unter eindeutig reproduzierbaren Situationen auf, so liegt die Ursache mit hoher Wahrscheinlichkeit am Lok-Decoder. Derartige Unregelmäßigkeiten traten nur bei den ersten ausgelieferten Ausführungen (Ende 89/Anfang 90) auf, wurden bald darauf jedoch beseitigt.

Anfänglich gab es auch Probleme im Bereich der stationären Geräte. Zeichnet sich das Control 80 durch absolute Funktionssicherheit aus, so kann diese Eigenschaft dem Control 80 f (bei Einsatz in Verbindung mit den Zentral-Einheiten von ARNOLD-DIGITAL und MÄRKLIN-DIGITAL=) bis Ende 1990 nicht uneingeschränkt bescheinigt werden. Bis zu diesem Zeitpunkt produzierte Geräte weisen folgende Eigenarten auf: Sie löschen bei Inbe-

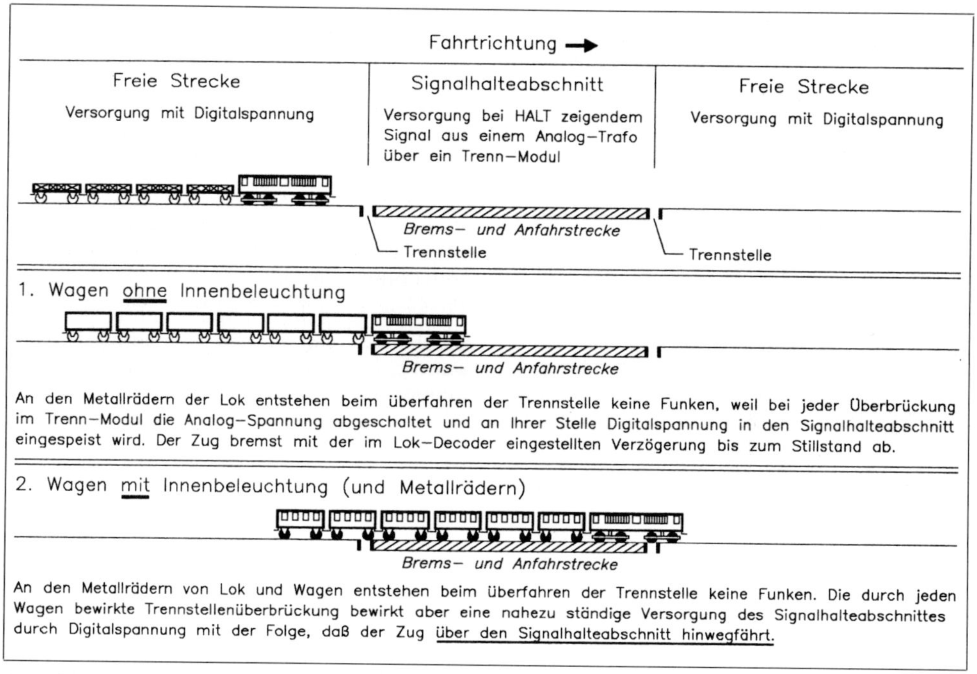

Abb. 3.24: Wirkung des Trenn-Moduls in Signalhalteabschnitten

triebnahme der Steuerung die in der Central Unit gespeicherten Fahrzeugdaten, weil nach jedem Einschalten die Reset-Taste an der Central Unit gedrückt werden muß (was im übrigen aus keiner Betriebsanleitung hervorgeht). Vor allem stimmt die Fahrtrichtung der Loks mit der zuletzt (vor dem ausschalten) eingestellten nicht mehr überein – ein Mangel, der insbesondere bei nicht einsehbaren Schattenbahnhöfen kaum tolerierbar erscheint.

Auch sind bei den ersten Geräteserien des Control 80 f durch den Einsatz anderer Prozessor-ICs Probleme im Zusammenwirken mit Interface/Rechner aufgetreten.

Abstellen lassen sich diese Schwachpunkte durch (nachträglich mögliche) Änderungen. Da der Anwender nicht entscheiden kann, ob Änderungen am Control 80 f oder an der Central Unit oder an beiden Geräten notwendig sind, sollte man beide Komponenten untersuchen lassen.

Allerdings darf man auch feststellen, daß die geschilderten Anfangsschwierigkeiten mittlerweile überwunden sind. Die Hersteller haben mit Engagement an der Bewältigung der Probleme der für Modellbahnverhältnisse komplizierten Technik gearbeitet.

Zusammenfassung

ARNOLD-DIGITAL und MÄRKLIN-DIGITAL= machen den Einstieg ins digitale Fahrvergnügen leicht. Geboten werden neben Standardausrüstungen voll ausbaubare Startpakkungen.

Verschiedene Fahr-Geräte stehen für zentrale, dezentrale und ortsveränderliche Anwendungsfälle zur Wahl.

Die Beibehaltung konventionell gesteuerter Anlagenteile ist ohne weiteres möglich, weil Digital-Loks auch mit herkömmlichen Gleichstrom-Fahrpulten und Analog-Loks im Digitalstromkreis mit Digitalgeräten gesteuert werden können.

Das sind Eigenschaften, die keine andere Digitale Mehrzugsteuerung zu bieten vermag.

Betriebsfertige Digital-Loks ab Werk und Lok-Decoder mit minimalen Abmessungen zur Umrüstung – auch von Fremdfabrikaten – bilden auf dem Fahrzeugsektor eine gute Ausgangsbasis. Hinzu kommt bei Baugröße N ein durchdachtes Nachrüstkonzept für Arnold-Analog-Loks. Selbst für den Spezialfall „H0-Fahrzeuge mit Glockenankermotor" steht ein eigens entwickelter FL-Decoder zur Verfügung.

Die individuelle Programmierung, Anzeige und Änderung verschiedener Fahrzeugeigenschaften ohne jeden Eingriff in Digital-Loks fördert den vorbildorientierten Betrieb. Für die derzeit brach liegenden zwei Programmierungsmöglichkeiten sollte bald eine sinnvolle Nutzung – Höchstgeschwindigkeitseinstellung, Anpassung der Motorcharakteristik – angeboten werden.

Abstriche sind derzeit noch in automatischen Blocksteuerungen beim Fahrverhalten notwendig, *wenn* Anfahr- und Bremsvorgänge in Signalhalteabschnitten bei Analog- *und* Digital-Loks gleichermaßen vorbildgerecht verlaufen sollen.

4
Der ideale Digital-Start

Die Vielfalt möglicher Gerätekombinationen stellt bei ARNOLD-DIGITAL und MÄRKLIN-DIGITAL= zweifellos einen bedeutenden Vorteil dar – gleichwohl wird gerade deshalb mancher noch unentschlossene Leser fragen: Wie soll ich es denn nun am besten machen? Das folgende Kapitel enthält zwei konkrete Vorschläge.

Voraussetzung

In den meisten Fällen dürfte schon eine Zweischienen-Zweileiter-Gleichstrom-Modellbahn der Baugröße N oder H0 vorhanden sein, bevor das Interesse an digitalem Fahrbetrieb aufkommt und davon wird bei der folgenden Empfehlung auch ausgegangen.

Vorausgesetzt wird ferner, daß mit digitalem *Fahrbetrieb* begonnen werden soll. Eine weitere Bedingung lautet, daß alle Möglichkeiten einer künftigen Erweiterung – seien es zusätzliche Fahr-Geräte, oder digitales Schalten und Melden, oder gar eine Computersteuerung – gewährleistet sein sollen.

Vorbereitungen

Wenn Sie schon ein herkömmliches Gleichstrom-Fahrpult besitzen, dann ergänzen Sie es zuerst durch das auch für Baugröße HO dimensionierte Trenn-Modul der Fa. Arnold (Katalog Nr. 86076). Sie können – wie bisher – „analog" weiterfahren und besitzen nun ein

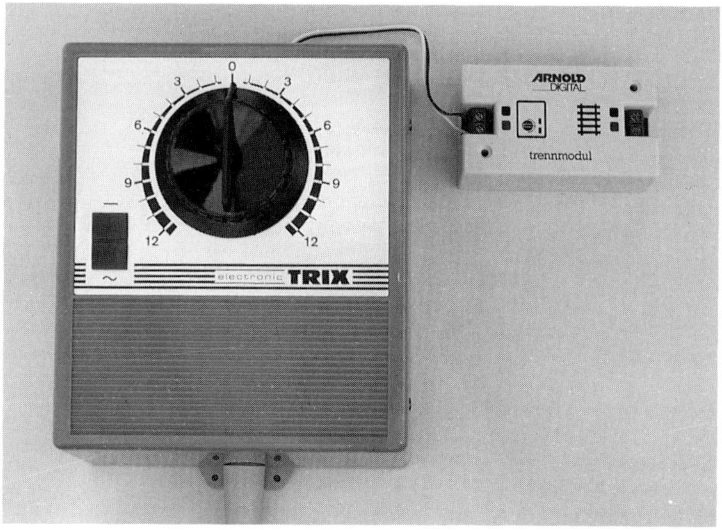

Abb. 4.1: Empfehlenswerte Vorbereitung zum Digitalbetrieb: Ergänzung des herkömmlichen Gleichstrom-Fahrpultes durch ein Trenn-Modul

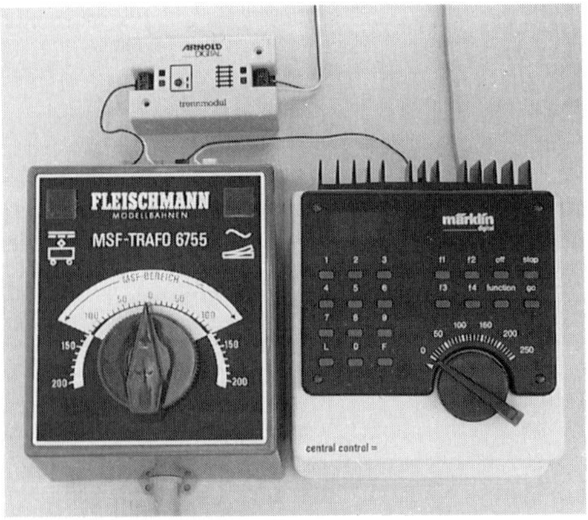

Abb. 4.2: START-VORSCHLAG Nr.1 für H0-Bahner : Einstieg in den Digitalbetrieb mit einem Central Control= (aus der Märklin-H0=-Grundpackung) kombiniert mit einem Gleichstrom-Fahrpult und dem Trenn-Modul von Arnold

durch eine Kurzschlußstrombegrenzungs-schaltung ergänztes Fahrpult (siehe Abbildung 4.1).

Beim Kauf neuer Loks sollte man sich gleich für Digital-Loks entscheiden, denn sie lassen sich bekanntlich auch mit jedem Gleichstrom-Fahrpult im Analog-Stromkreis steuern.

N-Bahner haben darüberhinaus häufig die Wahl zwischen ein und demselben Modell von verschiedenen Herstellern. Für N-Digital-Interessenten gilt der zusätzliche Hinweis, daß viele Loks von Arnold für einen Lok-Decoder-einbau (sog. Nachrüstung) bereits vorbereitet sind (siehe Tabelle 3.2). Die Entscheidung für ein solches Modell spart beim späteren Einstieg ins digitale fahren Geld, weil ein simpler Platinentausch (siehe Abbildung 3.5) preiswerter als der etwas aufwendigere Einbau eines Lok-Decoders in ein Fremdfabikat von statten geht.

Einstieg und Alternative

Den eigentlichen Schritt zum digitalen fahren kann man am leichtesten durch Anschaffung einer Digital-Grundpackung (Märklin Nr. 2627 oder Arnold Nr. 80111) mit dem darin enthaltenen Central Control Fahr-Gerät vollziehen. Diese Grundpackungen (siehe Abbildungen 3.1, 4.2 und 4.3) enthalten bei Baugröße N eine Digital-Lok der BR 221 (V200) und bei H0 eine Digital-Lok der BR 086 (einschließlich fernsteuerbarer Telex-Kupplungen).

Die Anschaffung der Kombination
- Central Unit= und
- ein beliebiges Fahr-Gerät und
- eine beliebige Digital-Lok (oder Umrüstung einer vorhandenen Lok)

stellt eine Alternative für Modellbahner dar, welche entweder an den in den Grundpackungen enthaltenen Fahrzeugen kein Interessse haben, oder aber bei der wichtigen Wahl des Fahr-Gerätetyps von vorneherein freie Hand haben möchten (siehe Abbildung 4.4).

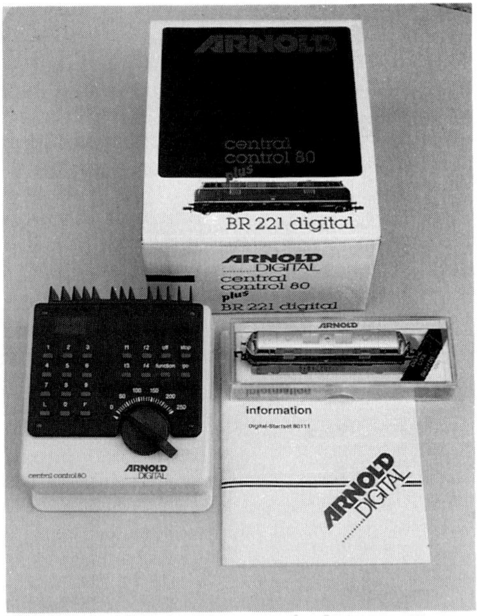

Abb. 4.3: START-VORSCHLAG Nr.1 für N-Bahner: Einstieg in den Digitalbetrieb durch voll ausbaubare Grundpackung. Die hier noch abgebildeten BR 221 (Startset 80111) wird durch eine BR 093 (Startset 80112) abgelöst

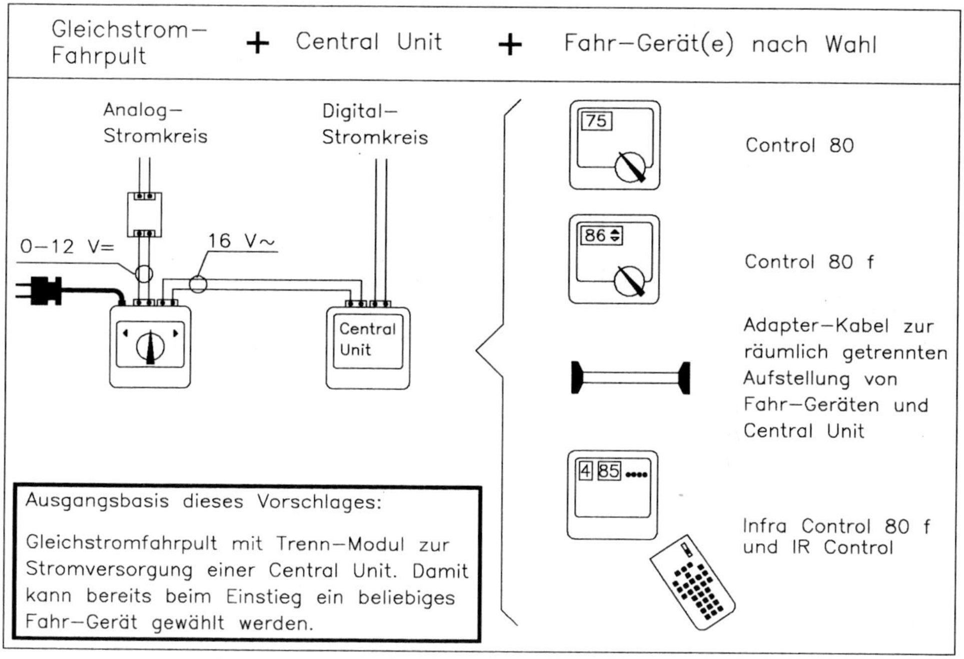

Abb. 4.4: START-VORSCHLAG Nr.2: Kombination Trafo, Central Unit und ein beliebiges Fahr-Gerät als Alternative zur Grundpackung

Und nun zur Verdrahtung – sofern man den Begriff in diesem Zusammenhang überhaupt noch verwenden darf: Schließen Sie das Central Control (oder die Kombination Central Unit + Fahr-Gerät) mit zwei Kabeln an den Lichtstromausgang Ihres vorhandenen Gleichstrom-Fahrpultes an (siehe Abbildung 4.5). Trennen Sie den betriebsintensiven Bahnhofsbereich der Anlage (durch den Einbau von Isolierschienenverbindern in jede Schiene) beidseitig von der freien Strecke und verbinden Sie das Central Control über zwei Kabel mit dem Bahnhofsbereich – fertig.

Drei Hinweise sollten dabei Beachtung finden: Für diesen Zweck eingesetzte Fahrpulte müssen über galvanisch getrennte Sekundärwicklungen für Fahrstrom- und Lichtstromausgang verfügen. Diese Bedingung erfüllen heute allerdings alle Produkte namhafter Modellbahnhersteller.

Neben der Central Unit dürfen an den Lichtstromausgang keine weiteren Stromverbraucher (wie Signale, Weichen, o.ä.) angeschlossen werden.

Der Ausgangsstrom des Lichtstromaschlusses sollte 1 Ampère keinesfalls unterschreiten. Das ist in der Regel bei Gleichstrom-Fahrpulten mit einer elektrischen Gesamtleitung von ≥30 VA gewährleistet; Einfachtrafos aus Start-Packungen sind für diesen Zweck ungeeignet.

Die Vorteile dieser Art des digitalen Starts sind:

- Vorhandenes Gleichstrom-Fahrpult wird sinnvoll weiterverwendet.
- Der Einbau des Trenn-Moduls vermeidet die Funkenbildung beim Übergang vom Analog- in den Digitalstromkreis und umgekehrt.

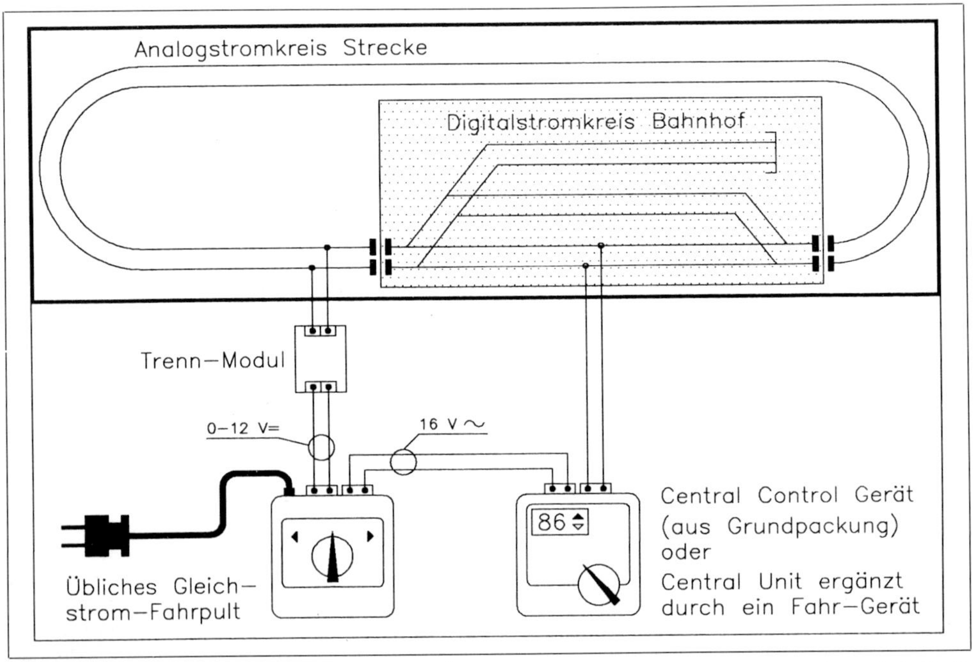

Abb. 4.5: Kennzeichen beider START-VORSCHLÄGE ist eine übersichtliche, schnelle und an Einfachheit kaum zu überbietende Verdrahtung!

- Das Central Control Gerät besitzt sämtliche Vorzüge des komfortablen Fahr-Gerätes Control 80 f.
- Die räumliche Kombination von Zentral-Einheit und Fahr-Gerät im Central Control Gehäuse spart Platz.
- Das Central Control ist ein vollwertiges Digitalgerät und kann daher später ohne jede Einschränkung durch Fahr-Geräte, Stellpulte, Fahrstraßenstellpulte, Interface, o.ä. erweitert werden.
- Wegen der Stromversorgung des Central Control aus dem Lichtstromausgang des vorhandenen Fahrpultes kann die Anschaffung eines separaten Trafos zurückgestellt werden.
- Durch den Kauf einer Grundpackung steht sofort eine betriebsbereite Digital-Lok zur Verfügung.
- Die Einfachheit der Verdrahtung ist kaum noch zu überbieten!

So kann bereits mit einer Digital-Lok und einer Analog-Lok ein abwechslungsreicher Betrieb ohne nennenswerten Verdrahtungsaufwand durchgeführt werden. Jede weitere Digital-Lok erhöht das Fahrvergnügen, ohne daß an Geräten oder Verdrahtung noch irgendetwas geändert werden müßte!

Zusammenfassung

Zwei digitale Start-Vorschläge zeigen dem Anfänger, wie einfach der Einstieg in diese Technik ist. Beide Vorschläge erlauben die Beibehaltung und weitere Nutzung vorhandener Gleichstrom-Fahrpulte. Während die eine Empfehlung eine Art Komplettlösung darstellt, trägt die andere dem Wunsch nach Freizügigkeit bei der Wahl von Fahr-Gerät und Digital-Lok Rechnung.

5

Praxistips zum digitalen SCHALTEN und MELDEN

Zu Beginn einige Grundsatzfragen: Was bringt digitales schalten und melden? Beibehaltung der vorhandenen Magnetartikelsteuerung, Umstellung gleich oder später? Mehrere Schaltgeräte und Funktions-Decoder stehen zur Wahl – wofür soll man sich entscheiden? Das Für und Wider einschließlich der Themen Fahrstraßenschaltung und Rückmeldungen wird anhand praxisnaher Beispiele dargestellt, sodaß insbesondere Einsteiger fundierte Entscheidungshilfen erhalten.

Digitale Schaltgeräte

Wurden die Geräte zum digitalen FAHREN (und das Interface) rechts an die Central Unit angesteckt, so sind die Geräte zum digitalen SCHALTEN links anzustecken, wobei auch hier geräteinterne Steckverbinder eine verwechslungsfreie und schnelle Verbindung garantieren.

Zum schalten einzelner Verbraucher und zur Anzeige der jeweiligen Stellung stehen zwei Geräte zur Wahl: das Keyboard und das Switchboard.

Verbraucher können beispielsweise sein: Weichen, Signale mit und ohne Zugbeeinflussung, Entkupplungsgleise, Funktionsmodelle (Bahnschranken, Drehscheibe, Schiebebühne, Krane) und schaltbare Gleisabschnitte (Abstellgleise, Kehrschleifen, Signalhalteabschnitte, usw.).

Mit einem *Keyboard* können 16 doppelspulige Verbraucher betätigt werden, maximal sind 16 solcher Stellpulte aneinandersteckbar oder flexibel durch Adapterkabel miteinander zu verbinden. Um die Geräte voneinander zu unterscheiden, müssen sie bei der erstmaligen Inbetriebnahme gekennzeichnet (Nr. 1–16) und codiert werden. Das geht ganz einfach mit Hilfe einer mitgelieferten Tabelle an einem vierpoligen Miniaturschalter an der Geräterückseite. So schlicht das Keyboard auch aussehen mag – gerade deshalb ist es ein gutes Gerät. Kennzeichnungsfeld für die Keyboard-Nr., großes, beschriftetes Tastenfeld und farblich unterschiedene Tasten mit spürbarem Druckpunkt gestatten eine geradezu narrensichere Einzeltastenbedienung aller Verbraucher. Einen Kritikpunkt bildet die Anzeige *pro Tastenpaar* mittels *einer einzigen,* roten Leuchtdiode (LED). Sie leuchtet nur bei einer der beiden Stellungen und ist relativ schlecht erkennbar. Zwar erfordert die Aneinanderreihung mehrerer Keyboards Platz, andererseits gewährleistet aber gerade dieses Verfahren eine gleichbleibend übersichtliche Bedienung jedes Magnetartikels.

Das *Switchboard* verfügt über die gleichen Eigenschaften wie das Keyboard, nur sind hier alle Bedienungs- und Anzeigeelemente extern (über einzelne Kabelverbindungen) anzuschließen. Damit können Mehrzugsteuerungen mit *Gleisbildstellpulten* verknüpft werden – eine modellbahngerechte Lösung, zumal ohne weiteres auch selbstgebaute Gleisbildstellpulte Verwendung finden können. Das Switchboard selbst sollte in unmittelbarer Nähe des Gleisbildstellpultes montiert werden,

Abb. 5.1: Eine Auswahl digitaler Schaltgeräte: zwei Keyboards (rechts) und ein Memory (links)

deshalb muß es über ein Adapterkabel mit der Central Unit verbunden sein. Durch folgende Details hebt sich das Switchboard vom Keyboard ab: zweckmäßigerweise wurde jeder Taste eine *separate* Stellungsanzeige (wahlweise Glühlämpchen oder LED) zugeordnet, wobei die Stromversorgung der Anzeigeelemente direkt aus dem Transformer erfolgt und somit die Central Unit *nicht* belastet. Durch entsprechende Verdrahtung der Tasten ist sogar eine vorbildnahe Schaltung von Magnetartikeln mit Weichengruppen– und Einzeltastern realisierbar.

Wie schon die Fahr-Geräte, so lassen sich auch *Keyboard* und *Switchboard dezentral aufstellen*. Vorstellbar ist also durchaus die Anordnung einiger Switchboards beim zentralen Gleisbildstellpult einer Anlage und die zusätzliche Anordnung eines Keyboard beim Endbahnhof einer Nebenstrecke (zusammen mit einem Fahr-Gerät). Dabei ist zu beachten, daß für Keyboard und Fahr-Gerät *separate* Adapterkabel verlegt werden müssen, denn von der Regel Geräte zum schalten (einschließlich Fahrstraßenstellpulte) links und Fahr-Geräte (einschließlich Interface) *rechts* an die Central Unit anzuschließen, darf keinesfalls abgewichen werden.

Stellt man eine Weiche auf der Anlage von Hand um, so ändert sich die *Stellungsanzeige* auf dem Keyboard oder Switchboard nicht – folglich handelt es sich dabei um *keine echte Rückmeldung* der Verbraucherstellungen, sondern um die Speicherung der jeweils letzten Tastenbetätigung. Alle Stellungen werden natürlich auch bei ausgeschalteter Anlage gespeichert. Zwar würde der Aufwand für eine echte Rückmeldung von Hand geänderte Verbraucherstellungen am Stellpult erkennbar werden lassen, aber ob eine Weiche tatsächlich umgestellt hat (oder ob Streumaterialkörner das verhindert haben) ist selbst mit Rückmeldekontakten am Weichenantrieb nicht feststellbar. Deshalb erscheint der gewählte Weg durchaus praxisgerecht.

Vorbildgerechte *Fahrstraßenschaltungen* aufzubauen, das ist ein Wunsch vieler Modellbahner – er scheiterte jedoch in den meisten Fällen an dem dazu erforderlichen „Schrank voller Relais". Mit dem *Fahrstraßenstellpult Memory* wird ein Gerät angeboten, das solche Probleme endlich beseitigt. 24 aus jeweils 20 Einzelschritten bestehende Fahrstraßen können in das Gerät eingegeben und natürlich jederzeit wieder geändert werden. Durch die Möglichkeit zur Verknüpfung von Einzelschritten lassen sich nahezu beliebig lange Fahrstraßen (mit einem Memory bis zu 461 Schritte) realisieren. Einmal eingegeben kann jede Fahrstraße mit einem einzigen Tastendruck oder automatisch, zuggesteuert gestellt werden, wobei zur Begrenzung des Leistungsbedarfes alle Magnetartikel *nacheinander* und nicht etwa gleichzeitig geschaltet werden. Wird am Memory eine Fahrstraße aufgerufen, so ändern sich gleichzeitig die zu den gestellten Magnetartikeln gehörenden Stellungsanzeigen auf dem Keyboard bzw dem Switchboard – ein sinnvolles Detail. Das alles klingt ermutigend – aber wie sieht die Praxis aus?

Um die vielfältigen Verwendungsmöglichkeiten nutzen zu können, muß man sich schon eingehend mit der Gerätebeschreibung auseinandersetzen. Für den *zuggesteuerten Aufruf* von Fahrstraßen oder anderen Funktionen (z. B. automatischer Selbstblockbetrieb) muß das Memory *extern* gesteuert werden. Arnold und Märklin empfehlen hierfür den ursprünglich für das Märklin-Wechselstrom-Digitalsystem entwickelten Rückmelde-Decoder s 88. In Verbindung mit Zweischienen-Zweileiter-Bahnen ist er für diese Aufgabe aber reichlich ungeeignet.

Für den Zweischienen-Zweileiterbetrieb enthält deshalb das später folgende Kapitel „Bauanleitungen" verschiedene Lösungen.

Wenn ein Memory mit der Wechselstrom-Digital-Steuerung einwandfrei zusammenarbeitet bedeutet das noch nicht, daß es auch mit ARNOLD-DIGITAL und MÄRKLIN-DIGITAL= ordnungsgemäß funktioniert. Erst ab Ende 1990 ausgelieferte Fahrstraßenstellpulte arbeiten sowohl mit Wechselstrom- als auch mit Gleichstrom-Digitalsteuerungen fehlerfrei. Der werkseitige Einbau des mittlerweile in allen Memorys eingesetzten Prozessortyps beseitigt auch bei älteren Typen eventuell auftretende Schwierigkeiten.

Wofür soll man sich nun entscheiden – Keyboard oder Switchboard? Die Antwort ist einfach. Wer mit dem Aufbau eines Gleisbildstellpultes liebäugelt, der sollte von vorneherein das Switchboard anschaffen. Auch wenn ein Memory eingesetzt wird ist das Switchboard bei der optischen Anzeige der Fahrstraßen dem Keyboard natürlich deutlich überlegen, weil *sämtliche* Verbraucherstellungen optisch gemeldet werden.

Für alle anderen Anwendungsfälle genügt das Keyboard.

Und das Fahrstraßenstellpult Memory stellt geradezu ein „Muß" dar – nur so lohnt sich der Aufwand zum digitalen schalten.

Funktions-Decoder und Rückmelde-Decoder

Zum digitalen Schalten und Melden gehören ebenso die auf der Anlage bei den Verbrauchern zu montierenden *Funktions-Decoder.*

Insgesamt stehen fünf Decoder zur Auswahl; die beiden baugleichen Geräte k 87 N und k 87 = zur Steuerung von jeweils vier doppelspuligen Magnetartikeln, der Decoder k 74 mit vier einpoligen Relais, ein Universal-Schalt-Modul (USM) mit zwei zweipoligen Relais zum potentialfreien schalten beliebiger Funktionen und ein Rückmelde-Decoder zur Übertragung von 16 Meldungen (siehe Abbildung 5.2).

Jeder Funktions-Decoder muß einer Tastengruppe auf einem Keyboard zugeordnet werden; diesen Vorgang nennen die Hersteller codieren. Dazu drückt man auf dem Keyboard eine Taste einer sog. Tastengruppe und gleichzeitig die Code-Taste auf dem zu codierenden Funktions-Decoder. Arnold empfiehlt in seiner Betriebsanleitung den Decoder zunächst provisorisch an die Central Unit anzuschließen und die erfolgreiche Codierung durch den Anschluß von Lämpchen zu prüfen. In der Praxis trat jedoch kein einziger Fall auf, bei dem eine Codierung erfolglos gewesen wäre und so ist man versucht, die Decoder gleich an ihrem vorgesehenen Einbauort zu montieren. Freute man sich zunächst über die Tatsache, daß zum Codieren keine Tabelle erforderlich ist, so stellt man beim Einbau fest, daß zum Codieren eine zweite Person erforderlich wird, weil Keyboard- und Code-Taste aus Gründen der räumlichen Entfernung häufig nicht gleichzeitig gedrückt werden können.

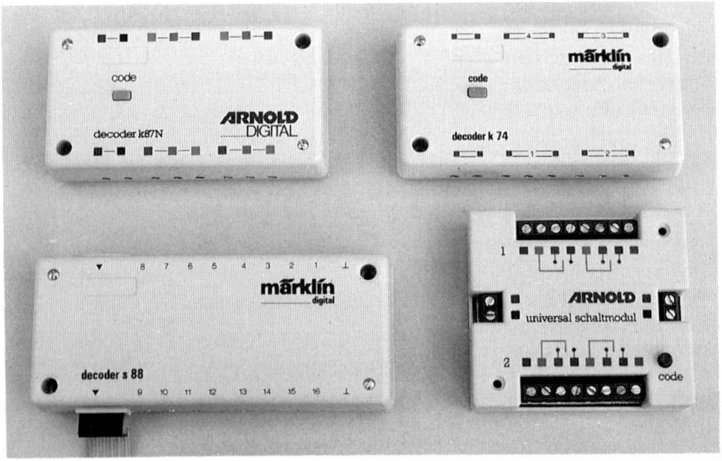

Abb. 5.2: Alle Decoder auf einen Blick: Arnold bzw Märklin k 87 zur Magnetartikelsteuerung (oben links), Märklin k74 mit 4 bistabilen Relais und einpoligen Umschaltkontakten (oben rechts), Märklin Rückmelde-Decoder s88 zur Übertragung von 16 Meldungen (unten links), Arnold Universal-Schalt-Modul (USM) mit 2 bistabilen Relais, zweipoligen Umschaltkontakten und Eingängen zur direkten, zuggesteuerten Betätigung angeschlossener Verbraucher (unten rechts)

Damit auch Antriebe, deren erforderliche Betriebsspannung höher als die üblichen 12 Volt liegt (Beispiel: Arnold Weichenantriebe arbeiten mit 16 Volt) sicher schalten, enthält jeder Decoder eine Spannungsverdopplerschaltung mit einer gut durchdachten Nachladestrombegrenzung. Durchgeführte Versuche bestätigen, daß sich Weichenantriebe der Firmen Arnold, Fleischmann, Märklin, Trix und Roco sicher umstellen lassen. Der gleichzeitige Anschluß zweier Antriebe an einen Decoderausgang (Parallelschaltung) wird nicht vorbehaltlos empfohlen, weil dabei je nach Fabrikat die Schaltsicherheit der Antriebe beeinträchtigt sein kann.

Schwierigkeiten bereiten in der Praxis schwergängige, stark reibungsbehaftete Weichenantriebe wie beispielsweise die der Fa. Peco. Wer also etwas seltenere Antriebe verwendet, der sollte vor einer Kaufentscheidung prüfen, ob sich seine Antriebe mit den Decodern k 87 tatsächlich schalten lassen. Lösbar sind die Probleme durch einen im Rahmen der später folgenden Bauanleitungen vorgestellten „Potentialfreien-Schalt-Verstärker".

Als wichtige Alternative bietet sich eine Steuerung von Magnetartikeln mit dem Universal-Schalt-Modul oder dem Decoder k 74 (siehe Abbildung 5.5) an. Die Stromversorgung der Verbraucher erfolgt dabei konventionell mit Wechselspannung aus einem separaten Trafo über die Relaiskontakte dieser Decoder. Die Digitalspannung wird in gewohnter Art von der Central Unit zur Verfügung gestellt. Einzelheiten dieses Konzeptes werden in anderem Zusammenhang erläutert.

Der Märklin Schalt-Decoder k 74 hat anstelle der beim k 87 = eingebauten Transistorausgangsstufen vier *einpolige,* bistabile Relais für potentialfreie Schaltaufgaben aller Art.

Beim Zweischienen-Zweileiterbetrieb werden jedoch vorwiegend *zweipolige* Schaltungen – z. B. Kehrschleifenschaltung – benötigt. Dem trägt Arnold durch sein durchdacht konzipiertes Universal-Schaltmodul (USM) Rechnung. Es enthält zwar nur zwei bistabile Relais, aber sie verfügen über *zweipolige* Kontakte. Und noch ein Detail zeichnet das USM aus: es hat *Eingänge* für mechanische Kontaktgleisschalter *zur direkten zuggesteuerten Schaltung angeschlossener Verbraucher* (über die eingebauten Relais). Zahlreiche Schaltungen wie automatischer Blockstreckenbetrieb, einfache Schattenbahnhof-, Fahrstraßen-, Programmiergleis- und Kehrschleifenschaltungen, sowie komfortable Drehscheibensteuerungen sind mit diesem Baustein und etwas Verdrahtungsaufwand realisierbar. Selbst in Analogstromkreisen ist das USM einsetzbar. Zu jedem USM gehört eine 39-seitige (!) Broschüre mit zahlreichen Anwendungsbeispielen. Werden angeschlossene Verbraucher über Kontaktgleisschalter gesteuert, so stimmen Stellungsanzeige auf dem Keyboard und Relaistellung im USM nicht unbedingt überein – diesen Schönheitsfehler muß man kennen.

Der Rat hinsichtlich der *Decoderauswahl* ist eindeutig: Auch zur Schaltung von Magnetartikeln sollten – trotz des damit verbundenen erhöhten Verdrahtungsaufwandes – Decoder mit Relaisausgängen (k 74 oder USM) *in Verbindung mit einer externen Stromversorgung* der angeschlossenen Verbraucher eingesetzt werden, wobei das Universal-Schalt-Modul wegen seiner zusätzlichen Möglichkeit zur direkten Steuerung durch Züge mit mechanischen Gleiskontakten und seiner Ausstattung mit zweipoligen Relais besonders empfohlen wird. Mit dem USM sind zudem alle einfachen zuggesteuerten Automatikschaltungen – wie Kehrschleifenschaltung, automatische Selbstblocksteuerung oder Schattenbahnhofsteuerungen – einfach aufzubauen.

Nun einige Anmerkungen zum wichtigen Thema *Rückmeldungen* und zuggesteuerte Kontaktgabe.

Will man alle Möglichkeiten des Memory nutzen, so muß es durch Züge gesteuert werden.

Soll das Interface eingesetzt werden, so müssen ihm Meldungen über *Rückmelde-Decoder* zugeführt werden.

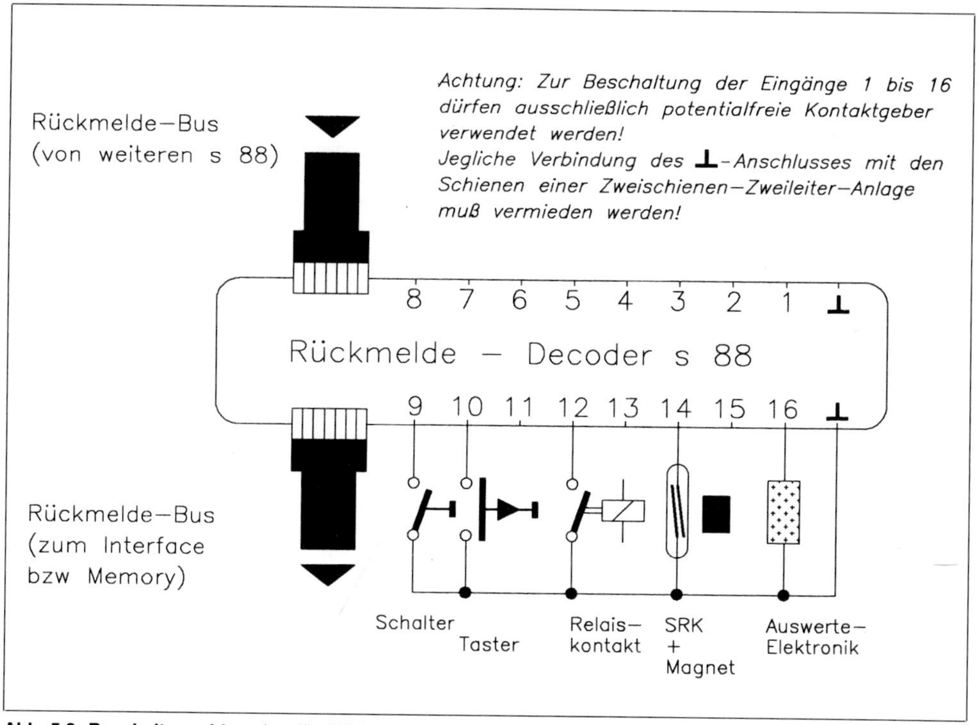

Abb. 5.3: Beschaltungshinweise für Märklin Rückmelde-Decoder s 88

Soll eine optische Gleisbelegtmeldung ins Stellpult integriert werden, so müssen die Fahrzeugstandorte auf der Anlage registriert werden.

In jedem Fall braucht man ein geeignetes Bindeglied – sog. Rückmelde-Decoder. Zweierlei Meldungen müssen registriert und verarbeitet werden, nämlich *Moment- und Dauerkontakte.*

In Verbindung mit Zweileiter-Bahnen ist der Rückmelde-Decoder s 88 nur zur Verarbeitung von Momentkontakten zu gebrauchen. Aber selbst dafür müssen zuerst einmal Magnete/Reedkontakte – also potentialfreie Kontaktgeber – an Fahrzeugen und in der Gleisanlage montiert werden.

Einzelheiten zu diesem Thema enthält das Kapitel 9 „Kontaktgeberbauarten".

Die für viele Schaltungen notwendigen Dauersignale (Gleisbelegtmeldungen) lassen sich mit dem Rückmelde-Decoder s 88 bei Zweischienen-Zweileiter-Betrieb *nicht* registrieren.

Die Angebotsergänzung durch einen gleisabschnittswirksamen Rückmelde-Decoder, der auf Stromverbraucher in Fahrzeugen anspricht, ist dringend erforderlich – schon um auch bei Zweileiter-Zweischienen-Betrieb die Möglichkeiten des Memory ausschöpfen zu können.

Die später folgenden Bauanleitungen enthalten Lösungen zur Registrierung von Moment- *und* Dauerkontakten.

Wie an anderer Stelle erwähnt, fehlt in den Programmen beider Anbieter ein Baustein zur optischen *Anzeige von Meldungen* – ein Display-Baustein (siehe Abbildung 2.6). Erfaßte Meldungen sind bislang nur mit der Kombination RückmeldeDecoder s 88/Interface/Rechner/Software auf einem Monitor darstellbar.

Am Rande sei erwähnt, daß das Interface – im Gegensatz zu anderen Geräten – bisher nicht auf die Verarbeitung von 99 Fahrzeugadressen (sondern nur 80) ausgelegt ist.

Digital SCHALTEN und MELDEN reduziert den Verdrahtungsaufwand auf der Anlage keineswegs auf Null. Die Kabel werden zwar mitunter erheblich kürzer, ihre Zahl bleibt aber praktisch konstant. Die Anlagenverdrahtung gewinnt jedoch an *Übersichtlichkeit.* Das ergibt sich aus dem Zwang, sämtliche Kabel zu stets vorgegebenen Stellen – nämlich den Funktions-Decodern – verlegen zu müssen. Auf diesem Gebiet weniger versierte Modellbahner empfinden das sicher als willkommene *Erleichterung.*

Digitales schalten lohnt sich kaum, sofern Verbraucher nur über Einzeltastenbedienung geschaltet werden. Empfohlen werden kann dieser Aufwand nur, wenn

- die Absicht zum Aufbau von Fahrstraßenschaltungen besteht
- Betriebsabläufe automatisch ablaufen sollen, oder
- eine rechnergesteuerte und -überwachte Betriebsabwicklung (Betrieb nach Fahrplänen) vorgesehen ist.

Bleibt den Hinweis nachzuschieben, daß man bei ARNOLD-DIGITAL und MÄRKLIN-DIGITAL= – im Gegensatz zu anderen Fabrikaten – keineswegs zum Kauf einer Magnetartikelsteuerung gezwungen ist, sondern seine konventionell aufgebaute Fahrwegsteuerung und -überwachung durchaus beibehalten darf und sich auf digitales FAHREN beschränken kann.

Magnetartikel-Decoderbauserien

Anfänglich bestanden insbesondere in Bezug auf den Überlastungs- und Kurzschlußschutz der Decoder erhebliche Probleme; bereits fertige Platinen wurden nachträglich modifiziert. Diese erste Decoderserie zeigt Abbildung 5.4 links. Mit dem alten, schwarzen Firmenlogo bedruckte Decoder zählen zu dieser Serie; aber leider existieren auch mit dem neuen, roten Firmensignet bedruckte Decoder, in denen die alten Platinen eingebaut sind. Wer sicher gehen will, muß also hineinschauen. In geöffnetem Zustand erkennt man diese Serie an der Bestückung mit SMD-Bauteilen.

Abb. 5.4: Erste Serie der Magnetartikel-Decoder (links); erkennbar an der mit SMD-Bauteilen bestückten Platine. Seit Herbst 1989 werden Platinen mit leistungsfähigeren, diskreten Bauteilen in die Gehäuse eingebaut

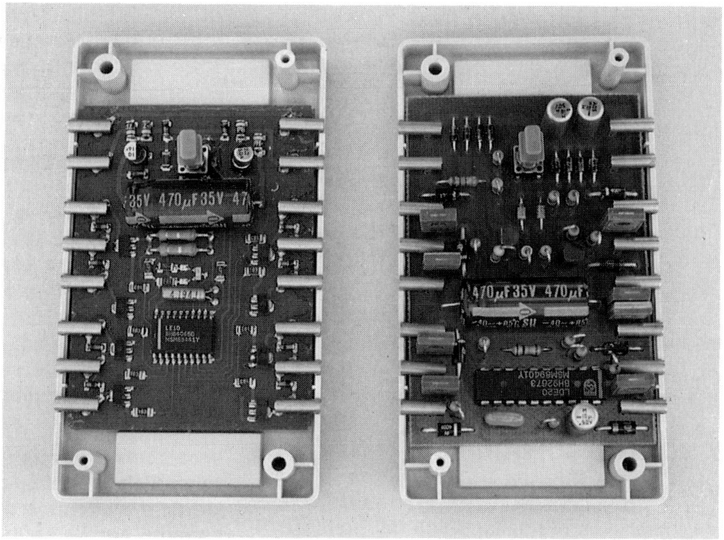

Abb. 5.5: Betrieb von Magnetartikeln mit Endabschaltung durch Funktions-Decoder mit Relaisausgängen und externer Stromversorgung, also ohne Belastung der Zentral-Einheit

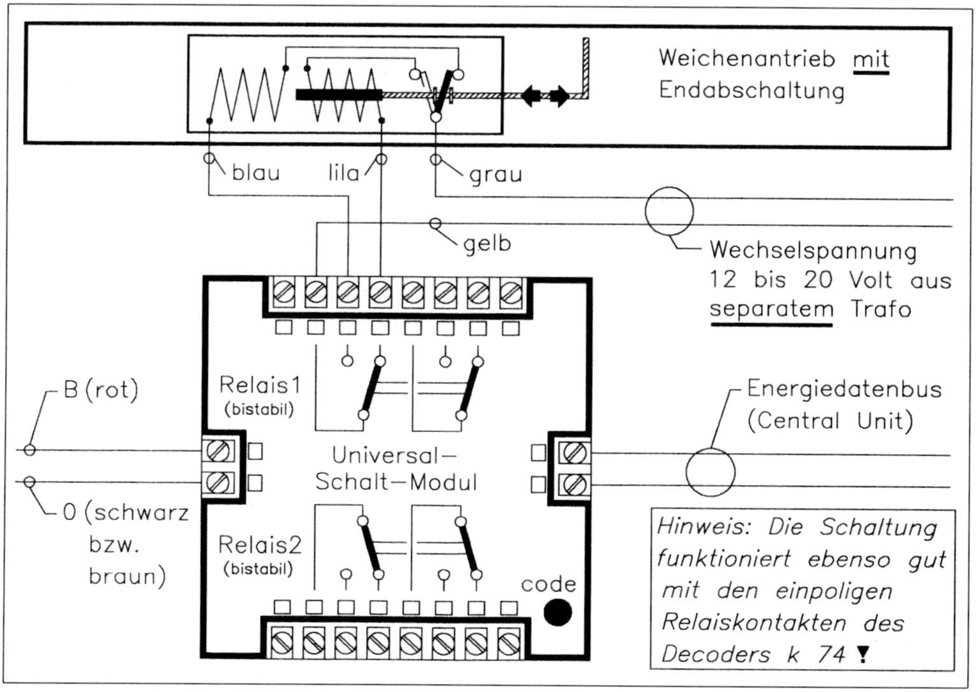

Seit Herbst 1989 werden neue Platinen verwendet, die an den jetzt eingesetzten herkömmlichen, sog. diskreten Bauteilen eindeutig identifizierbar sind.

Für die Decoder k 87 wird ein Ausgangsstrom von 2 Ampère angegeben, der mit den auf Abbildung 5.4 rechts dargestellten Decodern auch tatsächlich erreichbar ist. Der Ausgangsstrom wird auf diesen Wert begrenzt; die Schutzschaltung funktioniert einwandfrei.

Die Fa. Märklin hat – weil das Digitalsystem für Gleichstrombahnen unter ihrem Namen später auf den Markt kam – ausschließlich Magnetartikel-Decoder der neuen Bauart ausgeliefert.

Stromversorgung von Verbrauchern

Magnetartikel, die bekanntlich mit „billigem" Wechselstrom einwandfrei arbeiten, werden über die Decoder mit „teuerem" Digitalstrom gespeist. Wird gar der herstellerseitig angegebene Ausgangsstrom von 2 Ampère entnommen (Zur Erinnerung: eine Central Unit liefert nach Herstellerangabe 2,5 Ampère!), so sind Schaltprobleme nicht auszuschließen. Deshalb muß die Frage nach dem Sinn dieses Stromversorgungskonzeptes erlaubt sein. Zweckmäßig wären Decoder mit zwei zusätzlichen Wechselstromanschlüssen zur Energieversorgung der angeschlossenen Verbraucher.

Als wichtige Alternative bietet sich die in anderem Zusammenhang erwähnte Steuerung von Magnetartikeln mit dem Universal-Schalt-Modul oder dem Decoder k 74 an. Die Stromversorgung der Verbraucher erfolgt dabei konventionell mit Wechselspannung aus einem separaten Trafo über die Relaiskontakte dieser Decoder. Die Digitalspannung wird zur Informationsübertragung in gewohnter Art von der Central Unit zur Verfügung gestellt. Einzelheiten zeigt Abbildung 5.5. Der Vorschlag funktioniert allerdings nur bei Antrieben *mit* Endabschaltung. Zum Betrieb von Antrieben *ohne* Endabschaltung darf diese Schaltung keinesfalls Verwendung finden.

Im Kapitel Bauanleitungen ist eine Zusatzschaltung beschrieben, die auch eine externe Stromversorgung von Verbrauchern *ohne* Endabschaltung ermöglicht.

Zusammenfassung

Allein wegen der Verringerung des Verdrahtungsaufwandes lohnt sich der Einsatz der Digitaltechnik auf dem Sektor SCHALTEN und MELDEN nicht, denn die Kabelanzahl wird keineswegs auf Null reduziert. Die Anlagenverdrahtung gewinnt jedoch an Übersichtlichkeit. Das empfinden auf diesem Gebiet weniger versierte Modellbahner sicher als Arbeitserleichterung.

Verbraucher können mit dem bedienungsfreundlichen Keyboard geschaltet werden. Mit dem Switchboard steht eine interessante Variante zur Verknüpfung der Magnetartikelsteuerung mit Gleisbildstellpulten (auch selbstgebauten!) zur Verfügung.

Digitales Schalten und Melden lohnt sich erst bei Einsatz des Fahrstraßenstellpultes Memory. Es gestattet selbst Laien den verdrahtungsfreien Aufbau komplexer Fahrstraßenschaltungen.

Mit den verschiedenen Funktions-Decodertypen können alle Aufgaben bewältigt werden. Das empfohlene Stromversorgungskonzept kann – trotz des dadurch verringerten Verdrahtungsaufwandes – nicht überzeugen, weil teuerer Digitalstrom zur Speisung einfacher Wechselstromverbraucher verschwendet wird. Abhilfe bringen bei Magnetartikeln mit Endabschaltung Decoder mit Relaisausgängen.

Leicht überschaubare Lösungen für zahlreiche Schaltungsprobleme erlaubt das vielseitig verwendbare und dabei doch anwendergerecht konzipierte Universal-Schalt-Modul.

Was bislang vollkommen fehlt, sind brauchbare Lösungen zur Erfassung und optischen Anzeige von Meldungen. Das gilt insbesondere für die Registrierung von Fahrzeugstandorten.

6
Tips zu Verdrahtung und Leistungsbedarf

Minimaler Verdrahtungsaufwand heißt ein Argument für Digitale Mehrzugsteuerungen – aber ist es in der Praxis sinnvoll, einfach alles an die Schienen anzuschließen? Beispiele verdeutlichen Lösungen mit ihren Vor- und Nachteilen. Loks, Weichen und Signale brauchen Strom. Je größer die Modellbahn, desto mehr Energie wird benötigt. Dazu werden Empfehlungen der Hersteller vorgestellt und mit einer preiswerten Alternative verglichen.

Verdrahtungsaufbau

Herstellerseitig lautet die Empfehlung: Central Unit und alle Verbraucher an die Schienen anschließen (Abbildung 6.1). Das führt zu *minimalem* und übersichtlichem *Verdrahtungsaufwand* – aus Sicht vieler Anwender zweifellos ein entscheidender Vorteil!

Allerdings dürfen die Nachteile dieses Vorschlages nicht übersehen werden; zumal sie durch geringen Mehraufwand zu beseitigen sind. Die Schienen sind ein relativ schlechter elektrischer Leiter; insbesondere an den Schienenverbindern entstehen Übergangswiderstände. Sie ziehen Spannungsabfälle nach sich und das wird an vorbildwidrigen

Geschwindigkeitsänderungen der Züge erkennbar. Deshalb gilt der schon von konventionellen Anlagenverdrahtungen bekannte Ratschlag: Sternförmiger (und nicht etwa ein ringförmig geschlossener!) Aufbau eines zweiadrigen Leitungsnetzes. Der Leiterquerschnitt soll mindestens 0,75 mm^2 betragen. Für diesen Zweck sehr gut geeignet sind die

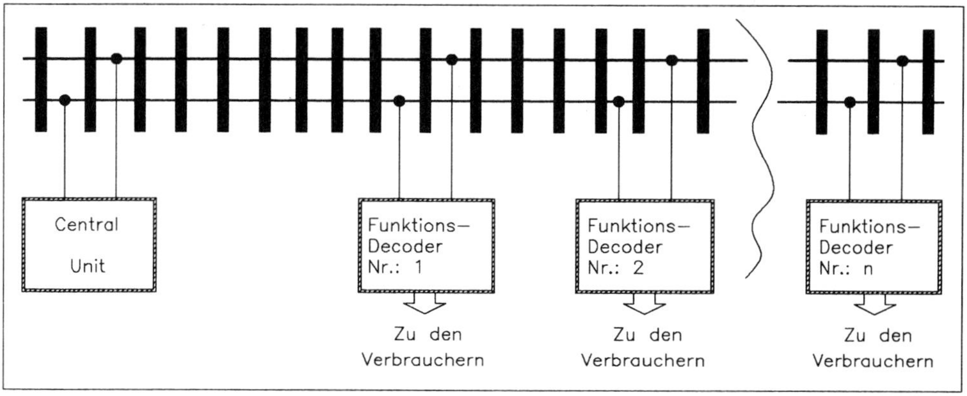

Abb. 6.1: Werden alle Stromverbraucher an die Schienen angeschlossen, reduziert sich der Verdrahtungsaufwand auf ein Minimum

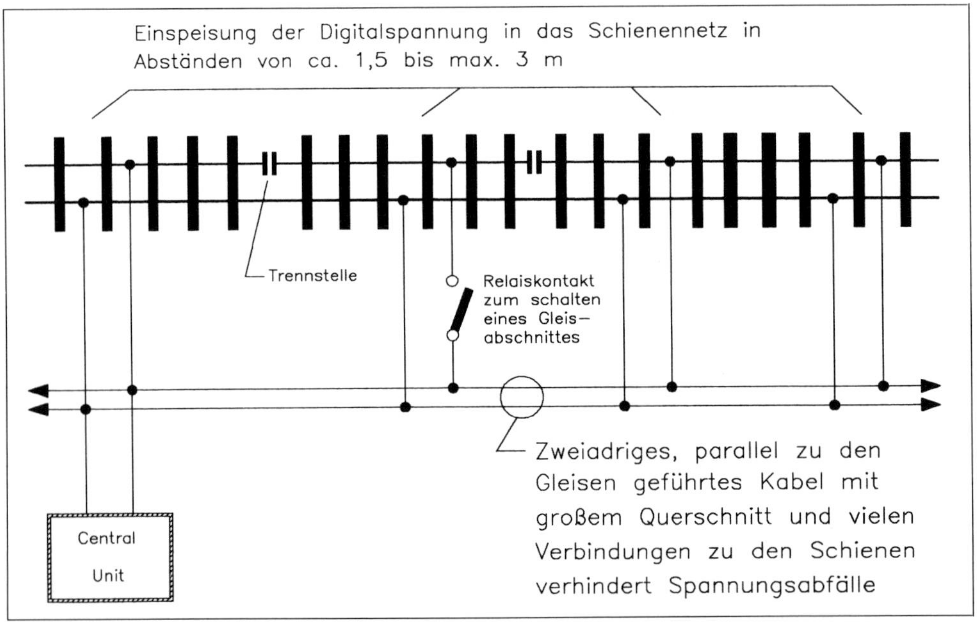
Einspeisung der Digitalspannung in das Schienennetz in Abständen von ca. 1,5 bis max. 3 m
Trennstelle
Relaiskontakt zum schalten eines Gleis-abschnittes
Zweiadriges, parallel zu den Gleisen geführtes Kabel mit großem Querschnitt und vielen Verbindungen zu den Schienen verhindert Spannungsabfälle
Central Unit

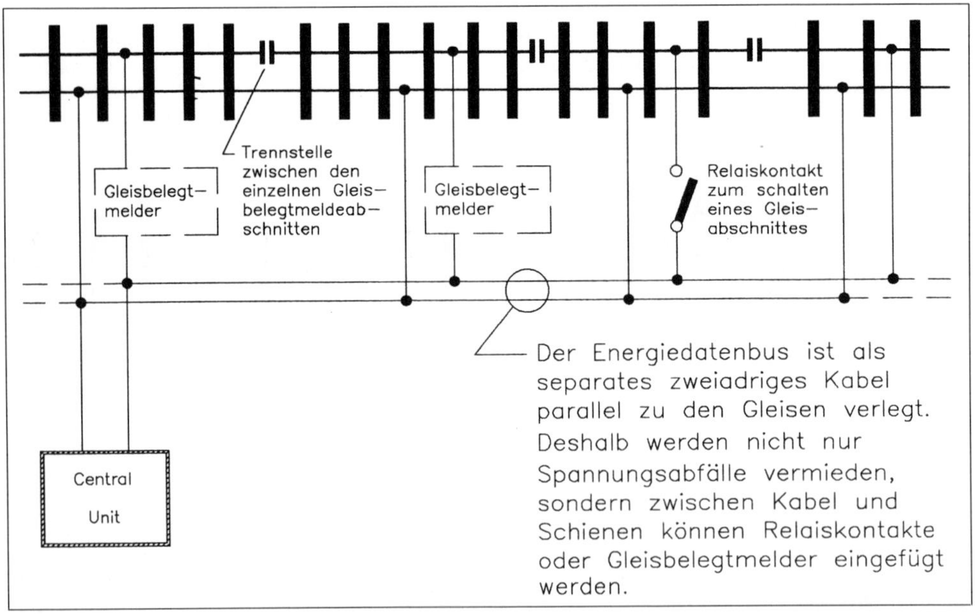
Gleisbelegt-melder
Trennstelle zwischen den einzelnen Gleis-belegtmeldeab-schnitten
Gleisbelegt-melder
Relaiskontakt zum schalten eines Gleis-abschnittes
Der Energiedatenbus ist als separates zweiadriges Kabel parallel zu den Gleisen verlegt. Deshalb werden nicht nur Spannungsabfälle vermieden, sondern zwischen Kabel und Schienen können Relaiskontakte oder Gleisbelegtmelder eingefügt werden.
Central Unit

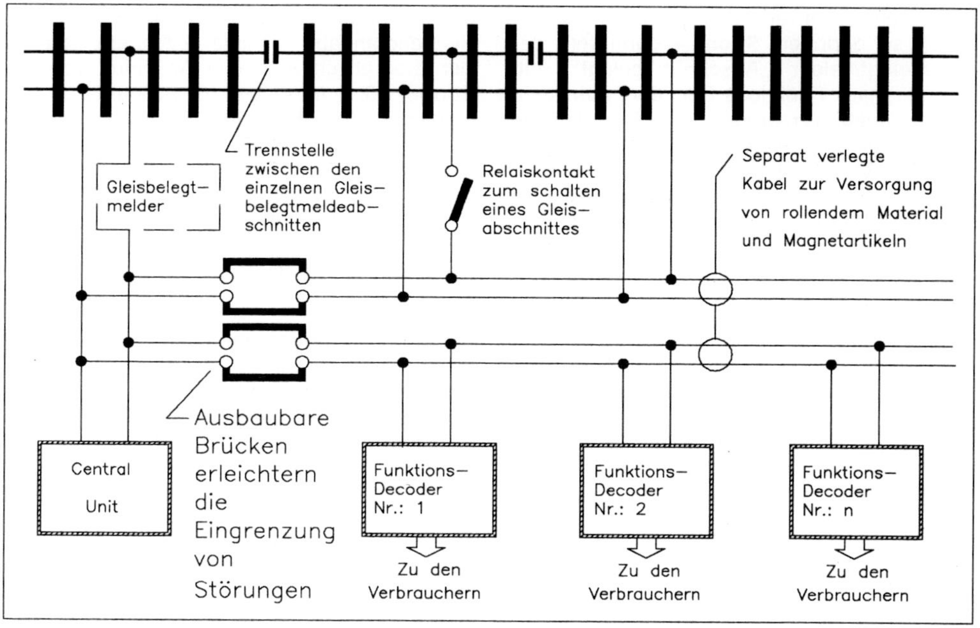

Abb. 6.4: Der separate Anschluß aller Funktions-Decoder an ein zweiadriges Kabel erleichtert im Ernstfall die Störungssuche, weil die Versorgungskabel für FAHREN und SCHALTEN direkt bei der Central Unit getrennt werden können

Abb. 6.2 (links oben): Sternförmig aufgebautes, zweiadriges Leitungsnetz (Energiedatenbus) mit großem Kabelquerschnitt und zahlreichen Einspeisungen in die Gleisanlage zur Minimierung der Spannungsabfälle

Abb. 6.3 (links unten): Zweiadrige Leitung als separates Leitungsnetz (Energiedatenbus) mit großem Querschnitt, vielen Einspeisungen in das Schienennetz und der Möglichkeit zum Einbau von Gleisbelegtmeldern, sowie Relaiskontakten zum schalten der Digitalspannung

im HiFi-Fachhandel angebotenen, zweiadrigen, flexiblen Lautsprecherkabel. Sie sind mit Querschnitten bis 2,5 mm^2 erhältlich. Von dieser Leitung sind im Abstand von 1,5 bis 3 m Verbindungen zu den Schienen herzustellen. Abbildung 6.2 zeigt den vorgeschlagenen Aufbau.

Soll im Digitalstromkreis eine Analog-Lok gesteuert und weitere Analog-Loks abgestellt werden, so muß die Digitalspannung in bestimmten Gleisabschnitten ausgeschaltet werden. Dazu ist die Anordnung eines Relaiskontaktes (z. B. Decoder k 74 oder Universal-Schalt-Modul) *zwischen* Energiedatenbus und Schienennetz erforderlich. Relaiskontakte benötigt man ebenso zum Betrieb zugbeeinflussender Signale zwischen Energiedatenbus und Signalhalteabschnitten.

Auch Gleisbelegtmelder müssen zwischen Energiedatenbus und den zu überwachenden Gleisabschnitten eingefügt werden. Befindet sich in einem solchen Überwachungsabschnitt ein Stromverbraucher – fließt also ein (noch so geringer) Strom – dann teilt der Gleisbelegtmelder „Abschnitt belegt" mit. Würde man Funktions-Decoder aus dem Schienennetz versorgen, so wären falsche Besetztmeldungen die Folge, weil ja auch Decoder Stromverbraucher sind. Mit einem Anschluß aller Stromverbraucher an die Schienen würde man sich den vielleicht zu einem späteren Zeitpunkt geplanten Einbau von Gleisbelegtmeldern unnötigerweise erschweren. Auch dieser Gesichtspunkt spricht für einen Aufbau des *Energiedatenbus unabhängig von den Schienen.* Abbildung 6.3 zeigt ein um Gleisbelegtmelder ergänztes, schienenunabhängiges Verdrahtungskonzept.

Für den Anschluß aller Funktions-Decoder stellt die Verlegung zweier *separater Leitungen* die konsequenteste Lösung dar. Diese beiden Kabel sollten erst unmittelbar an der Central Unit mit dem Energiedatenbus zum Fahrzeugbetrieb verbunden werden. Ein solcher Aufbau erleichtert auch eine eventuell notwendige Fehlersuche (Abbildung 6.4).

Digitales MELDEN erfordert in jedem Fall die Verlegung eines 6-adrigen Flachbandkabels zur Verbindung der Rückmelde-Decoder untereinander und mit dem Interface oder einem Memory. Alternativen bestehen hierzu nicht.

Elektrischer Leistungsbedarf

Die Überschrift ist in doppelter Hinsicht zu verstehen: Nicht nur Loks, Wagenbeleuchtungen, Weichen und Signalantriebe brauchen elektrische Energie; auch Fahr-Geräte, Stellpulte, Fahrstraßenstellpulte, etc benötigen für ihre Funktion elektrischen Strom. Er wird der Central Unit entnommen und steht deshalb für den Fahrbetrieb und das schalten von Verbrauchern nicht mehr zur Verfügung. Der sog. Eigenstrombedarf eines Gerätes beträgt ≥100 mA. Das verdient beim beabsichtigten Anschluß sehr vieler Komponenten Aufmerksamkeit, denn eine Zentral-Einheit kann über den IIC-Bus an angeschlossene Geräte laut Herstellerangabe maximal 2 Ampère liefern. Der theoretisch mögliche Anschluß von 10 Control 80, 1 Interface, 16 Keyboards und 4 Memorys läßt sich folglich nur unter Verwendung zusätzlicher Trafo/Booster Kombinationen verwirklichen. Für übliche Anwendungsfälle – wie beispielsweise 2 Control 80 f, 3 Keyboards, 1 Memory und 1 Interface – reicht die Leistung einer Zentral-Einheit bei gleichzeitiger Versorgung der Fahrzeuge natürlich aus.

Die herstellerseitig empfohlene Versorgung aller Stromverbraucher aus dem Energiedatenbus (den Schienen) muß unter dem Gesichtspunkt einer wirtschaftlichen Nutzung des „teueren" Digitalstromes strikt abgelehnt werden. Unumgänglich ist lediglich die Stromversorgung des *rollenden Materials* über die Schienen. Und hier muß der bekannte Hinweis wiederholt werden, daß Innenbeleuchtungen und Dampfentwickler zu den besonderen „Stromfressern" zählen und deshalb sorgfältig abgewogen werden sollte, wieviel Mehraufwand dem Anwender deren Einsatz wert ist.

Zum Anschluß von Bahnsteigbeleuchtungen, Bahnübergängen u.ä.m. an die Schienen besteht schon gar keine technische Notwendigkeit.

Anhaltspunkte über den Energiebedarf der einzelnen Verbraucher gibt Tabelle 6.1. Dabei sollte berücksichtigt werden, daß die Werte je nach Einsatzbedingung der Fahrzeuge beträchtlich schwanken. Günstig wirkt sich beim Digitalbetrieb aus, daß in der Regel weitaus mehr Züge auf der Anlage stehen (und damit bestenfalls ihre Zusatzeinrichtungen Strom verbrauchen) als fahren. Und für die Auslegung der Stromversorgung ist – abgesehen von Wagen mit Innenbeleuchtungen – im wesentlichen die Zahl *gleichzeitig fahrender* Triebfahrzeuge maßgebend.

Der tatsächlichen Motorstromaufnahme kommt hinsichtlich der Auswahl des geeigneten Lok-Decodertyps entscheidende Bedeu-

Tabelle 6.1: Stromverbrauch diverser Verbraucher

Nutzbarer *Ausgangsstrom* einer *Central Unit* bei Verwendung eines 52 VA-Trafos:	*ca. 2 500 mA*
Nutzbarer *Ausgangsstrom* einer *Trafo/Booster-Einheit:*	*2 500 bis 3 000 mA*
Verbraucher	Stromverbrauch in [mA]
Lok im Stand, ohne Beleuchtung, Baugröße N	1,5
Lok im Stand, ohne Beleuchtung, Baugröße H0	1,5
Lok im Stand, beleuchtet, Baugröße N	50
Lok im Stand, beleuchtet, Baugröße H0	50
Loks Baugröße N:	
Fleischmann, Hobbytrain	100 bis 350
Arnold, Minitrix	200 bis 600
Roco, starke Streuungen, im Einzelfall bis	650
Loks Baugroße H0:	
Alle Fabrikate	250–850*
* in Einzelfällen bis 1200 mA	
Dampfentwickler für N-Loks	100 bis 200
Dampfentwickler für H0-Loks	bis 300
Wagen-Innenbeleuchtung, 1 Lampe, Baugröße N	30 bis 50
Wagen-Innenbeleuchtung, 1 Lampe, Baugröße H0	30 bis 50
Wagen-Innenbeleuchtung, mit Lichtleitstab, Baugröße N	ca. 50
Wagen-Innenbeleuchtung, mit Lichtleitstab, Baugröße H0	ca. 50
Weichenantrieb, magnetisch, Baugröße N	ca. 500
Weichenantrieb, magnetisch, Baugröße H0	ca. 500*
* manche Fabrikate bis 1 500	
Weichenantrieb, motorisch	ca. 400
Beleuchtete Weichenlaterne, Baugröße N	30 bis 50
Beleuchtete Weichenlaterne, Baugröße H0	ca. 50
Signalantrieb, Baugröße N	ca. 500
Signalantrieb, Baugröße H0	ca. 500
Signalbeleuchtung, 1 Lampe, Baugröße N	ca. 50
Signalbeleuchtung, 1 Lampe, Baugröße H0	ca. 50
Signalbeleuchtung, 1 LED, Baugröße N	10 bis 20
Signalbeleuchtung, 1 LED, Baugröße H0	10 bis 20
Entkupplungsgleis, Baugröße N	ca. 300
Entkupplungsgleis, Baugröße H0	ca. 300
Drehscheibe, Baugröße N	bis 1 000
Drehscheibe, Baugröße H0	bis 1 200

tung zu. Fundierte Aussagen sind erst nach einer 2–3 stündigen Einlaufphase des Fahrzeuges möglich. Der bei Neufahrzeugen höhere Ankerruhewiderstand hat sich dann durch Ablagerungen am Kollektor-Bürsten-System deutlich reduziert, was zu einem Anstieg der Motorstromaufnahme führt. Selbst zwischen baugleichen Motoren bestimmter Hersteller (z.B. Roco-H0-Motoren) bestehen erhebliche Differenzen in der Stromaufnahme. Diesen Aspekten sollte bei der Umrüstung von Analog-Loks Rechnung getragen werden.

Auch darf man in diesem Zusammenhang feststellen, daß Gleichstrom-Fahrzeuge beim Digitalbetrieb wegen des bei Permanentmagnetmotoren (oder gar Glockenankermotoren) im Vergleich zu Märklin-Reihenschlußmotoren *geringeren Energiebedarfes* deutliche Vorteile haben – mit der gleichen Leistung können mehr Fahrzeuge fahren, der „teuere" Digitalstrom wird folglich effektiver genutzt. In besonderem Maße profitieren davon natürlich Spur-N-Anhänger, weil deren Loks noch weniger Strom als die H0-Gleichstrom-Triebfahrzeuge benötigen.

Die Energieversorgung der Magnetartikel ist – wie gezeigt wurde – bei Verwendung entsprechender Funktions-Decoder durch eine separate, billige Wechselspannungsquelle möglich. Allerdings sind die Decoder mit Relaisausgängen (k 74 und USM) teuerer als die Typen k 87. Diesem Mehrpreis können die Kosten einer zusätzlichen Trafo/Booster-Einheit gegenübergestellt werden.

Zusammenfassung

Die herstellerseitige Empfehlung zum Verdrahtungsaufbau verfolgt primär das Ziel einer Minimierung des Verdrahtungsaufwandes.

Praxisgerechter ist der nur mit geringem Mehraufwand verbundene Aufbau eines für den Fahrbetrieb und zur Magnetartikelversorgung getrennten, sternförmigen Leitungsnetzes. Wichtig sind hoher Leiterquerschnitt und Digitalspannungseinspeisungen ins Schienennetz in Abständen von 1,5 bis 3 Meter.

Elektrische Leistung benötigen nicht nur Loks und Magnetartikel – auch die stationären Bedienungsgeräte einer Digitalen Mehrzugsteuerung brauchen Strom, der zur Versorgung der Verbraucher auf der Anlage natürlich nicht mehr zur Verfügung steht.

Zur Deckung eines erhöhten Leistungsbedarfes stehen grundsätzlich zwei Wege offen: Ergänzung der Grundausstattung durch Trafo/Booster-Kombinationen oder Einsatz vorhandener Gleichstrom-Fahrpulte unter Beibehaltung einiger konventionell versorgter Stromkreise.

7 Hinweise für den Computerbetrieb

Digitale Mehrzugsteuerungen haben die Verbindungstür zwischen den Hobbys Modellbahn und Computer weit geöffnet. Rechnergesteuerte Modellbahnen erfreuen sich deshalb zunehmender Beliebtheit. Das folgende Kapitel vermittelt Einblicke in die Zusammenhänge dieser Technik, nennt die Bedingungen für diese Betriebsart und enthält konkrete Hinweise über geeignete Software.

Voraussetzungen

Wer digital fahren, schalten und melden möchte braucht dazu *keinen* Computer – diese deutliche Klarstellung erscheint angebracht.

Aber ein Rechner kann eine Digitale Mehrzugsteuerung sehr gut ergänzen – auch diese Feststellung trifft zu.

Das Fahrstraßenstellpult Memory ist nichts anderes als eine Speicher-Programmierbare-Steuerung (SPS) – ein erster kleiner Schritt in Richtung Computer. Der Anwender weiß das zumeist garnicht. Aber er hat die Vorteile dieses Gerätes sehr schnell schätzen gelernt. Während eine mit Relais aufgebaute Fahrstraßenschaltung ein relativ kompliziertes Gebilde mit fest verdrahteter Logik darstellte, das nach jeder Gleisplanänderung praktisch wertlos wurde, wird demgegenüber in das Memory ein neuer Spurplan einfach eingetippt und sofort steht die neue Fahrstraßenschaltung zur Verfügung – Ergebnis einer flexiblen Speichertechnik.

Ein Computer kann natürlich weitaus mehr als ein Memory, aber der zu seiner Nutzung erforderliche Aufwand ist auch entsprechend größer.

Für einen rechnergesteuerten und -überwachten Modellbahnbetrieb sollten die in Abbildung 7.1 skizzierten Voraussetzungen erfüllt sein:

- vollständige Digitalisierung der Anlage
- Ergänzung der Central Unit durch ein Interface
- Computer muß zur Verfügung stehen und
- geeignete Modellbahn-Software ist erforderlich.

Was heißt *vollständige* Digitalisierung einer Anlage?

In den vorangegangenen Ausführungen ist mehrfach hervorgehoben worden, daß bei ARNOLD DIGITAL und MÄRKLIN-DIGITAL= neben Digitalstromkreisen konventionell gesteuerte Stromkreise beibehalten werden können. Eine solche Kombination macht für die rechnergesteuerte Betriebsführung weniger Sinn, weil der Computer auf herkömmliche Gleichstrom-Fahrpulte keinen Zugriff hat. Um Mißverständnisse auszuschließen – der Betrieb einer Analog-Lok im Digitalstromkreis (mit Adresse 80 oder einer anderen beliebig wählbaren Adresse) ist natürlich auch bei einer Rechnersteuerung möglich.

Vorstellbar wäre eine Kombination aus analogen Fahrstromkreisen (in welchen der Betrieb durch Selbstblocksteuerungen ohne Zugriff des Rechners abgewickelt wird) und einem rechnergesteuerten Digitalstromkreis.

Wenig Sinn hat auch digitaler Fahrbetrieb in Verbindung mit konventioneller Magnetartikelsteuerung; hier gilt ebenso die schon getroffene Feststellung, daß der Rechner eine solche Magnetartikelsteuerung nicht zu beeinflussen vermag.

Wie man sieht, setzt computergesteuerter Betrieb mitunter beträchtlichen Mehraufwand im Hardwarebereich voraus. Andererseits können auch Einsparungen geltend gemacht werden; Keyboards, Switchboards, Memorys, Control 80 und Control 80 f ersetzt der Rechner; lediglich die standortmäßige Unabhängigkeit eines Infra Control 80 f/IR Control vermag er nicht zu simulieren. Inwieweit der Einzelne die Steuerung einer Lok mittels Computertastatur als praxisgerecht ansieht, ist freilich eine ganz andere Sache. Der Spareffekt schlägt insbesondere beim Vergleich Rechner mit Gleisbildstellpult zu buche. Allerdings müssen bei der Gleisbilddarstellung auf dem Monitor gewisse Abstriche gemacht werden. So ist die Darstellungskapazität begrenzt und deshalb muß schon der Spurplan einer mittleren Anlage auf mehrere Monitorbilder aufgeteilt werden – Bildumschaltungen sind meist unumgänglich.

Die nächste Voraussetzung für den Computereinsatz – ein Interface – ist zwingend erforderlich, weil zwischen Modellbahn und Computer Informationen ausgetauscht werden müssen. Die ,,Sprache" der Digitalen Mehrzugsteuerung muß der des Rechners (und umgekehrt) angepaßt werden. Das Interface übermittelt Meldungen von der Anlage hin zum Rechner und empfängt Steuerbefehle vom Rechner und leitet sie über die Central Unit an sämtliche Verbraucher.

Voraussetzung Nummer drei heißt Computer. Wer bei der Modellbahn Typenvielfalt und Anpassungsschwierigkeiten beklagt, der kennt die Probleme auf dem Computersektor noch nicht ...! Prädestiniert für den Einsatz bei einer Modellbahn ist vor allem die Gruppe IBM-kompatibler Personal-Computer, wobei ein solches Gerät folgende Merkmale besitzen sollte:

- PC XT oder AT
- Betriebssystem MS-DOS ab Version 3.0
- 20 MByte-Festplatte plus Disketten-Laufwerk(e)
- Farbgraphikkarte (EGA oder VGA)
- 14 Zoll Farbmonitor
- Eine (zusätzliche) serielle Schnittstelle zum Anschluß des Interface

Der Möglichkeit zur Farbdarstellung kommt im Hinblick auf eine Gleisbilddarstellung und -ausleuchtung besondere Bedeutung zu.

Ohne die vierte Bedingung – geeignete Software – nutzt der beste Rechner nichts. Deshalb bieten sowohl Modellbahnhersteller, als auch vor allem Softwarebüros auf den Anwendungsfall Modellbahn abgestimmte Programme an, wobei sich eine Konzentration auf folgende Computertypen abzeichnet: Commodore C 64 bzw C 128, Atari ST und insbesondere IBM kompatible PCs.

Betriebsarten

Die einfachste Anwendung ist die *Zeit-Steuerung,* also Befehle mit dem Computer in bestimmter zeitlicher Abfolge an Fahrzeuge und Verbraucher (Weichen, Signale, schaltbare Gleisabschnitte, usw) erteilen. Zum Beispiel soll Lok-Nr. 86 von A nach B fahren. Die entsprechenden Weichen werden gestellt, anschließend die Signale und schließlich erhält das Triebfahrzeug seine Befehle (Fahrtrichtung, Geschwindigkeit). Der Zug beschleunigt mit der im Lok-Decoder programmierten Beschleunigungsstufe (was übrigens mit der Computersteuerung nichts zu tun hat) und fährt bis er einen Auftrag zur Änderung seiner Geschwindigkeit oder einen Bremsbefehl bekommt. Dies kann in Form eines direkten Kommandos vom Computer sein, oder auch über ein ebenfalls vom Rechner gestelltes Signal mit Zugbeeinflussung. Zwischen den einzelnen Befehlen muß jeweils eine gewisse Zeitspanne liegen. Woher weiß denn der Computer *ob* überhaupt und von *wo* aus der besagte Zug losgefahren ist und wie erkennt der Rechner, wann am Zielort ein Bremsbefehl erforderlich wird?

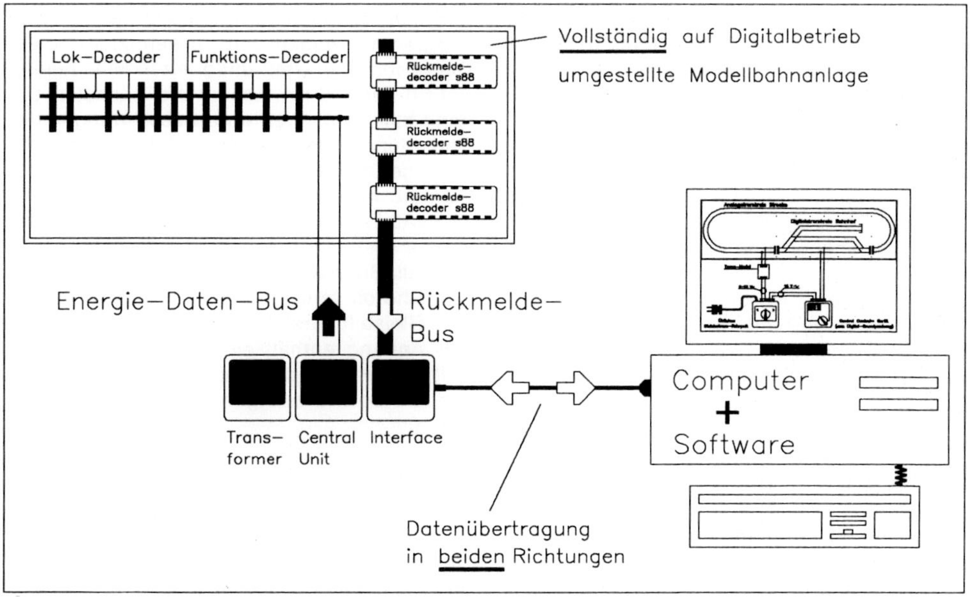

Abb. 7.1: Komponenten eines computergesteuerten Modellbahnbetriebes sind artreine Digitalsteuerung, Interface, Computer und geeignete Software

Kennzeichen zeitabhängiger Steuerungen ist, daß sie keine Meldungen verarbeiten – die Befehlsausgabe orientiert sich nur an der Uhr, *nicht jedoch am tatsächlichen Geschehen* auf der Modellbahnanlage.

Über der einfachen Zeitsteuerung rangiert der *Betrieb mit Zugbeeinflussung.* Wesentlicher Unterschied: Die Züge bestimmen jetzt den Ablauf! Ein Zug darf beispielsweise erst auf die eingleisige Strecke, wenn der Gegenzug in voller Länge in das Ausweichgleis eingefahren ist. Das heißt, Fahrzeugstandorte müssen erfaßt und an den Computer *gemeldet* werden – zuggesteuerte Kontaktgeber und Rückmelde-Decoder sind erforderlich. Der Betrieb *mit* Zugbeeinflussung erlaubt einen durchaus vorbildgerechten Modellbahnbetrieb.

Die nächsthöhere Stufe stellt die Verknüpfung zeitabhängiger und zuggesteuerter Programmabläufe dar – den *Fahrplanbetrieb.* Das ist der schwierigste, aber zugleich vorbildgetreueste Anwendungsfall.

Mit einem Computer lassen sich bei Verwendung leistungsfähiger Software alle Betriebsarten perfekt realisieren.

Wichtig erscheint in diesem Zusammenhang auch der Hinweis, daß es kein Entweder Oder gibt – während auf einem Teil einer Modellbahnanlage der Betrieb vom Rechner überwacht und gesteuert wird, kann durchaus gleichzeitig in einem anderen Abschnitt handgesteuerter Betrieb durchgeführt werden.

Interface

Aufgabe dieses Bausteines ist es, die Verbindung zwischen Digitaler Mehrzugsteuerung einerseits und Computer/Software andererseits herzustellen. Das Interface überträgt sowohl Steuerbefehle als auch Meldungen. Es arbeitet seriell. Diese Arbeitsweise ist prinzipiell nicht nachteilig, aber bei mittleren Anlagen mit zahlreichen Meldungen ist eine höhere Verarbeitungsgeschwindigkeit wünschens-

wert. Mit der zur Zeit verfügbaren Version können lediglich die Lok-Adresssen 01 bis 80 genutzt werden. Das bedeutet bei computergesteuertem Betrieb den Verzicht auf die Adressen 81 bis 99.
Das Interface ist recht universell ausgelegt; es verfügt über einen vierpoligen DIP-Schalter mit dem das Übertragungsverhalten an die meisten Computertypen angepaßt werden kann. Einzelheiten sind der Betriebsanleitung zu entnehmen.
Fertig montierte Kabel mit entsprechenden Steckern zur Verbindung von Interface und Computer können vom Märklin-Software-Service für verschiedene Rechnerausführungen bezogen werden.

Software

Die wichtigste Information gleich zu Beginn: Gleichgültig für welche der drei Digitalen Mehrzugsteuerungen – MÄRKLIN-DIGITAL (Wechselstrom), MÄRKLIN-DIGITAL= oder ARNOLD-DIGITAL – eine Software auch angeboten wird, sie kann für sämtliche Digitalen Mehrzugsteuerungen der Firmen Märklin und Arnold verwendet werden.
Auch das ist ein Vorteil der systemübergreifenden Konzeption des Göppinger Modellbahnherstellers. Softwareentwickler und Anwender profitieren von dieser vielseitigen Verwendbarkeit gleichermaßen.
Arnold bietet Programmierhilfen und einfache Testprogramme für bestimmte Funktionen und unterschiedliche Computertypen an.
Märklin verfügt über ein umfangreicheres Angebot; es reicht von Programmierhilfen über einfachere Fahrplanprogramme bis hin zu Lokomotivsteuerprogrammen und Gleisbildstellwerken. Der jeweils aktuelle Stand kann beim Märklin Software Service erfragt werden.
Von der Modellbahnindustrie unabhängige Softwarebüros haben schnell reagiert und kurz nach der Markteinführung des Märklin-Interface teils sehr interessante Programme angeboten. Hervorzuheben ist bei diesen Programmen vor allem die für den Einsteiger so hilfreiche Menüsteuerung. Derart aufgebaute Programme zeigen dem Anwender in einem Dialogverfahren (mit integrierten Hilfemenüs) Schritt für Schritt was er als nächstes tun kann bzw. muß. Wer nur etwas Ahnung in der Bedienung eines Rechners hat, kommt mit menügeführten Programmen schon sehr gut zurecht. Im AMP-Band Nr.10, MODELLBAHN DIGITAL FAHREN, Seiten 117 bis 126, wird auf dieses Thema näher eingegangen. Anschaulicher als Buchstaben wirken die dort enthaltenen Photos verschiedener Programm-Menüs und Gleisbilddarstellungen.
Der Anhang enthält eine Zusammenstellung (mit Herstellerverzeichnis) über derzeit verfügbare Software-Angebote.

Zusammenfassung

Digitaler Mehrzugbetrieb funktioniert durchaus ohne Computer sehr gut. Allerdings eignen sich Rechner zur Ergänzung dieser Modellbahnsteuerungen ausgezeichnet.
Realisiert werden kann mit dem Rechner im Grunde genommen alles – von einer einfachen zeitabhängigen Ablaufsteuerung bis hin zum Betrieb mit Zugbeeinflussung nach Fahrplan. Insbesondere lassen sich sämtliche Stellwerksfunktionen hervorragend nachbilden.
Wer von vorneherein den Computereinsatz plant, vermag zwar im Bereich der stationären Digitalkomponenten Einsparungen zu erzielen – sie werden jedoch durch den Zwang zur vollständigen Digitalisierung einer Anlage zumindest wieder aufgezehrt.
Ohne die ständige Erfassung, Meldung und Anzeige von Fahrzeugstandorten ist ein computerüberwachter, vorbildgerechter Betriebsablauf nicht machbar.
Das Softwareangebot ist mittlerweile vielfältig, vor allem stehen auch schon menügeführte Programme zur Verfügung. Ein besonderer Vorzug ist in der Tatsache zu sehen, daß die Software gleichermaßen für MÄRKLIN-DIGITAL (Wechselstrom), MÄRKLIN-DIGITAL= und ARNOLD-DIGITAL verwendbar ist.

8
Technik und Funktion

Engagierte Anwender wollen wissen, wie ihre Digitalsteuerung funktioniert. Deshalb wird anhand zahlreicher bildlicher Darstellungen erklärt, warum beispielsweise Analog-Loks im Digitalstromkreis und Digital-Loks im Analogstromkreis fahren. Wesentliche technische Eigenschaften wie die Arbeitsweise der Bus-Systeme und das Datenformat stehen im Mittelpunkt der Ausführungen. Nicht nur die begrüßenswerte Neugierde der an Technik interessierten Leser wird damit befriedigt – Kenntnisse der Funktion sind vielmehr eine notwendige Voraussetzung für den erfolgreichen Selbstbau von Schaltungen.

Bus-Systeme

Als Einstieg bietet sich ein Blick auf Skizze 8.1 an. Dort sind die verwendeten Bus-Systeme schematisch dargestellt.
Wie unschwer zu erkennen ist, handelt es sich um *drei* verschiedene, voneinander unabhängig geführte Bus-Systeme.

Das erste Bus-System verbindet alle stationären Geräte miteinander. Sie korrospondieren untereinander mit der selben Buskonfiguration. Damit ist auch klar, weshalb bestimmte Geräte gleichermaßen für MÄRKLIN-DIGITAL (Wechselstrom), ARNOLD-DIGITAL (Baugröße N) und MÄRKLIN-DIGITAL= (Gleichstom Baugröße H0) verwendbar sind.

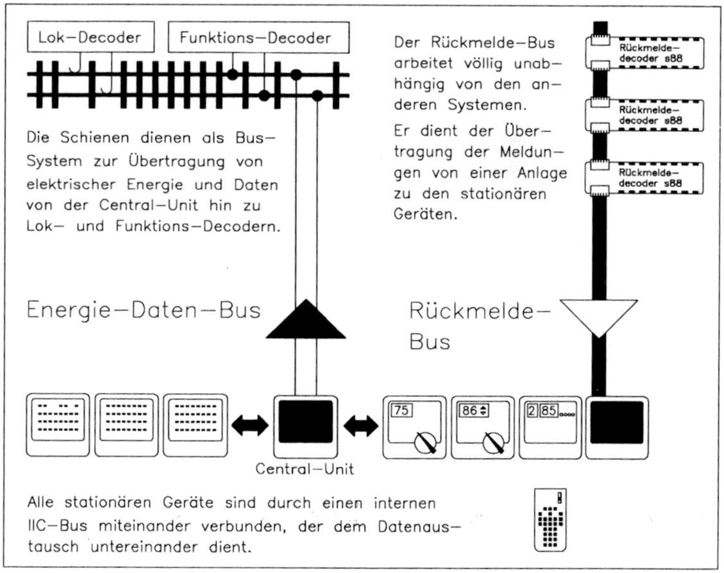

Abb. 8.1: Schematische Darstellung der Bus-Systeme

Unterschiedlich ist allerdings die Signalaufbereitung *innerhalb* der Zentraleinheiten (Central-Unit). An deren Ausgang stehen bei Wechsel- und Gleichstromsteuerungen grundverschiedene Energie- und Datenübertragungsformate an. An diesem Punkt endet die Kompatibilität zwischen Wechselstrom- und Gleichstrom-Digitalsystemen.

Das zweite Bus-System (der sog. Energiedatenbus) führt über zwei Leiter (Schienen oder zweiadriges Kabel) *vom* Ausgang der Zentraleinheit *hin* zu allen Lok- und Funktions-Decodern. Es dient der Übertragung von Energie und Steuerbefehlen. Das *Datenformat* für Steuerbefehle ist bei den Digitalen Mehrzugsteuerungen ARNOLD-DIGITAL und MÄRKLIN-DIGITAL= *identisch*. Deshalb sind prinzipiell alle peripheren Baugruppen wie Funktions- und Lok-Decodervarianten zwischen diesen beiden Anbietern freizügig austauschbar.

Das dritte Bus-System dient der Abfrage und Übertragung von Rückmeldungen von einer Modellbahnanlage über das Interface hin zu einem Computer oder von max. drei Rückmelde-Decodern direkt zu einem Memory (Fahrstraßenstellpult). Weil dieser Bus über ein 6-adriges Flachbandkabel vollkommen unabhängig vom Steuerbefehlsbus geführt ist, läßt sich bei allen drei Steuerungsvarianten MÄRKLIN-DIGITAL, ARNOLD-DIGITAL und MÄRKLIN-DIGITAL= grundsätzlich ein und dasselbe Rückmeldeverfahren anwenden.

Zusammenfassend ist festzustellen, daß in der Verwendung identisch aufgebauter Bus-Systeme im Bereich stationärer Geräte und in der Verwendung getrennter, voneinander unabhängiger Bus-Systeme für Steuerbefehle und Rückmeldungen der *Schlüssel zur Kompatibilität* zwischen den verschiedenen Steuerungen der Firmen Arnold und Märklin liegt.

Geräteinterner IIC-Bus

Er verbindet alle stationären Komponenten über seitlich an den Geräten angeordnete Steckverbinder. Sie kommunizieren über einen sog. IIC-Bus (oder auch I^2C-Bus genannt) miteinander. Dies ist ein bidirektionaler, serieller 2-Leiterbus mit einer Daten- (SDA) und einer Taktleitung (SCL). Weitergehende Informationen können der im Literaturverzeichnis [15] genannten Veröffentlichung entnommen werden.

Beim einschalten der Stromversorgung befinden sich sämtliche Geräte in einem definierten Ausgangszustand. Nach dem einschalten werden alle angeschlossenen Bausteine durch die Central-Unit initialisiert; was am kurzen aufleuchten der LED-Displays erkennbar ist. Jedem Control 80 bzw 80 f und Infra Control 80 f, sowie dem Interface wird automatisch eine Adresse zugewiesen. Deshalb erübrigt sich bei diesen Geräten eine Codierung. Die Datenübertragung beginnt synchron zum Taktsignal (SCL) auf der SDA-Leitung mit einem Startbit. Dann folgen Adressen und Daten, wobei die Übertragung byteweise geschieht und die Zahl der übertragbaren Bytes bei einem IIC-Bus prinzipiell nicht begrenzt ist. Nach jedem Byte wird vom angesprochenen Gerät ein Quittungssignal erzeugt. Abgeschlossen wird ein Übertragungszyklus durch ein Stop-Signal auf der SDA-Leitung.

Der Vorteil dieses Bus-Systems ist in der Eigenschaft zu sehen, daß an einen IIC-Bus mehrere Komponenten gleichen Typs „parallel" angeschlossen werden können.

Der Bus kann im vorliegenden Anwendungsfall mit maximal 2 Ampère belastet werden, was die Zahl der an eine Central Unit anschließbaren Geräte in der Praxis begrenzt.

Energiedatenbus

Zur Übertragung von elektrischer Energie *und* Steuerbefehlen *von* der Zentraleinheit *hin* zu den Lok- und Funktions-Decodern stehen nur zwei Leiter – nämlich die Schienen – zur Verfügung. Deshalb kommt ausschließlich ein serielles Übertragungsverfahren in Betracht. Der Spannungsverlauf darf nicht nur der Informationsübertragung von der Zentraleinheit hin zu den verschiedenen Decodern dienen,

Abb. 8.2: Spannungsverlauf an den beiden Ausgangsklemmen der Central-Unit N (ARNOLD-DIGITAL) bzw. Central-Unit= (MÄRKLIN-DIGITAL=)

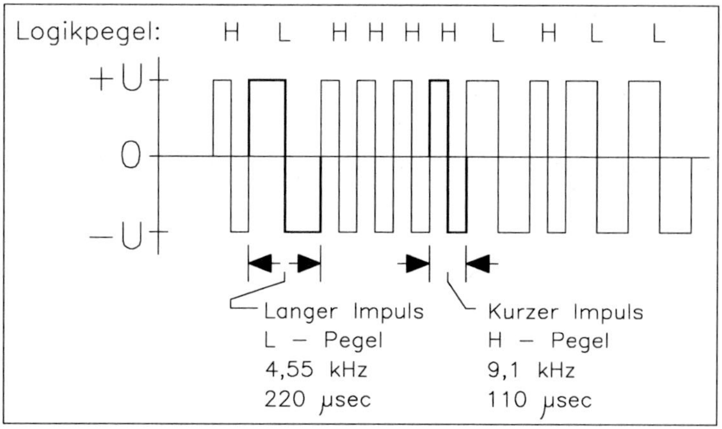

sondern er muß außerdem eine ständige, gleichbleibende Stromversorgung für sämtliche Verbraucher – von den Triebfahrzeugmotoren über Fahrzeugbeleuchtungen bis hin zu Weichen- und Signalantrieben – gewährleisten. Dieses Bussytem arbeitet unidirektional; es erlaubt also nur die Übertragung von Daten *in eine Richtung* – Meldungen zurück *von* Fahrzeugen (z.B. deren Geschwindigkeit) *an* die Central Unit sind ausgeschlossen.

Energieübertragung

Bei ARNOLD-DIGITAL und MÄRKLIN-DIGITAL= verwendet man dazu den in Abbildung 8.2 skizzierten Spannungsverlauf; er steht zwischen den beiden Ausgangsklemmen (*B* [wie *B*ahnstrom] = rote Klemme und 0 [„Masse"] = schwarze bzw. braune Klemme) der Zentral-Einheit bzw. der Leistungsverstärker (Booster) an.

Die beiden logischen Signalpegel H [High, z.B. ein] und L [Low, z.B. aus] mit denen jedes an den geräteinternen IIC-Bus angeschlossene, stationäre Gerät arbeitet, werden in der Zentral-Einheit in ein „Zweitonsignal" umgewandelt. Einem L-Pegel entspricht die Frequenz von 4,55 kHz, einem H-Pegel 9,1 kHz. Dieses Verfahren heißt Frequenzumtastung (FSK = frequency shift keying). Übertragen wird eine endlose Signalfolge.

Die Ausgangsspannung liegt symmetrisch zur Null-Linie und enthält damit keinen Gleichspannungsanteil. Sie ist nicht stabilisiert aber bei den Zentraleinheiten und Boostern für die Baugrößen N und H0 auf einen Maximalwert von ca. ± 17 Volt begrenzt. Das stellt vom Grundsatz her zunächst einmal gar keinen Nachteil dar; denn weshalb sollte man eine Spannung mit technischem Aufwand stabilisieren, die u.a. dem stellen von Magnetartikeln dient? Der richtige Ort zur Stabilisierung wären nämlich die Lok-Decoder.

Bei den Spur 1 Komponenten wurde zugunsten eines besseren Motoranlaufmomentes auf eine Spannungsbegrenzung im Leerlauf verzichtet. Deshalb dürfen die „Central Unit 1" und „Booster 1" *nicht* zum Betrieb von N- oder H0-Anlagen eingesetzt werden.

Der Minimalwert der Leerlaufspannung der Zentral-Einheit beträgt bei dem maximal erreichbaren Ausgangsstrom von ca. 3 Ampère (Bedingung: keine Bedienungsgeräte an Central Unit angeschlossen) etwa ± 13 Volt Spitze/Spitze.

Die unbelastete Ausgangs-Wechselspannung des Transformators beträgt 18,5 Volt.

Datenformat

Eine entscheidende Voraussetzung für den Selbstbau von Schaltungen ist die Kenntnis des verwendeten Datenformates, denn diese wichtige Information geben Hersteller verständlicherweise nicht preis. Das zur Code-Entschlüsselung angewandte Verfahren ist in diesem Zusammenhang nicht von Bedeutung – wohl aber das Ergebnis für die Entwicklung von Bauanleitungen.

Die bei ARNOLD-DIGITAL und MÄRKLIN-DIGITAL= von der Zentral-Einheit ausgesendete endlose Signalfolge läßt sich in vier, sich ständig wiederholende Impulsgruppen (Abbildung 8.3) gliedern.

Ein kompletter Zyklus besteht aus 47 binär codierten Bits, deren Aufgaben im einzelnen aus Abbildung 8.4 und Tabelle 8.1 hervorgehen.

In einer unterbrechungslosen Impulsfolge muß zunächst einmal erkannt werden, *wann* ein Übertragungszyklus beginnt. Dazu werden 20 aufeinander folgende Synchronisationsimpulse mit H-Pegeln verwendet.

Adress-, Daten- und Prüfbyte ist jeweils ein Startbit vorgeschaltet. Hat ein Decoder den Beginn eines Datenübertragungszyklus erkannt, so wird er mit dem ersten Startbit initialisiert. Wie die folgenden Bytes weiterverarbeitet werden, hängt vom Pegel des ersten Adressbits (Impuls Nr. 22 in Tabelle 8.1) ab. Funktions-Decoderinformationen sind nämlich immer an einem H-Signal erkennbar, Lok-Decoderinformationen dagegen an einem L-Pegel. Überprüft wird die Richtigkeit der empfangenen Information durch das Prüfbyte, welches das Ergebnis einer bitweisen EXOR-Verknüpfung von Adress– und Datenbyte darstellt. Identische Bits ergeben logisch L, ungleiche Bits einen H-Pegel. Diese Zusammenhänge lassen sich anhand der Code-Tabellen (siehe Anhang) sehr gut nachvollziehen.

Tabelle 8.1 enthält die Angabe zur Steuerung einer Zusatzfunktion (Bit Nr. 5 im Datenbyte) – bei Einsatz des Controls 80f oder IR Control lassen sich aber vier weitere Zusatzfunktionen betätigen. In diesem Fall werden ca. 15 msec lang zwei mal 47 Bit gesendet. Dabei wechselt der Pegel von Bit 8 des Datenbyte von L nach H; die Bits Nr. 1–4 dienen währenddessen in Abhängigkeit der Funktionstastenstellung f1–f4 zur Steuerung der Zusatzfunktionen.

Bemerkenswert erscheint, daß das Datenübertragungsformat recht kurz ist; ein Zyklus dauert nur ca. 6,5 msec. Dies wirkt sich positiv auf die Übertragungssicherheit aus, weil die Wiederholungsrate hoch liegt – eine für den Modellbahnbetrieb mit seinem insbesondere bei Zweischienen-Zweileiterbetrieb bekanntermaßen miserablen Rad/Schienekontakt wichtige Eigenschaft.

Ist nur eine Lokadresse aufgerufen, so wird sie permanent von der Central Unit wiederholt

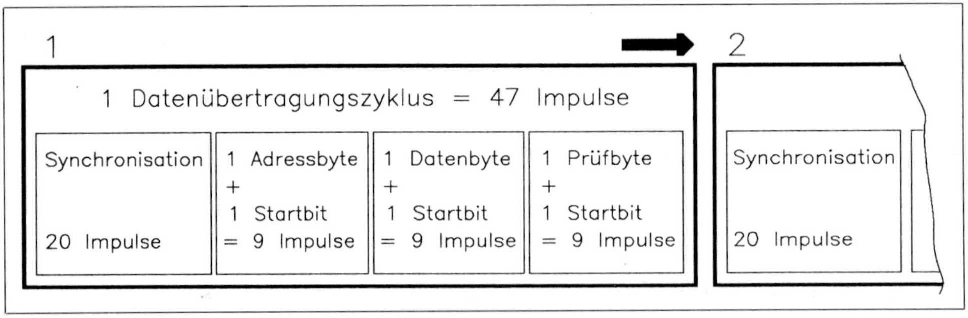

Abb. 8.3: Aufbau eines Datenübertragungszyklus

Tabelle 8.1: Aufbau des Datenübertragungsformates bei ARNOLD-DIGITAL und MÄRKLIN-DIGITAL=

		LOK-DECODER	FUNKTIONS-DECODER
Impuls-Nr.	Bit-Nr.	Funktion, Bemerkungen	
SYNCHRONISATION			
01 bis 20		Ununterbrochene Folge von 20 Synchronisations-Bits mit H-Pegeln	
ADRESSBYTE			
21		1 Start-Bit [S1]	
22	8	1 Adress-Bit [A8] L-Pegel heißt, daß eine Lok-Decoderadresse angesprochen wird	1 Adress-Bit [A8] H-Pegel heißt, daß eine Funktions-Decoderadresse angesprochen wird
23 24 25 26 27 28 29	7 6 5 4 3 2 1	7 Adress-Bits zur Ansteuerung des gewünschten Lok-Decoders oder eines Funktions-Decoders [A7–A1]	
DATENBYTE			
30		1 Start-Bit [S2]	
31	8	1 Bit mit L-Pegel[D8]	1 Bit mit H-Pegel [D8]
32	7	1 Bit mit H-Pegel [D7]	
33	6	1 Daten-Bit zur Fahrtrichtungssteuerung [D6]	1 Bit mit H-Pegel [D6]
34	5	1 Daten-Bit zur Steuerung einer Zusatzfunktion (Beleuchtung, o.ä.) [D5]	1 Bit mit H-Pegel [D5]
35	4	4 Daten-Bits zur Geschwindigkeitssteuerung [D4]	1 Bit mit H-Pegel [D4–D1]
36 37	3 2		2 Daten-Bits zur Auswahl von einem der vier möglichen Funktions-Decoderausgänge [D3-2]
38	1		1 Daten-Bit zur Steuerung des ausgewählten Ausganges (z.B. ein oder aus) [D1]
PRÜFBYTE			
39		1 Start-Bit [S3]	
40 41 42 43 44 45 46 47	8 7 6 5 4 3 2 1	8 Bits mit wechselnden adress- und datenbitabhängigen Pegeln [P8–P1]	

Hinweis: Angaben in [..] beziehen sich auf die Code-Tabellen im Anhang

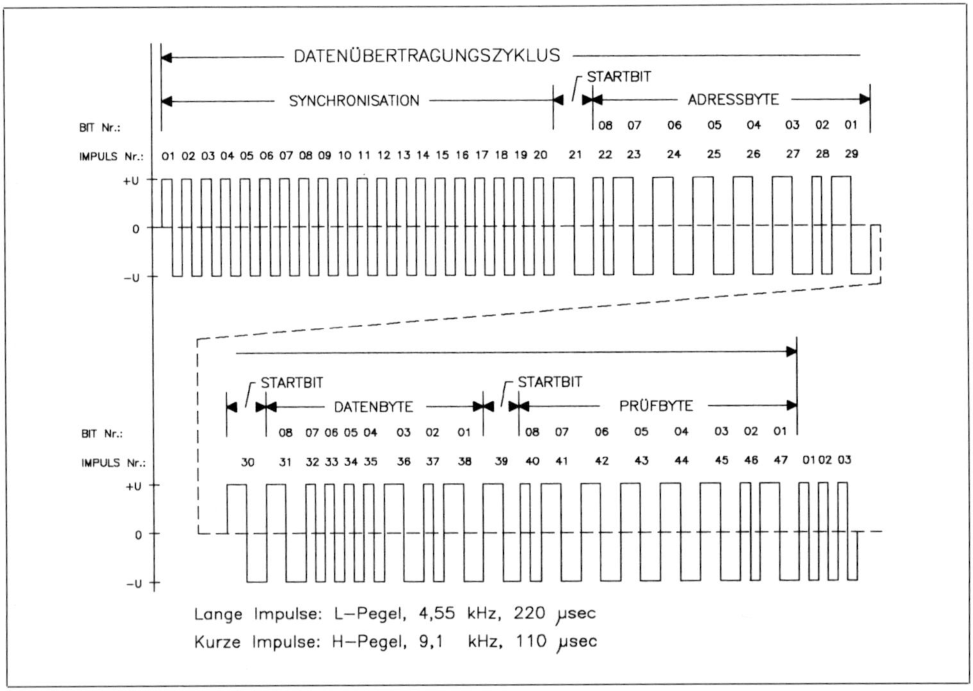

Abb. 8.4: Aufbau des Datenübertragungsformates bei ARNOLD-DIGITAL und MÄRKLIN-DIGITAL= – Spannungsverlauf an den Schienen, dem sog. „Energiedatenbus"

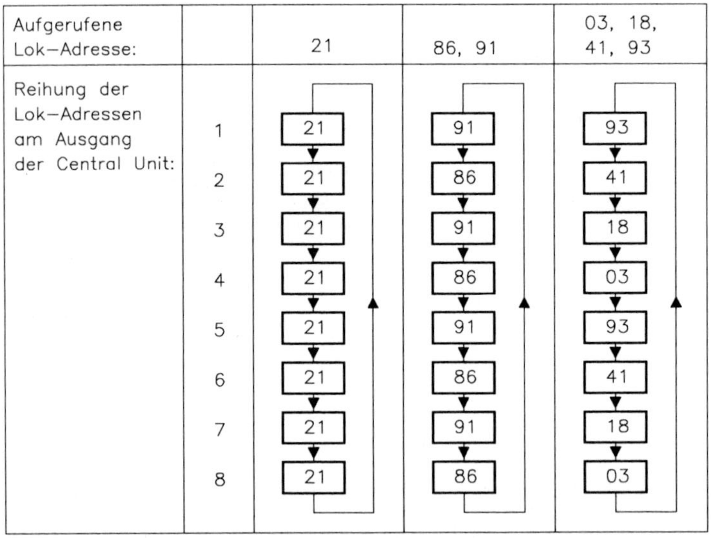

Abb. 8.5: Reihung der Datenzyklen bei Übertragung von Lok-Adressen

und gesendet. Ruft man mehrere Adressen auf, so werden Sie nacheinander gesendet und dann immer wieder in gleicher Reihenfolge wiederholt. Maßgebend für die Reihung der einzelnen Datenzyklen ist die Wertigkeit der Lok-Adressen; Abbildung 8.5 veranschaulicht das. Sie werden in absteigender Folge sortiert und gesendet. Priorität hat sinnvollerweise jede Änderung des Informationsinhaltes. Ein geänderter Dateninhalt (beispielsweise eine Fahrtrichtungsänderung) wird sofort in die Übertragungsfolge übernommen.

Rückmelde-Bus

Die stationäre Steuerung muß erkennen können, was an welchem Ort und zu welchem Zeitpunkt auf einer Modellbahnanlage passiert. Diese Informationen liefern sog. Rückmelde-Decoder. Das sind Encoder, die an ihren Eingängen anstehende Informationen aufnehmen, zwischenspeichern und auf Befehl an die stationären Einrichtungen übermitteln. Rückmelde-Decoder werden entweder an ein Memory (dies ist ein wichtiger Sonderfall) oder an das Interface angeschlossen. Der Anschluß geschieht „der Reihe nach", so wie das in Abbildung 8.6 dargestellt ist. Jeder Rückmelde-Decoder ist zur Verarbeitung von 16 Meldungen ausgelegt.

Dazu wird eine separate, vom Bus zur Energie- und Steuerbefehlsübertragung vollkommen getrennte, 6-polige Flachbandleitung benutzt.

Die Aufgaben der sechs Steuerleitungen gehen aus Tabelle 8.2 hervor. Mit einem zentralen Reset Impuls werden bei jeder Betriebsaufnahme sämtliche Informationen in allen Rückmelde-Decodern gelöscht, wodurch ein definierter Ausgangszustand geschaffen ist.

Durch die Hintereinanderreihung ist automatisch eine Folge bei Steuerung und Abfrage der Decoder durch das Interface vorgegeben. Pro Decoder sind zwei Byte (2 × 8 Bit) für eine Abfrage erforderlich. Mit dem Umschaltbefehl Parallel/Seriell werden die Eingangsinformationen von allen Rückmelde-Decodern nacheinander übernommen und damit seriell in

Tabelle 8.2: Rückmelde-Bus, Funktion der Steuerleitungen

Leitung Nr.	Funktion	Kurzbeschreibung
1	+ U	Positive Versorgungsspannung für Rückmelde-Decoder + 5 Volt
2	⊥	Masse (Interface, Memory und Rückmelde-Decoder) *Achtung:* keine „Schienenmasse"!
3	Datenein- bzw. Datenausgang	Serieller Dateneingang vom vorherigen Rückmelde-Decoder-(ausgang) und serieller Datenausgang zum nächsten Rückmelde-Decoder(eingang) bzw. zum Interface oder Memory
4	P/S-Umschaltung	Parallel/Seriell-Umschaltung zum einlesen der Eingangszustände des Rückmelde-Decoders bzw zur Ansteuerung des nächsten Rückmelde-Decoders
5	Taktsignal	Taktsignal zur Steuerung der Schieberegister in den Rückmelde-Decodern
6	Reset	Rücksetzung der Flip-Flops in den Eingangsstufen der Rückmelde-Decoder

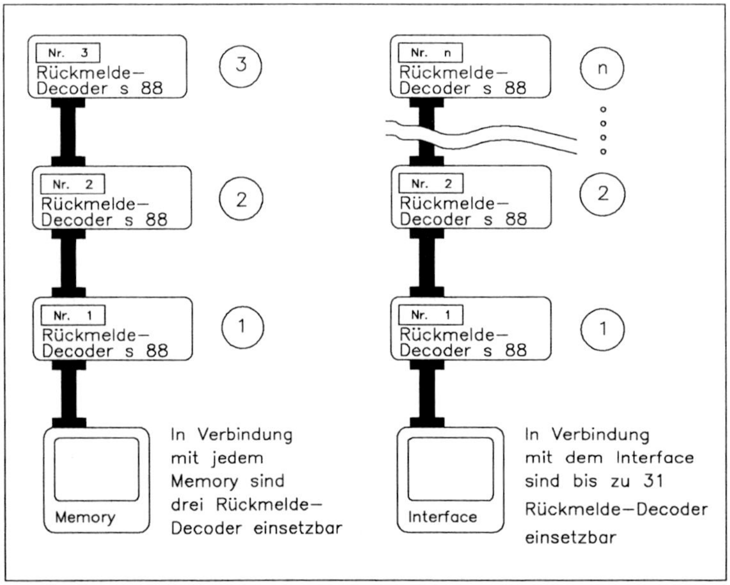

Abb. 8.6: Anschluß von Rückmelde-Decodern s 88 an das Interface oder an das Memory

Abb. 8.7: Spannungsverlauf am Ausgang der Central Unit bei Steuerung einer Analog-Lok

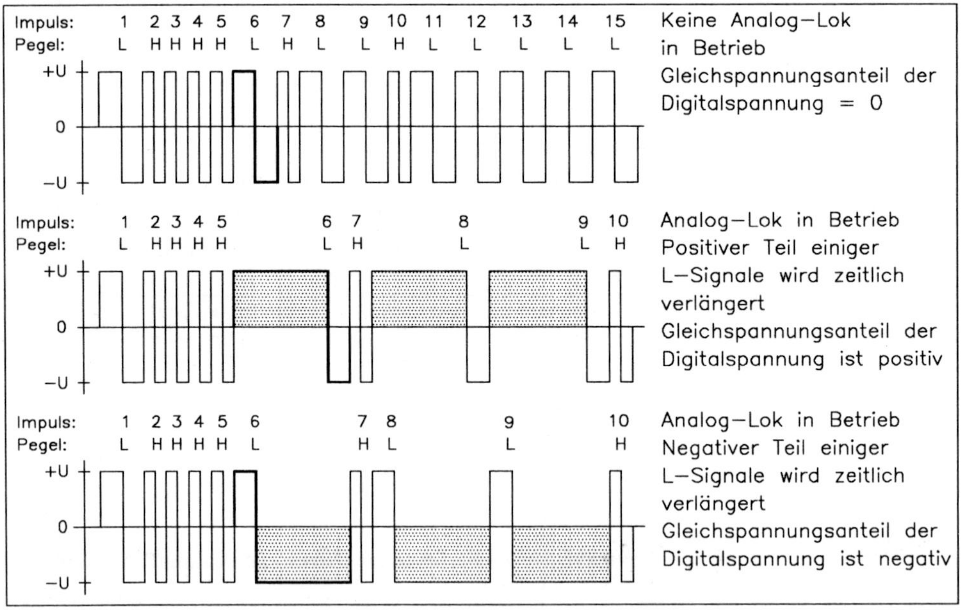

das Interface eingelesen. Danach folgt wieder ein Reset Befehl. Anschließend können neue (oder unverändert weiter bestehende) Eingangsinformationen verarbeitet werden.

Das hat zur Folge, daß in der Praxis zum Betrieb von Rückmelde-Decodern zweierlei Eingangssignalarten – nämlich Impulse (sprich: Momentkontakte) *und* Dauersignale – gebraucht werden, weil bei dem beschriebenen Funktionsablauf jeder eingangsseitige Impuls nach jedem Abfragezyklus wieder durch den Reset-Befehl gelöscht wird.

Rückmelde-Decoder senden ihre Informationen also nur auf entsprechende Anforderungen hin an das Interface bzw Memory.

Das Verfahren erübrigt eine Adressierung der Rückmelde-Decoder; sie ergibt sich durch die Hintereinanderschaltung von selbst – ein Vorteil für den Anwender.

Analog-Loks im Digital-Stromkreis

Zur Steuerung konventioneller Triebfahrzeuge mit Gleichstrommotoren muß die (Digital) Spannung bei Bedarf:

- symmetrisch zur Nullinie liegen,
- wahlweise positiv oder negativ gegenüber dem Nullpotential eingestellt werden können und
- in ihrer Frequenz – beispielsweise von einigen µsec Dauer auf einige millisec – variierbar sein.

Grund für die erste Forderung ist der Fahrzeugstillstand; bei einer unsymmetrischen Spannungsform (mit einer Gleichspannungskomponente) – wie z. B. bei MÄRKLIN-DIGITAL für Wechselstrombahnen – wäre bei konventionellen Triebfahrzeugen mit Gleichstrommotoren kein Stillstand des Motors möglich.

Forderung zwei hat ihre Ursache im Fahrtrichtungswechsel. Die Drehrichtung von Gleichstrommotoren läßt sich eben nur durch eine Polaritätsänderung wechseln.

Und die dritte Bedingung ergibt sich aus der Notwendigkeit zur Geschwindigkeitssteuerung herkömmlicher Loks; sie muß zwischen 0 und v_{max} wählbar sein.

Diese – und einige weitere – Forderungen lassen sich mit dem hier angewandten, leicht modifizierten FSK-Verfahren realisieren.

Reduziert man die Frequenz der L-Signale in einer aus H- und L-Signalen aufgebauten Impulskette von 4,5 kHz (220 µsec) auf z. B. 100 Hz (10 msec), so reagiert darauf der Permanentmagnetmotor. Verringert man in jeder Datenübertragungsperiode nur die Frequenz *eines* L-Signales, so dreht sich der Motor wegen des dann noch niedrigen Gleichspannungsanteiles *langsam; je mehr* L-Signale mit niedriger Frequenz aufeinanderfolgen, *desto höher* wird wegen des größeren Gleichspannungsmittelwertes die Motordrehzahl. H-Signale werden nicht verlängert. L-Signale in Steuerbefehlen für Funktions-Decoder bleiben ebenfalls unverändert.

Mit der Änderung des Impuls/Pausenverhältnisses wird die Motordrehzahl konventioneller Loks im Digital-Stromkreis gesteuert; die Polarität der modifizierten L-Signale bestimmt dabei die Motordrehrichtung (Abbildung 8.7).

Wie erwähnt leisten ausschließlich die zeitlich verlängerten L-Signale einen Beitrag zur Drehzahlsteuerung konventioneller Loks. Weil sich aber im Datenstrom auch noch viele H-Signale befinden, erreichen konventionelle Loks im Digitalstromkreis nicht ganz die Höchstgeschwindigkeit, die sie beim Betrieb mit herkömmlichen Modellbahnfahrpulten erzielen. Abbildung 8.8 veranschaulicht den Zusammenhang. Das ist – zumindest aus Sicht des Modellbahners – eher als Vorteil zu werten, weil die Maximalgeschwindigkeiten in der Regel ohnehin stark überhöht sind. Theoretisch ließe sich zur Erhöhung der Motordrehzahl konventioneller Loks auch die Amplitude der Digitalspannung erhöhen – dem steht jedoch vor allem eine begrenzte thermische Belastbarkeit der Modellbahnmotoren entgegen.

Eine Konsequenz des Betriebes analoger Fahrzeuge ist die Verringerung der Wiederhol-

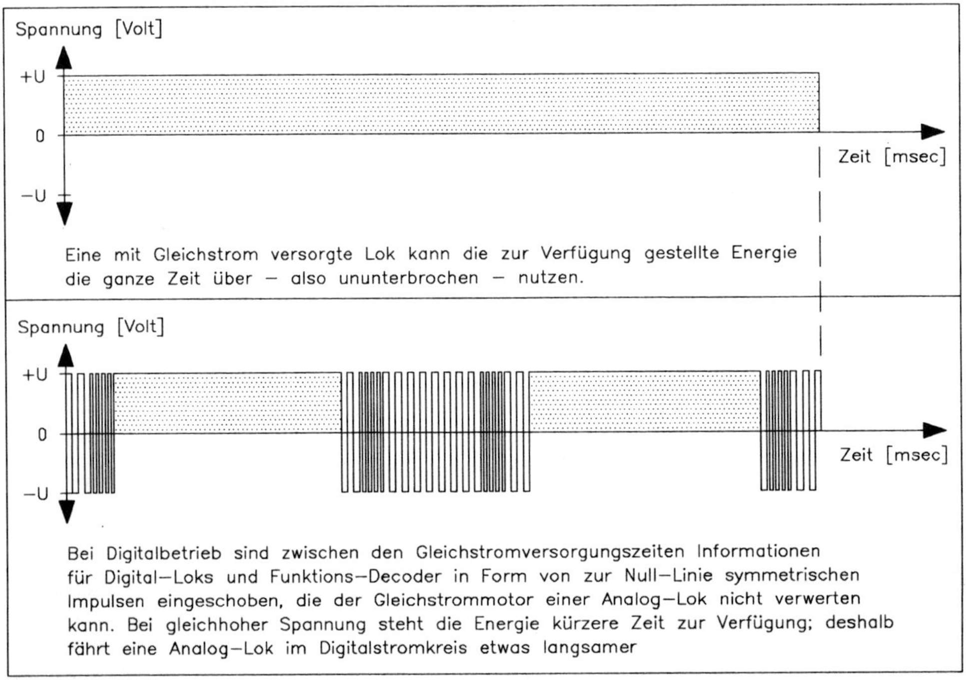

Abb. 8.8: Warum fahren Analog-Loks im Digitalstromkreis langsamer als im Analogstromkreis – ein einfaches Schema zur Veranschaulichung der Ursache

frequenz von Informationen für Lok-Decoder und Funktions-Decoder. Werden Informationen bei ausschließlich digitalem Betrieb schon etwa alle 7 msec wiederholt, so erhöht sich diese Zeit bei Analogbetrieb wegen der zeitlich verlängerten L-Signale um bis zu ca. 18,5 msec (siehe Tabelle 8.3, Summe der Einzelimpulsdauer bei Fahrstufe 14) auf maximal 25 msec. Der zweckmäßige – weil relativ kurze – Aufbau des verwendeten Datenübertragungsformates wirkt sich auch unter diesem Aspekt günstig aus. In der Praxis ist die Verlängerung des Datenübertragungszyklus bei gleichzeitigem Analogbetrieb (mit Ausnahme des Trennstellenüberganges einer Digital-Lok vom Analog – in den Digitalstromkreis und umgekehrt) nicht spürbar.

Tabelle 8.3 zeigt, daß zur Einstellung jeder Fahrstufe (bei der Geschwindigkeitssteuerung von Analog-Loks) mehrere Impulse unterschiedlicher Dauer und Zahl verwendet werden.

Durch dieses Verfahren wird sogar die Nichtlinearität der Spannungs/Drehzahlkennlinie herkömmlicher Permanentmagnet-Modellbahnmotoren ausgeglichen (Abbildung 8.9) – ein spürbarer Beitrag zur Optimierung des Fahrverhaltens von Analog-Loks und zwar insbesondere im so wichtigen unteren Drehzahlbereich.

Eine weitere, wenn auch nicht so bedeutsame Konsequenz des Betriebes von Analog-Loks im Digitalstromkreis ist ein unter bestimmten Randbedingungen feststellbarer Einfluß auf die Geschwindigkeit von Digital-Loks. Fährt ein Digital-Fahrzeug langsam (z. B. Fahrstufe 3) und wird dann die Adresse 80 (zur Steue-

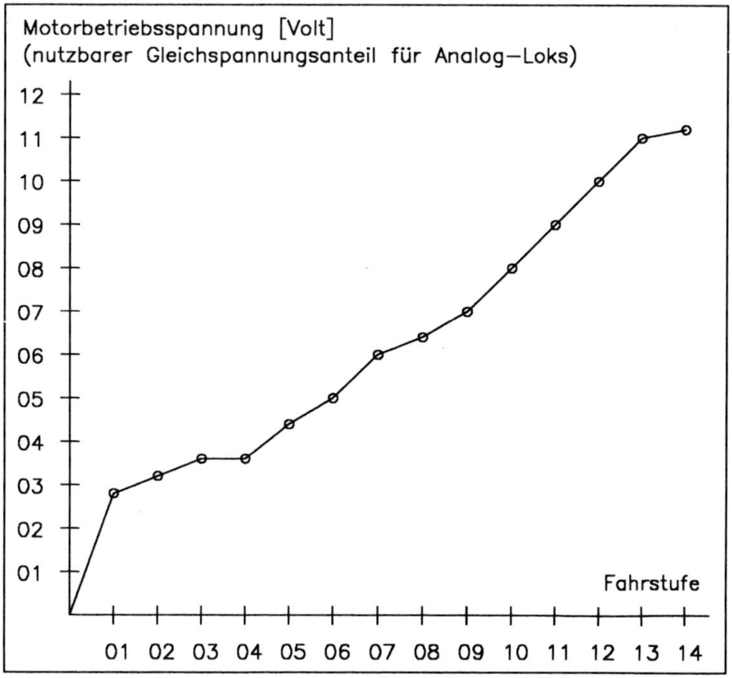

Abb. 8.9: Übertragungskennlinie Fahrstufeneinstellung/Motorbetriebsspannung bei Analog-Loks

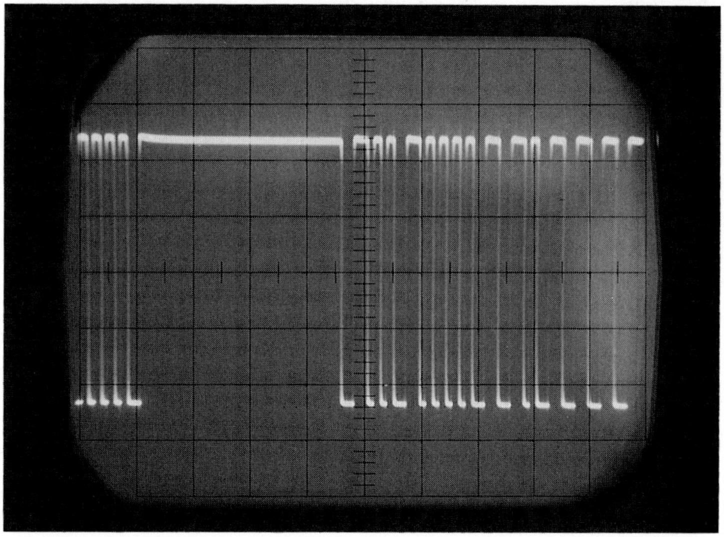

Abb. 8.10: Auf dem Oszilloskop: kurze, symmetrische Impulse = H-Pegel, lange, symmetrische Impulse = L-Pegel und zeitlich verlängerte, unsymmetrische L-Signale zur Steuerung von Analog-Loks

Tabelle 8.3: Analog-Lok im Digitalstromkreis, Impulse pro Fahrstufe, Einzelimpulsdauer und Motorbetriebsspannung

Am Control 80 eingestellte Fahrstufe Nr.	Zugehörige Knopfstellung am Control 80	Anzahl der einzelnen Impulse je Fahrstufe	Dauer der Einzelimpulse je Fahrstufe in [msec]	Summe in [msec]	Spannung in [V] am Motor der Analog-Lok
1	15	1	1,6	1,6	2,8
2	35	2	1,6+0,4	2,0	3,2
3	50	3	1,6+0,4+0,4	2,4	3,6
4	65	2	1,6+0,6	2,2	3,6
5	85	3	1,6+0,6+0,6	2,8	4,3
6	105	4	1,6+0,6+0,6+0,6	3,4	4,9
7	125	6	1,6+0,6+0,6+0,6+0,6+0,6	4,6	5,9
8	140	5	1,6+0,8+0,8+0,8+0,8	4,8	6,4
9	160	6	1,6+0,8+0,8+0,8+0,8+0,8	5,6	7,0
10	185	8	1,6+0,8+0,8+0,8+0,8+0,8+0,8+0,8	7,2	8,0
11	200	8	1,6+1,2+1,2+1,2+1,2+1,2+1,2+1,2	10,0	8,9
12	215	11	1,6+1,2+1,2+1,2+1,2+1,2+1,2+1,2+1,2+1,2+1,2	13,6	10,1
13	240	14	1,6+1,2+1,2+1,2+1,2+1,2+1,2+1,2+1,2+1,2+1,2+1,2+1,2+1,2	17,2	10,3
14	250	14	1,6+1,3+1,3+1,3+1,3+1,3+1,3+1,3+1,3+1,3+1,3+1,3+1,3+1,3	18,5	11,3

rung einer Analog-Lok) aufgerufen und der Geschwindigkeitssteuerknopf im Bereich der oberen Fahrstufen (10 bis 14) hin- und herbewegt, so verändert sich dadurch die Geschwindigkeit der Digital-Lok etwas. Ursache ist die beim Analogbetrieb (durch die verlängerten L-Signale) geringfügig höhere Spannung. Anders ausgedrückt: setzt sich die Digitalspannung ausschließlich aus (nicht verlängerten) L- und H-Signalen zusammen, dann ist sie wegen der begrenzten Flankensteilheit der Impulse entsprechend niedriger, weil die Anzahl der Flanken pro betrachteter Zeiteinheit vergleichsweise größer ist.

Das angewandte Steuerungsverfahren führt bei konventionellen Loks im Digitalstromkreis (also nur bei Motoren, denen *kein* Lok-Decoder vorgeschaltet wird) – im Vergleich zu normalen Impulsdauersteuerungen – zu einer erhöhten thermischen Belastung. Bei herkömmlichen Impulsdauersteuerungen *ohne* angeschlossenen Motor entspricht der Spannungsverlauf der in Abbildung 8.11 gezeigten Darstellung; *mit* angeschlossenem Motor wird die EMK (elektromotorische Kraft, Gegen-EMK) sichtbar. Die EMK kann in den Impulspausen ungehindert wirken. Dagegen vermag die EMK konventioneller Loks bei dem in Abbildung 8.11 (unten) dargestellten Spannungsverlauf – weil ja systembedingt keine Impulspausen mehr vorhanden sind – nicht mehr wirken. Sie wird in diesem Fall „unterdrückt". Darin liegt die Ursache für mitunter feststellbare Probleme beim Betrieb von vornehmlich älteren, konventionellen Triebfahrzeugen, deren Motoren über eine geringere thermische Belastbarkeit des Kollektor-Bürsten-Systems verfügen.

Bei all diesen Aussagen muß man berücksichtigen, daß zahlreiche Untersuchungen an der ersten ausgelieferten Central-Unit-Serie vorgenommen worden sind und erfreulicherweise nicht nur bei den Lok-Decodern sondern auch auf diesem Sektor „Produktpflege" betrieben wurde. Im Frühjahr 91 gelangte beispielsweise schon die Platinenversion 3.0 mit der Softwareversion 4.5 zum Einbau in die Zentraleinheiten.

Digital-Loks im Analogstromkreis

Die Fahreigenschaften entsprechen denen einer Analog-Lok, die mit einem üblichen Gleichstrom-Fahrpult gesteuert wird. Das ist auch nicht überraschend, denn der Decoder öffnet bei dieser Betriebsart den der jeweiligen Schienenpolarität entsprechenden Pfad der Endstufenbrückenschaltung unabhängig von der Amplitude der am Lok-Decoder anstehenden Gleichspannung stets vollständig. So gelangt die an den Schienen anstehende Spannung praktisch unverändert zum Motor der Digital-Lok.

Angenehm fällt auf, daß die Anfahrverzögerung auch bei dieser Betriebsart wirkt. Die Bremsverzögerung kann natürlich nicht arbeiten – wenn der Geschwindigkeitssteuerknopf auf Null gedreht wird und damit die am Gleis stehende Spannung 0 Volt beträgt, woher soll dann die Lok die Energie für einen allmählichen Bremsvorgang nehmen?

Zusatzfunktionen arbeiten bei dieser Betriebsart natürlich nicht.

Der Nutzwert dieser Eigenschaft ist aus mehreren Gründen hoch einzustufen; so können beispielsweise neben dem Digitalstromkreis

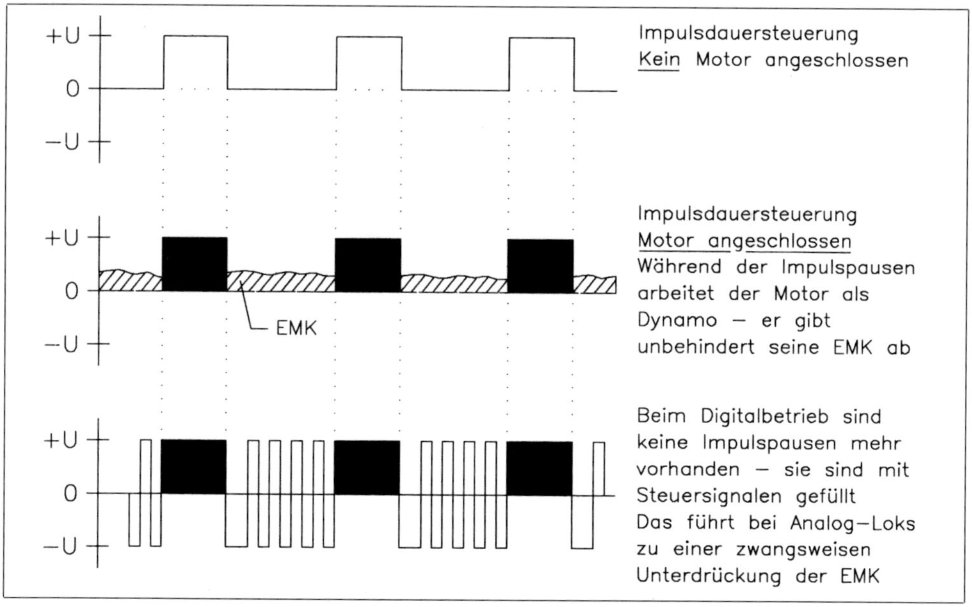

Abb. 8.11: Impulsdauersteuerung und Verlauf der EMK

analoge Stromkreise auf einer Anlage beibehalten werden, ohne daß sich daraus Einschränkungen beim Betrieb von Digital-Loks ergeben.

Fahrzeugerwärmung

In Versuchsreihen wurde bei zahlreichen Spur N Triebfahrzeugmotoren die Abhängigkeit der Ankerwicklungstemperatur vom Verlauf der Motorbetriebsspannung gemessen; Abbildung 8.12 zeigt als Beispiel einen Arnold Motor.

Wärmeableitungs- und Wärmeabstrahlungsbedingungen sind in fast jedem Modellfahrzeug anders. Meßergebnisse an eingebauten Motoren wären nicht vergleichbar. Deshalb wurden die Motoren auf einem Prüfstand bei konstanter Umgebungstemperatur untersucht. Die Motorbetriebsspannung ist in 2-Stunden-Schritten (Beharrungstemperatur sicher erreicht) um jeweils 1 Volt erhöht. Die sich bei der jeweiligen Motorbetriebsspannung einstellende Leerlaufdrehzahl wurde durch einen Bremsmotor auf 50% ihres Wertes zur Simulation eines Lastmomentes reduziert. Gemessen wurde die Ankerwicklungstemperatur an drei Stellen der Wicklungsoberflächen.

Das exemplarisch gezeigte Diagramm ist natürlich nicht ohne weiteres auf andere Motoren übertragbar, erlaubt aber gleichwohl tendenzielle Schlußfolgerungen. Die Wärmeverlustleistung [Q_W^2] ist proportional dem Effektivwert des Motorstromes [I_{Meff}]. Der geringste Motorstrom (und folglich das kleinste Drehmoment) tritt bei Versorgung des Motors mit Gleichspannung auf – eine Folge davon ist die vergleichsweise minimale Erwärmung. Ein *möglichst hohes Motordrehmoment* bildet jedoch eine unabdingbare Voraussetzung für gute Langsamfahreigenschaften der Modellfahrzeuge.

Diese wichtige Forderung wird mit sog. Halbwellensteuerungen oder noch besser mit *Impulsdauersteuerungen* (wie sie übrigens in jedem Lok-Decoder der Digital-Loks integriert sind!) realisiert. Natürlich erzeugt der dann höhere Motorstrom eine etwas größere Motorverlustleistungswärme. Abbildung 8.12 untermauert diese Aussagen. Die im Digitalstromkreis fahrende konventionelle Lok erwärmt sich am meisten; hier wirken die bereits geschilderten Effekte, wie relativ hohe Amplitude der Versorgungsspannung, verhältnismä-

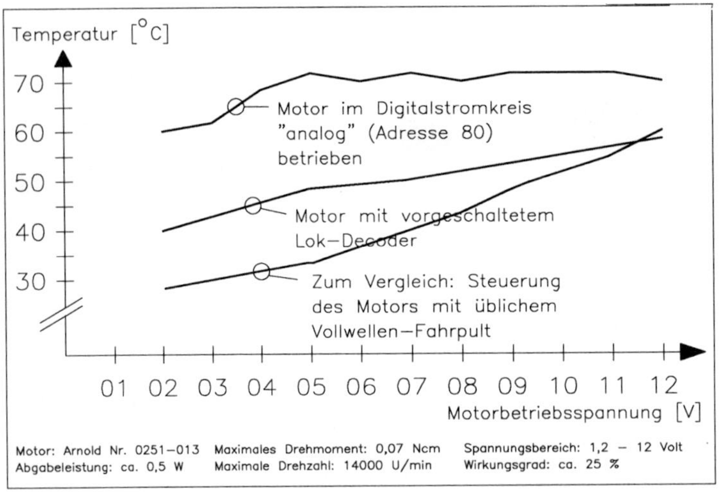

Abb. 8.12: Ankerwicklungstemperatur in Abhängigkeit der Motorbetriebsspannungshöhe und des Motorbetriebsspannungsverlaufes

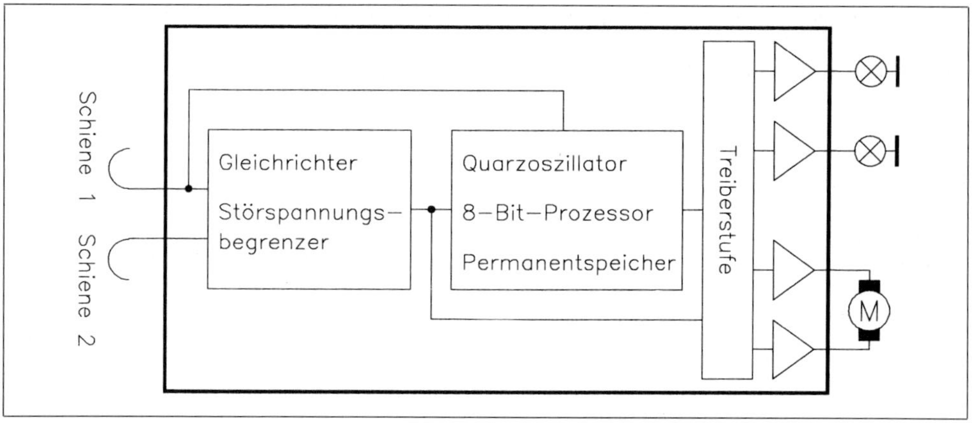

Abb. 8.13: Blockschaltbild Lok-Decoder

ßig niedrige untere Arbeitsfrequenz der Steuerung von 4,5 kHz und die zwangsweise Unterdrückung der EMK des Motors. Dennoch halten Motoren neuerer Bauart den Belastungen in der Regel stand – bei älteren Modellen mit thermisch weniger standfesten Kollektor-Bürsten-Systemen sollte man beim erstmaligen Einsatz der Fahrzeugerwärmung die erforderliche Aufmerksamkeit schenken. Wird ein Lok ohne Anhängelast innerhalb kurzer Zeit heiß, so ist sie als Analog-Fahrzeug im Digitalstromkreis ungeeignet.

Konventionelle Fahrzeuge mit Glockenankermotoren (*ohne* Vorschaltdrossel) sind – wie in anderem Zusammenhang schon erwähnt – für den Einsatz mit diesen Mehrzugsteuerungen *ungeeignet,* weil dieser Motortyp einen sehr geringen induktiven Widerstand hat. In Verbindung mit der relativ niedrigen unteren Arbeitsfrequenz fließt ein verhältnismäßig hoher Strom mit der Folge einer starken Motorerhitzung und anschließender Zerstörung. Entweder muß solchen Motoren eine Drossel oder ein FL-Decoder vorgeschaltet werden.

Lok-Decoder

Das Blockschaltbild (Abbildung 8.13) zeigt, daß ein Lok-Decoder im wesentlichen aus einer Eingangsschaltung, einem Informationsverarbeitungsteil und einem Treiber-/Endstufenteil aufgebaut ist.

In der Eingangsschaltung wird die an den Schienen anstehende Spannung zuerst einmal gleichgerichtet. Dann kommt ein Element, mit dem die folgenden Schaltungsteile vor Spannungsspitzen geschützt werden. Die eigentliche Informationsverarbeitung geschieht im nächsten Block, der aus einem quarzgesteuerten 8-Bit-Prozessor mit Permanentspeicher besteht. In diesen Speicher können Informationen hineingeschrieben und aus dem Speicher Informationen herausgelesen werden. Liegt eine Digitalspannung an den Schienen an, so spricht die Schaltung darauf an. Das heißt Adress-, Daten- und Prüfbyte werden ausgewertet. In Abhängigkeit des Ergebnisses erfolgt die Steuerung der Treiber- und Endstufe. Steht an den Schienen eine Analogspannung an, so stellt der Prozessor zunächst deren Polarität fest und öffnet dann den für die angesprochene Fahrtrichtung zuständigen Treiber- und Ausgangsstufenpfad *vollständig.* Die ganz aufgesteuerte Endstufe läßt jede von den Schienen kommende Spannung praktisch ungehindert an den Motor und deshalb kann die Motordrehzahl über die an den Schienen anliegende Gleichspannungsamplitude gesteuert werden.

Tabelle 8.4: Vergleich der binär codierten Geschwindigkeitssteuerung zwischen MÄRKLIN-DIGITAL (Wechselstrom) und ARNOLD-DIGITAL bzw. MÄRKLIN-DIGITAL=

MÄRKLIN-DIGITAL (Wechselstrom)	ARNOLD-DIGITAL und MÄRKLIN-DIGITAL= (Impuls Nr. 36 -38 des Datenformates)	Funktion
A B C D	A B C D	Bit – Muster
L L L L	L L L L	Fahrzeugstillstand
L L L H	*nicht für Richtungswechsel verwendet*	*Richtungswechsel**
L L H L	L L H L	Fahrstufe 1
L L H H	L L H H	2
L H L L	L H L L	3
L H L H	L H L H	4
L H H L	L H H L	5
L H H H	L H H H	6
H L L L	H L L L	7
H L L H	H L L H	8
H L H L	H L H L	9
H L H H	H L H H	10
H H L L	H H L L	11
H H L H	H H L H	12
H H H L	H H H L	13
H H H H	H H H H	14

* Beim Gleichstrom-Digitalsystem wird ein separates Fahrtrichtungsbit (Impuls Nr. 33, Bit Nr. 6 im Datenbyte) übertragen

Die Decoder sind so konzipiert, daß ihre Eingangsschaltungen jede Frequenz unter 4,5 kHz als L-Signal und jede *gleich* 9,1 kHz als H-Signal auswerten, denn dann spielt die zur Drehzahländerung normaler Loks erforderliche Frequenzänderung der L-Signale bei der Auswertung des Datentelegrammes keine Rolle mehr. Ferner sprechen die Decoder auf die *Flanken* der Eingangsimpulse (und nicht etwa auf deren Dauer) an. Deshalb ist die Richtung einer aufs Gleis gestellten Lok für die Funktion der Schaltung gleichgültig. Die Bedeutung der einzelnen Bits geht aus Tabelle 8.1 hervor. Dabei ist noch folgender Aspekt zu beachten: Wie bereits erläutert, geschieht die Steuerung konventioneller Loks im Digital-Stromkreis durch Beeinflussung der Zahl und der Dauer von L-Signalen. Folglich müssen in jedem Datenübertragungszyklus mindestens so viele L-Signale enthalten sein, wie Fahrstufen zur Steuerung konventioneller Loks verwendet werden – ganz unabhängig davon, ob nun diese Anzahl L-Pegel zur Steuerung von Decodern gebraucht wird oder nicht. Das verwendete Datenübertragungsformat enthält deshalb in jedem Zyklus eine entsprechende Zahl von L-Signalen (siehe Code-Tabelle im Anhang).

Das vollständige Datenformat aller mit den Fahr-Geräten ansprechbaren 99 Lok-Adressen geht aus der Code-Tabelle für Lok-Decoder im Anhang hervor.

Die der Steuerung der Fahrzeuggeschwindigkeit dienenden Bits Nr. 35 bis 38 sind in Tabelle 8.4 im direkten Vergleich zur MÄRKLIN-DIGITAL Steuerung für Wechselstromfahrzeuge dargestellt.

Der interne IIC-Datenbus (zwischen den ortsfesten Geräten) ist – wie erwähnt – bei den Wechselstrom- und Gleichstromvarianten der Digitalsteuerungen identisch. Bei erstgenannter war die Bit-Kombination „LLLH" schon für die Fahrtrichtungsänderung bei Wechselstrom-Digital-Loks vergeben. Das Gleichstrom-Digitalsystem überträgt demgegenüber ein separates Fahrtrichtungsbit (siehe Tabelle 8.1, Impuls Nr. 33, Bit 6 im Datenbyte). Die Beschränkung auf 14 Fahrstufen bietet jedoch dem Anwender vier wesentliche Vorteile:

– Zur Steuerung von Triebfahrzeugen und ihrer Zusatzeinrichtungen lassen sich bei allen Steuerungsvarianten identische Fahr-Geräte verwenden.

– Das Märklin Interface ist für alle drei Steuerungstypen einsetzbar (sieht man einmal von dem Nachteil ab, daß das Interface (derzeit) nur 80 Lok-Adressen verarbeiten kann und somit die Adressen 81 bis 99 der Steuerungen ARNOLD-DIGITAL und MÄRKLIN-DIGITAL= bei rechnergesteuertem Betrieb nicht verwendet werden können).

– Die für MÄRKLIN-DIGITAL (Wechselstrom) entwickelte Software kann auch für ARNOLD-DIGITAL und MÄRKLIN-DIGITAL= eingesetzt werden – umgekehrt können Software-Entwicklungen von Arnold für beide Digitalsteuerungen von Märklin Verwendung finden.

– Weil das Interface eingesetzt werden kann, ist auch das Rückmeldebussystem identisch und für sämtliche Steuerungstypen verwendbar.

Die Tatsache, daß die Bit-Kombination „LLLH" bei den Mehrzugsteuerungen für Gleichstrombahnen *nicht* zur Einstellung der Geschwindigkeit verwendet wird, schmälert die Feinfühligkeit der Geschwindigkeitssteuerung etwas.

Die an den Fahr-Geräten einstellbaren 14 Fahrstufen – und den in Folge davon entstehenden großen Spannungssprüngen zwischen den einzelnen Stufen – genügen den Anforderungen an eine feinfühlige Geschwindigkeitssteuerung kaum (siehe Tabelle 8.5).

Bei ARNOLD-DIGITAL und MÄRKLIN-DIGITAL= können an den Fahr-Geräten zwar nur 14 Stufen eingestellt werden, aber ihnen sind im Lok-Decoder 64 Stufen zugeordnet. Dadurch wird die Geschwindigkeitseinstellung am Fahr-Gerät selbst natürlich auch nicht feinfühliger, aber die Geschwindigkeits*änderungen* von Lokomotiven verlaufen kontinuierlich – vollkommen stufenlos. Warum? Im Lok-Decoder ist eine Anfahr/Bremsschaltung integriert. Wird nun am Fahr-Gerät eine Stufe hochgeschaltet, so schaltet der Lok-Decoder nicht nur eine, sondern hintereinander mehrere („kleinere") Stufen hoch und zwar nicht plötzlich, sondern allmählich mit der in den Lok-Decoder eingegebenen Anfahr– bzw. Bremszeitkonstanten. Im Endeffekt können die Fahrzeuge auch nur mit 14 verschiedenen Geschwindigkeiten fahren, aber die eigentliche Schwachstelle – die stufenartige Geschwindigkeitsänderung – ist dadurch beseitigt. Ferner wurde durch die 64 Stufen eine brauchbare Ausgangsbasis für eine Drehzahl-

Tabelle 8.5: Fahrstufenzahl zur Geschwindigkeitssteuerung

Am Control 80, 80 f und IR-Control einstellbare Fahrstufenzahl zur Geschwindigkeitssteuerung:	14
Konstruktiv bzw. durch Normen vorgegebene Motorbetriebsspannung [Volt]:	12
Theoretische Spannungsdifferenz zwischen zwei Fahrstufen bei 14 Stufen im Lok-Decoder [Volt]:	0,857
Spannungsdifferenz zwischen zwei Fahrstufen bei 64 Stufen im Lok-Decoder und Annahme einer gleichmäßigen Teilung [Volt]:	0,1875

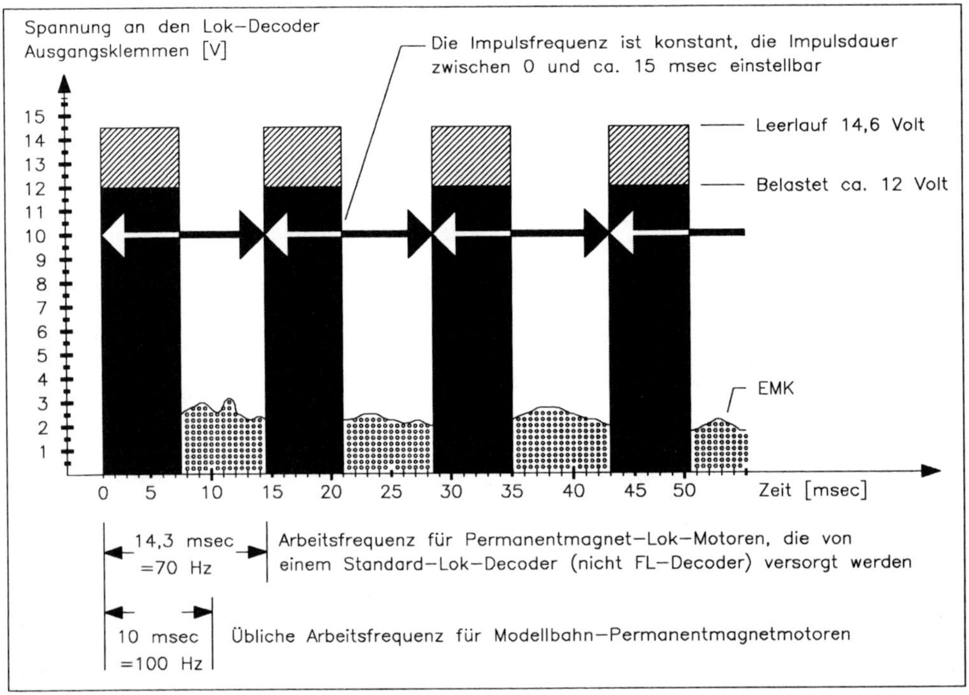

Abb. 8.14: Spannungsverlauf am Lok-Decoderausgang

regelung geschaffen. Und einen weiteren Vorteil bringt diese Konzeption mit sich: die Voraussetzungen zur Nachbildung beliebiger Übertragungsfunktionen zwischen eingestellter Fahrstufe und Motorbetriebsspannung (ähnlich dem Verfahren beim Betrieb konventioneller Loks) sind damit realisiert, d.h. motorspezifische Eigenschaften lassen sich durch entsprechende Kennlinienvorgabe im Lok-Decoder ausgleichen.

Die Lok-Decoderausgangstufen arbeiten nach dem Prinzip einer Impulsdauersteuerung. Das verbessert den Drehmomentverlauf der Motoren und damit vor allem das Langsamfahrverhalten. Den Spannungsverlauf zeigt Abbildung 8.14. Die Motorbetriebsspannung beträgt im Leerlauf 14,6 Volt und bei Belastung etwa 12 Volt; sie ist nicht stabilisiert.

Modellbahn-Permanentmagnetmotoren sind für eine Arbeitsfrequenz von 100 Hz ausgelegt (sofern man im technischen Sinne bei diesen Konstruktionen überhaupt von Dimensionierung sprechen darf). Die im Lok-Decoder integrierte Impulsdauersteuerung arbeitet mit der deutlich niedrigeren Frequenz von knapp 70 Hz (Periodendauer= 14,3 msec), welche das Drehmoment zumindest theoretisch begünstigt. Je niedriger die Frequenz, desto unruhiger und geräuschvoller arbeiten jedoch Modellbahnantriebe (Motor und Getriebe). Unter dem Gesichtspunkt der Laufruhe wäre eine Erhöhung auf die Sollfrequenz wünschenswert. Noch besser geeignet für eine Drehzahlregelung als die hier verwendete Impulsdauersteuerung wäre übrigens eine Kombination aus Impulsdauer- und Impulsfrequenzsteuerung.

Der zulässige Motorstrom beträgt bei den in SMD-Technik aufgebauten Lok-Decodern für Spur-N-Fahrzeuge 500 mA. Der Keramik-Lok-Decoder liefert bis zu 1000 mA (bei einer Umgebungstemperatur ≤60°C). Seine Ausgangsstufe besitzt einen sicher funktionierenden thermischen Schutz, der ihn unter technischen Gesichtspunkten für die Umrüstung von Fremdfabrikaten prädestiniert. Die entsprechende Werks-Angabe für den in SMD-Technik aufgebauten H0-Lok-Decoder lautet max. 1500 mA. Praktische Erfahrungen bestätigen diesen Wert nicht; ca. 800 mA scheinen eine eher vertretbare Angabe zu sein. Sämtliche Decodertypen liefern darüberhinaus für den Betrieb von Zusatzeinrichtungen einen Strom von 100 mA. Eine Verdoppelung dieses Wertes erscheint wünschenswert.

Programmer

Individuell bestimmt werden können die in Tabelle 8.6 genannten fahrzeugspezifischen Eigenschaften. Eingabe, Anzeige und jederzeitige Änderung (durch überschreiben der vorherigen Werte) sind möglich, wenn eine Digital-Lok allein auf einem beidseitig und zweischienig isolierten Gleisabschnitt steht.

Der Programmer verfügt über sechs Eingabeplätze, wobei jeder durch einen Balken auf dem Gerätedisplay dargestellt ist. Zwei Speicher sind derzeit ungenutzt. So gesehen wäre die mehrfach geforderte Vorgabe einer Triebfahrzeughöchstgeschwindigkeit durchaus realisierbar.

Kennwerte werden in den Permanentspeicher des Lok-Decoders *eingeschrieben,* indem der Programmer mit einer aus 2350 Bits aufgebauten Signalfolge den Speicher zugänglich macht und mit weiteren 470 Bits die gewünschten fahrzeugspezifischen Kennwerte hineinschreibt.

Eingestellte Werte werden aus dem Permanentspeicher *gelesen,* indem wiederum zunächst mit der aus 2350 Bits aufgebauten Signalfolge der Speicher zugänglich gemacht und anschließend mit maximal 705 Bits der Inhalt „ausgelesen" wird. Dies ist kein Lesevorgang im üblichen Sinne, vielmehr handelt es sich um einen Suchvorgang. Der Programmer sendet alle denkbaren Bitfolgen bis zu dem Zeitpunkt, wo die Lok versucht loszufahren. Da ihr jedoch kein Strom zum fahren zur Verfügung steht, muß sie weiterhin stehen bleiben. Der Programmer hat an der Tatsache,

Tabelle 8.6: Programmerfunktionen

Funktion	Balkenzahl auf dem Programmer-Display	Erläuterungen
Lok-Adresse	1	von 01 bis 99
Mindestanfahrspannung	2	Stufe 01 bis 15 (0 bis ca. 4 V)
Beschleunigung	3	Stufe 01 bis 15 (0 bis 14 sec)
Verzögerung	4	Stufe 01 bis 15 (0 bis 14 sec)
Reserve	5	(Werte zwischen 01 und 99)
Reserve	6	(Werte zwischen 01 und 99)

daß der Lokmotor beispielsweise bei der Kombination Lok-Adresse 63, Mindestanfahrstufe 09, usw Strom zum losfahren ziehen wollte, die eingestellten fahrzeugspezifischen Daten identifiziert.

Betrachtet man das Datenübertragungsformat der Digitalsteuerung etwas näher, so fällt auf, daß die Adressen bis 99 für Loks Verwendung finden und die Adressen ab 128 zur Betätigung von Funktions-Decodern eingesetzt sind.

Der dazwischen liegende Adressenbereich (100 bis 127) dient zum lesen und schreiben von fahrzeugspezifischen Eigenschaften mittels des Programmers in das EEPROM des Lok-Decoders.

Als Lok-Adresse können Werte zwischen 01 und 99 eingestellt werden. Voraussetzung hierzu ist ein Control 80 f; mit dem Control 80 ist die Adressenzahl auf 80 begrenzt. Für Analog-Loks wird werkseitig zwar die Adresse 80 eingestellt, die Wahl jeder anderen ist genauso gut möglich. Die zu jeder Central Unit gehörende Bedienungsanleitung enthält entsprechende Hinweise.

Die Dauer des Anfangsimpulses – die sog. Mindestanfahrspannung – läßt sich mit dem Programmer in 15 Stufen (Tabelle 8.7) einstellen. Wird die Mindestanfahrspannung erhöht, reduziert sich dadurch nicht etwa der Einstellbereich für die Geschwindigkeit, sondern es stehen für die verbleibende Differenzspannung (zwischen jeweils vorgegebener Mindestanfahrspannung und maximaler Betriebsspannung) nach wie vor alle 14 Fahrstufen zur Verfügung – ein modellbahngerechtes Schaltungskonzept. Abbildung 8.15

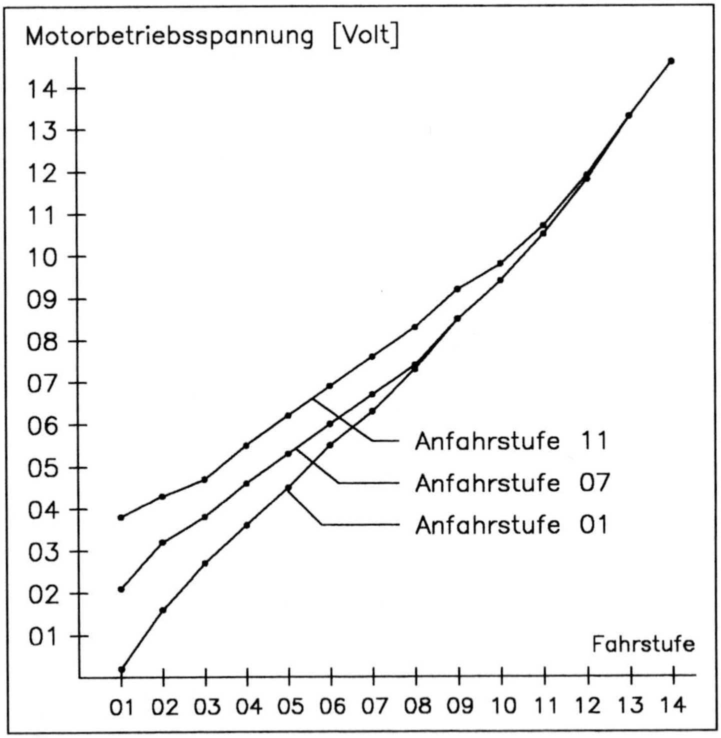

Abb. 8.15: Mindestanfahrspannungsvorgabe und Motorbetriebsspannung

demonstriert die Zusammenhänge anhand verschiedener Anfahrstufeneinstellungen.

Anfahr- und Bremszeit sind *unabhängig* voneinander in jeweils 15 Stufen (nahezu keine Verögerung plus 14 Werte) einstellbar. Der Wert 01 entspricht einer Zeit von 1 Sekunde (theoretisch keine Verzögerung) und Stufe 15 einer Zeit von etwa 14 Sekunden (Maximalwert). Die Zeitangabe unterstellt, daß das Fahrzeug vom Stillstand bis zur Maximalgeschwindigkeit beschleunigt bzw in umgekehrter Reihenfolge bremst.

Funktions-Decoder

Vier Funktions-Decoder oder 8 Universal-Schalt-Module werden jedem der maximal möglichen 16 Keyboards zugeordnet; das heißt, bis zu 64 Decoder (oder 128 Universal-Schalt-Module) lasssen sich betreiben. Da an einen Funktions-Decoder vier doppelspulige Verbraucher oder an ein Universal-Schalt-Modul zwei Verbraucher angeschlossen werden, sind insgesamt 256 Verbraucher steuerbar. Weil es sich um doppelspulige Verbraucher handelt, müssen mit dem Datenübertragungssystem der Magnetartikelsteuerung 512 Stellungen übertragen werden können.

Wesentliche Bestandteile des Lok-Decoders findet man – wie Abbildung 8.16 verdeutlicht – in allen Funktions-Decodertypen wieder. Das gilt insbesondere für den 8-Bit-Prozessor mit Permanentspeicher.

Anstelle der aufwendigen Treiberstufe eines Lok-Decoders treten hier acht Darlington-Transistoren (zur Betätigung von vier doppelspuligen Magnetartikeln) oder bistabile Relais für potentialfreie Schaltaufgaben.

Die acht seriell schaltbaren Decoderausgänge sind nicht separat vor den Folgen zu hoher Ausgangsströme geschützt, sondern am Eingang der Schaltung ist gemeinsam für alle Ausgänge eine bei etwa 2 Ampère einsetzende Strombegrenzungsschaltung angeordnet. Dieses Konzept ist vertretbar, weil ja stets nur ein Ausgang aktiviert sein kann. Zur sicheren

Tabelle 8.7: Zusammenhang Mindestanfahrspannungsstufe und Lok-Decoderausgangsspannung

Einstellung der Mindestanfahrspannung am Programmer Stufe Nr.	Zugehörige Spannung am Lok-Decoderausgang [Volt]
01	0,4
02	1,0
03	1,7
04	1,9
05	2,0
06	2,4
07	2,6
08	2,8
09	3,0
10	3,2
11	3,4
12	3,6
13	3,9
14	4,1
15	4,4

Schaltung auch schwergängigerer Magnetartikel oder solcher, die nur bei 16 Volt sicher schalten (z. B. Arnold-Antriebe) dient eine integrierte Spannungsverdopplerschaltung. Um die Belastung für den Digitalstromkreis beim schalten von Magnetartikeln in Grenzen zu halten, wird die zu Beginn jedes Schaltvorganges notwendige Energie einem Elko entnommen. Dessen (bei jedem Schaltvorgang fließender) Ladestrom würde jedoch auch den Digitalstromkreis belasten. Damit das verhindert wird, ist eine Nachladestrombegrenzung eingebaut, die den Ladestrom bei entsprechender Verlängerung der Ladezeit auf wenige mA begrenzt.

Dieses aufwendige Schaltungskonzept kann seinen Zweck aber nur so lange erfüllen, wie

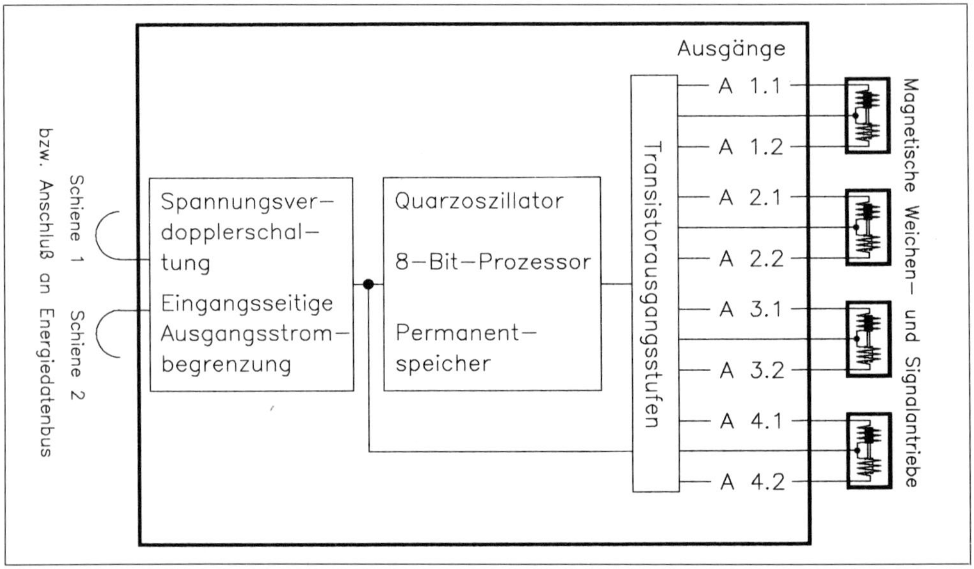

Abb. 8.16: Blockschaltbild Funktions-Decoder

wenige Magnetartikel einzeln betätigt werden. Schaltet man mit dem Fahrstraßenstellpult Memory mehrere Weichen kurz hintereinander, sind Digitalspannungseinbrüche zu registrieren. Sachdienlicher wäre die in anderem Zusammenhang vorgeschlagene Stromversorgung von Magnetartikeln aus einer eigenen Wechselspannungsquelle.

Für die folgenden Erläuterungen ist ein Blick auf Tabelle 8.1 (Datenübertragungsformat) und die Code-Tabelle für Funktions-Decoder im Anhang hilfreich. Funktions-Decoder werden mit dem sog. Keyboard betätigt. Es hat 16 Tastenpaare und dient der Steuerung von jeweils 4 Decodern (bzw. 8 Universal-Schalt-Modulen), womit sich z.B. 16 Doppelspulen-Magnetantriebe bedienen lassen. Jedem Decoder sind Tastenpaare (rote und grüne Tasten) – die Hersteller nennen das eine Tastengruppe – zugeordnet.

Funktions-Decoderinformationen sind immer an einem H-Signal des Impulses Nr. 22 erkennbar. Zu jeder Tastengruppe – und damit zu jedem Funktions-Decoder – gehört eine mit den Impulsen Nr. 29 bis Nr. 23 [A1–A7] einzustellende Adresse. Mit den beiden Impulsen Nr. 36 und Nr. 37 [D2 und D3] können 4 Kombinationen realisiert werden – in Verbindung mit den 7 Adress-Bits [A1–A7] dienen diese beiden Bits der Auswahl von einem der vier möglichen Ausgänge eines jeden Decoders. Der logische Pegel des Impulses Nr. 38 [D1] bestimmt schließlich, ob der angesteuerte Ausgang aktiviert wird. Die letzten 8 Impulse (Nr. 40 bis 47) des Datenübertragungsformates [P1–P8] sind reine Prüf-Bits. Jedes Bit des Adressbyte und jedes Bit des Datenbyte werden auch bei Funktions-Decodern über eine Exklusiv-Oder-Funktion miteinander verknüpft. Der dabei entstehende logische Pegel findet sich im Prüfbyte wieder. Ein Beispiel: Wenn *A5* aus dem Adressbyteblock (Impuls Nr. 25) L ist und D5 aus dem Datenbyteblock (Impuls Nr. 34) H ist, dann führt *P5* aus dem Prüfbyteblock (Impuls Nr. 43) entsprechend der einer Exklusiv-Oder-Verknüpfung eigenen Logik einen H-Pegel.

Wie man sieht, wird zweckmäßigerweise zur Steuerung von Funktions-Decodern das schon im Zusammenhang mit den Lok-Decodern vorgestellte Datenübertragungsformat verwendet.

Funktions-Decoder können mit dem Keyboard oder dem Switchboard gesteuert werden. Diesen Geräten müssen die Funktions-Decoder zugeordnet werden. Zur Codierung hat jedes der bis zu 16 Geräte an seiner Rückseite einen 4-poligen DIP-Schalter.

Was beim Lok-Decoder mit dem Programmer gemacht wurde – nämlich Daten in den Permanentspeicher schreiben – geschieht jetzt beim Funktions-Decoder durch gleichzeitiges drücken einer sog. Code-Taste auf dem Decoder und einer Taste auf dem Keyboard.

Wie die Ausführungen zeigen, ließe sich die Codierung der Funktions-Decoder anstelle des technisch aufwendigen Codierverfahrens auch mit einem einfachen 7-poligen DIP-Schalter realisieren, an dem lediglich das Adressbyte (Impulse Nr.29 bis Nr.23 [A1–A7]) eingestellt werden müßte.

Bleibt noch die Frage zu beantworten, in welcher Reihung die Informationen für Funktions-Decoder von der Central Unit ausgegeben werden. Abbildung 8.17 zeigt den Ablauf. Sind mehr als zwei Loks aufgerufen, so wird nach Aussendung jedes zweiten Lok-Datenübertragungszyklus ein Informationspaket für einen Funktions-Decoder eingefügt, wobei Informationen für Funktions-Decoder solange gesendet werden, wie die zugehörige Keyboard-Taste gedrückt wird.

Die Code-Tabelle für Funktions-Decoder im Anhang enthält alle 512 für diese Decoder verwendeten 47-Bit-Datenübertragungszyklen bitweise aufgeschlüsselt. Jeder Bitkombination sind zugehörige Interface-Adresse, Keyboard-Nr., Keyboard-Adresse, Tastennummer und Tastenfarbe, sowie Funktions-Decoder-Nummer direkt zugeordnet.

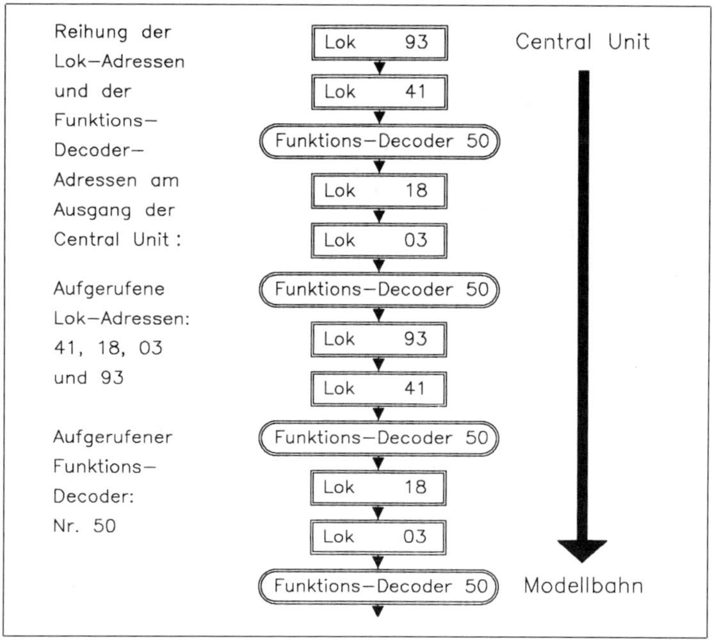

Abb. 8.17 Reihung der Datenzyklen bei Übertragung von Funktions-Decoder– und Lok-Decoderadressen

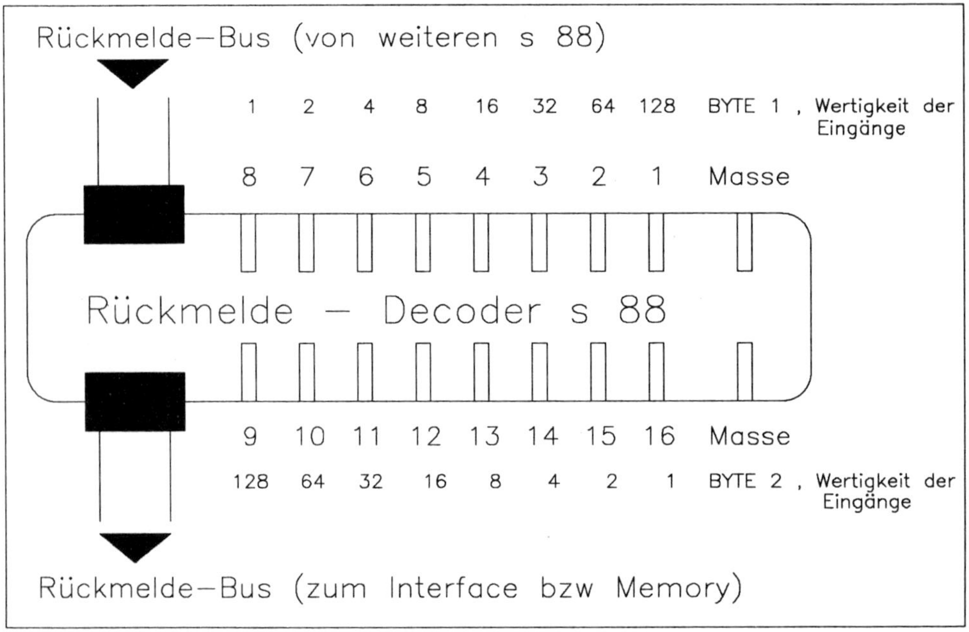

Abb. 8.18: Rückmelde-Decoder s 88, Belegung der Eingangskontakte

Rückmelde-Decoder

Jeder Rückmelde-Decoder s 88 hat 2 × 8 = 16 Eingänge. Sie sprechen auf Massepotential und auf Impulsflanken von Plus nach Masse an, wobei unter Masse die entsprechende ⊥-Buchse am Rückmelde-Decoder selbst (Abbildung 5.3) *und nicht etwa das Nullpotential der Zweileiter-Digitalsteuerung gemeint ist!*

Eingangssignale wirken auf die Set-Eingänge von R/S-Flip-Flops. Impulse oder Dauersignale setzen Flip-Flops. Sie behalten Informationen bis sie vom Interface oder Memory den nächsten turnusmäßigen Reset-Befehl erhalten. Danach ist der Speicherinhalt gelöscht; neue Eingangsinformationen können anschließend verarbeitet werden. Anstehende Dauersignale setzen das Flip-Flop sofort wieder. Ein einmal registrierter und dann intern gelöschter Impuls kann das naturgemäß nicht.

Die an den decoderinternen Flip-Flop Ausgängen liegenden Signalpegel stehen an Parallel-Eingängen von zwei 8-Bit Schieberegistern an und werden auf entsprechenden Befehl des Interface bzw Memory in den Rückmeldebus eingelesen. Abbildung 8.19 zeigt das Blockschaltbild eines solchen Bausteines.

Bestückt sind die Rückmelde-Decoder mit störsicheren und durch niedrigen Stromverbrauch gekennzeichnete CMOS-ICs. Die Stromversorgung erfolgt über das sechspolige Rückmelde-Bus-Kabel. Zur Verfügung gestellt wird die Energie vom Interface bzw. dem Memory.

Prinzipiell kann das Rückmeldesystem – weil es unabhängig von den anderen Bus-Systemen arbeitet – für jede Mehrzugsteuerung Verwendung finden – aber eben leider nur mit der Einschränkung „prinzipiell". Denn den

Rückmelde-Decodereingängen muß ein Kontaktgeber vorgeschaltet werden.

Ein Blick auf MÄRKLIN-DIGITAL (Wechselstrom) macht die Kontaktgeberprobleme beim Zweileiterbetrieb deutlich: Bei ersterem trennt man einfach eine der beiden masseführenden Schienen und schließt sie direkt an einen Rückmelde-Decodereingang an und schon erzeugt jede Fahrzeugachse das gewünschte *Dauersignal* – einfacher, zuverlässiger und billiger geht es nicht! Zudem sind fahrtrichtungsabhängig wirkende Kontaktgleise als *Momentkontaktgeber* im Angebot.

Soll der Rückmelde-Decoder s 88 dagegen bei Zweischienen-Zweileiter-Modellbahnsystemen verwendet werden, müssen erst einmal geeignete Kontaktgeber geschaffen werden. Verwendet werden dürfen ausschließlich *potentialfreie* Geber. In Frage kommen vorwiegend Reed-Kontakte in Verbindung mit Magneten, welche aber nur als *Momentkontaktgeber* taugen.

Dauersignale müssen mit einer extra Kontaktgeber-Schaltung – einem Gleisbelegtmelder – erst einmal registriert und so aufbereitet werden, daß sie der Rückmelde-Decoder überhaupt verarbeiten kann. Das Kapitel Bauanleitungen enthält hierzu Lösungsvorschläge.

Trenn-Modul

Grenzen Gleisabschnitte aneinander, welche aus *verschiedenen* Stromquellen gespeist werden – beispielsweise bei Kombination analoger und Digitaler Stromkreise auf einer Anlage – dann treten bei jeder Überbrückung der Trennstelle durch Metallradsätze Ausgleichsströme auf. Wie bereits auf Abbildung 3.22 skizziert, unterscheiden sich die Spannungen der beiden Stromquellen nach Kurvenverlauf, Amplitude, Frequenz und Polarität.

Die Schaltung des Trennstellen-Moduls (siehe Abbildung 8.20) bewirkt, daß über die Transistorschalter T3 und T4 bei jeder Trennstellenüberbrückung der Stromfluß vom Gleichstrom-Fahrpult hin zu den Schienen des Analogstromkreises unterbrochen wird. Somit fährt jedes Fahrzeug (Loks oder beleuchtete

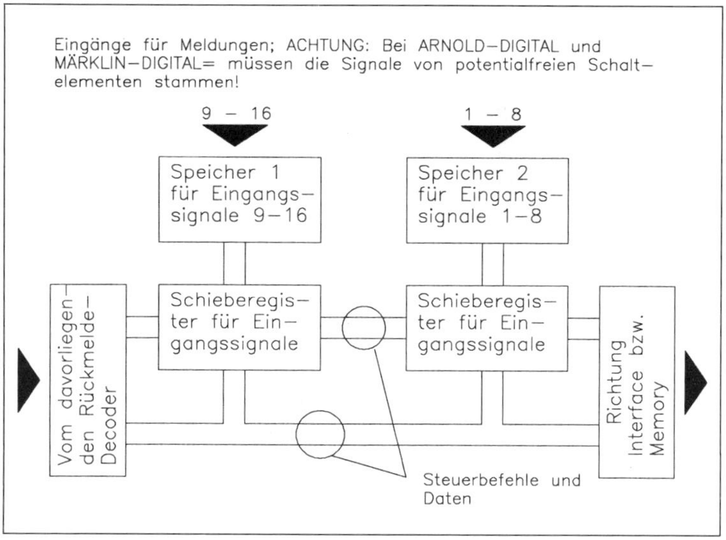

Abb. 8.19: Blockschaltbild für den Märklin Rückmelde-Decoder s 88

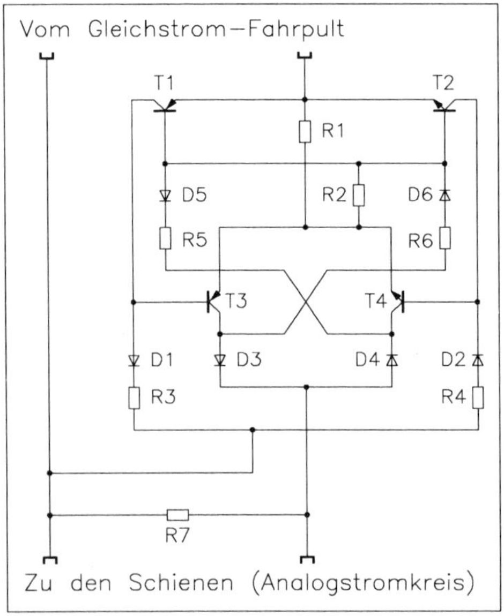

Abb. 8.20: Schaltung des Trenn-Moduls

Wagen) *während* des Überbrückungszeitraumes mit Digitalspannung. Ausgleichsströme treten durch das abschalten der Analogstromquelle nicht auf. Weil sowohl Analog- wie Digitalspannung wechselnde Polarität aufweisen, ist für jede Spannungsrichtung ein separater Transistorschalter mit in Serie liegender Schutzdiode vorgesehen. In Reihe mit den beiden Transistorschaltern liegt R1. Übersteigt der an ihm gemessene Spannungsabfall ca. 0,7 Volt, dann werden T3 und T4 durch T1 bzw. T2 gesperrt. Die Schaltung verhindert dadurch Analogströme über 2 Ampère.

Zusammenfassung

ARNOLD-DIGITAL und MÄRKLIN-DIGITAL= arbeiten mit drei verschiedenen Bus-Systemen; eines verbindet alle stationären Bedienungsgeräte untereinander, das zweite sendet Energie und Daten von der Zentral-Einheit hin zu sämtlichen Lok- und Funktions-Decodern und das dritte überträgt Informationen von den Rückmelde-Decodern hin zum Interface oder zum Memory.

Geräteinterner Bus und Rückmelde-Bus sind mit dem des Märklin-Wechselstrom-Digitalsystem identisch; das ist der Grund für eine weitgehende Austauschbarkeit der Geräte zwischen den Digitalsystemen.

Zur Übertragung von Energie und Daten wird ein modifiziertes Frequenz-Umtast-Verfahren eingesetzt, bei dem aus der Impulsdauer die logischen Pegel hervorgehen. Die rechteckförmige Spannung enthält bei Betrieb mit Digital-Loks keinen Gleichspannungsanteil; sie verläuft symmetrisch zur Null-Linie. Deshalb können Analog-Loks im Digitalstromkreis stehen. Sollen sie fahren, so wird das durch Änderung einzelner Impulse in der endlos übertragenen Signalfolge bewirkt. Die zeitlich verlängerten Impulse erzeugen einen mehr oder weniger ausgeprägten positiven oder negativen Gleichspannungsanteil. Dadurch werden Fahrtrichtung und Geschwindigkeit analoger Loks im Digitalstromkreis bestimmt.

Das verwendete Datenformat ist aus 20 Synchronisationsimpulsen und je einem Adress-, Daten- und Prüfbyte (zuzüglich drei Start-Bits) übersichtlich aufgebaut und mit insgesamt 47 Impulsen pro Zyklus erstaunlich kurz. Dadurch sind hohe Wiederholungsraten garantiert – ein für die Anwendung bei Zweileiter-Modellbahnen mit ihren Stromübertragungsproblemen wichtiges Kriterium.

Das im Rückmelde-Bus angewandte Datenübertragungsverfahren ist an sich zweckdienlich; so brauchen diese Decoder beispielsweise nicht einmal codiert werden. Einer Aktualisierung bedürfen jedoch die Eingangschaltungen der Rückmelde-Decoder. Sie müssen den spezifischen Belangen des Zweileiterbetriebes angepaßt werden.

Das Trenn-Modul verhindert Ausgleichsströme, indem es bei Überbrückung einer Stromkreistrennstelle die Analogspannung abschaltet. Während der Überbrückungszeit werden Fahrzeuge ausschließlich mit Digitalstrom gespeist.

9 Kontaktgeberbauarten

Bei automatisch gesteuerten Betriebsabläufen lösen Züge Schaltbefehle aus. Notwendig sind dazu Kontaktgeber. Sie unterscheiden sich in ihrer Arbeitsweise. Manche können nur an einem bestimmten Punkt der Anlage von einem eigens präparierten Fahrzeug betätigt werden, andere registrieren wiederum schon viele Fahrzeuge, ohne daß am Rollmaterial Manipulationen vorgenommen werden müssen. Beschrieben wird die grundsätzliche Arbeitsweise verschiedener Kontaktgeberbauarten.

Unterscheidungsmerkmale

Falls auch nur in Teilbereichen einer Modellbahnanlage Züge automatisch gesteuert werden sollen, bilden zuggesteuerte Kontaktgeber eine unverzichtbare Voraussetzung.

Zweischienen-Dreileiter-Bahnen verfügen systembedingt über perfekte Kontaktgeber. Die simple Überbrückung der beiden masseführenden Außenschienen durch eine Fahrzeugachse stellt die ideale Lösung dar – absolut funktionssicher bei minimalem Aufwand.

Bei Betrieb von Zweischienen-Zweileiter-Bahnen müssen dagegen erst einmal geeignete Kontaktgeber installiert werden.

Die Modellbahnindustrie bietet verschiedene Lösungen an. Sie lassen sich zwei Hauptgruppen zuscheiden:

– *punktuell wirksame Kontaktgeber* und

– *gleisabschnittswirksame Kontaktgeber.*

Zu punktuell wirksamen Kontaktgebern zählen beispielsweise die Kombination *S*chutzgas-*R*ohr-*K*ontakt (SRK, auch Reed-Kontakt genannt) mit zugehörigen Schaltmagneten, durch Pilzkontakte oder Spurkränze betätigte Kontaktgleisschalter, oder auch die neuerdings angebotene Kombination Strichcode/Infrarot-Reflexlichtschranke.

Alle nach dem Prinzip der sog. Stromfühlerschaltung aufgebauten Kontaktgeber sind demgegenüber zu den gleisabschnittswirksamen Kontaktgebern zu rechnen.

Daneben existieren eine Reihe weiterer Unterscheidungsmerkmale; so gibt es fahrtrichtungsabhängig schaltende Kontaktgeber (z. B. Märklin Schaltgleise für das Punktkontakt-Wechselstromsystem) und richtungs*un*abhängig funktionierende Kontaktgeber (z. B. SRK/Schaltmagnet).

Im Zusammenhang mit Digitalsteuerungen stellt ferner die Kombinationsmöglichkeit von Kontaktgebern mit Rückmelde-Decodern s88 ein wichtiges Kennzeichen dar. Potentialfrei arbeitende Kontaktgeber (z. B. SRK/Schaltmagnet) können direkt an Rückmelde-Decodereingänge angeschlossen werden. Dagegen arbeiten mechanische Kontaktgleisschalter schienenpotentialgebunden; sie dürfen nur über Potentialtrennstufen (Relaiskontakt oder optische Koppler) mit den Rückmelde-Decodereingängen verbunden werden.

Mechanisch ausgelöste Schalter (z. B. Kontaktgleisschalter) arbeiten nicht prellfrei; sollen sie in Verbindung mit Elektronikschaltungen eingesetzt werden, so erfordert das schaltungstechnische Vorkehrungen.

Nicht zuletzt unterscheiden sich Kontaktgeber durch die Notwendigkeit Änderungen an Fahrzeugen durchführen zu müssen (z. B. Montage von Schaltmagneten, Stichworte: Baugröße und Raumbedarf), oder auf solche Manipulationen nahezu verzichten zu können

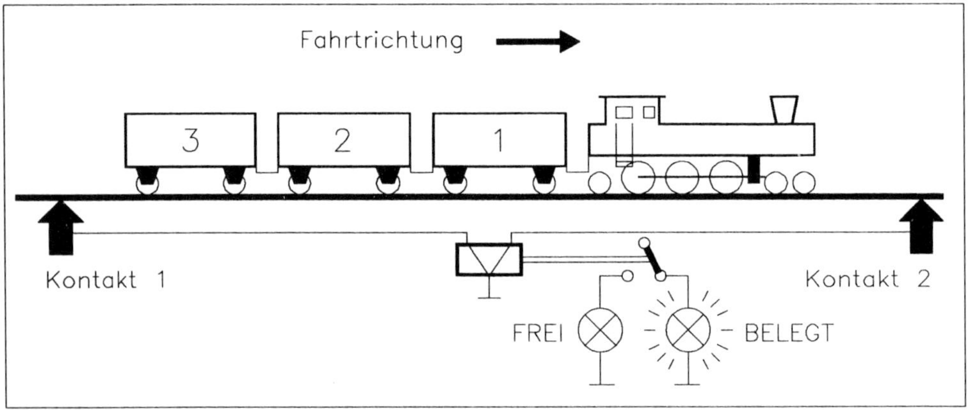

Abb. 9.1: Arbeitsprinzip punktuell wirksamer Kontaktgeber

(z.B. bei gleisabschnittswirksamen Kontaktgebern).

Die aufgezeigten Gesichtspunkte verdeutlichen, daß das Thema Kontaktgeber gleichermaßen wichtig wie vielschichtig ist und damit entsprechende Aufmerksamkeit verdient.

Punktuell wirksame Kontaktgeber

Die Arbeitsweise punktuell wirksamer Kontaktgeber ist gut überschaubar und leicht zu kontrollieren. Solche Kontakte sind meist auch nachträglich in vorhandene Gleisanlagen einbaubar. Problematisch ist bei kleinen Fahrzeugen die Unterbringung der Kontaktgeber (z.B. Schaltmagnete für Schutzgas-Rohr-Kontakte).

Das in den Gleisabschnitt einfahrende Triebfahrzeug mit Wagenpark betätigt den Kontakt 1, woraus eine nachgeschaltete Steuerung beispielsweise eine optische Gleisbelegtanzeige formt. Bei Ausfahrt aus dem Abschnitt löst die Lok den Kontakt 2 aus und daraufhin erlischt die Belegtanzeige wieder.

Je nach Kontaktbauart löst entweder nur die Lok (falls an ihrem Rahmen ein Pilzkontakt montiert ist), oder alle Metallradsätze die Kontakte aus. Im ersten Fall gibt die Lok bei Kontakt 2 den Gleisabschnitt bereits frei, obwohl der nachfolgende Wagenpark den Abschnitt noch belegt. Umgekehrt wird ein Abschnitt durch einen geschobenen Zug viel zu spät besetzt gemeldet. Ständige Impulswiederholungen (durch erneute Kontaktgabe jedes Wagens mit Metallrädern) sind aber auch nicht gerade ideal. Nachteiliger ist jedoch der Umstand, daß *abgekuppelte* Wagen (oder auch zusätzlich auf die Gleise gestellte Fahrzeuge) von *ortsfesten Kontakten* überhaupt *nicht registriert* werden können. Dies beeinträchtigt nicht nur die Funktionssicherheit automatischer Blocksteuerungen, sondern insbesondere den Betrieb mit dem Memory oder den rechnergesteuerten Betrieb. Bei jedem Betriebsbeginn müssen daher exakt definierte Fahrzeugstandorte eingehalten werden, damit die Steuerung überhaupt „weiß“, wo sich auf der Anlage die Fahrzeuge befinden – eine lästige Einschränkung.

Gleisabschnittswirksame Kontaktgeber

Ganz anders gestaltet sich die Situation bei gleisabschnittswirksamen Kontaktgebern, die nach dem Prinzip der Stromfühlerschaltung arbeiten. Jeder Stromverbraucher – egal ob es sich um einen hochohmigen aus Leitlack gebildeten Widerstand, eine Wagen-Beleuchtung oder einen Lokmotor handelt – wird registriert und zwar so lange, wie er sich in dem betreffenden Gleisabschnitt befindet, weil er an dem Meßwiderstand R_{Mess} der Stromfühlerschaltung (siehe Abbildung 9.2) einen zwischen den Klemmen A und B registrierbaren Spannungsabfall U_{Mess} erzeugt. Aus dieser Spannung lassen sich sowohl zeitlich begrenzte *Impulse,* als auch *Dauersignale* gewinnen. Sofort nach dem einschalten werden *alle Fahrzeuge* (mit Stromverbrauchern) registriert, von der Anlage genommenes wie auf die Gleise gestelltes Rollmaterial löst augenblicklich eine Funktion aus – das sind *entscheidende Vorzüge* gleisabschnittswirksamer Kontaktgeberschaltungen!

Durch die Möglichkeit, die *Länge* eines Überwachungsabschnittes frei zu bestimmen, läßt sich zusätzlich Einfluß auf die Arbeitsweise des Kontaktgebers nehmen. Das reicht von kurzen Gleisabschnitten, die praktisch nur Impulse bewirken, bis hin zu abschnittsweisen Unterteilungen, welche selbst die Feststellung verschiedener Zuglängen gestatten.

Ein kritischer Aspekt bei gleisabschnittswirksamen Kontaktgebern: die Funktionssicherheit der Schaltung hängt vom *einigermaßen intakten Rad/Schiene Kontakt* ab. Kurze Unterbrechungen haben keinen Einfluß, aber sehr lange anhaltende Unterbrechungen würden als Freimeldung interpretiert.

Gleisabschnittswirksame Kontaktgeber sind den nur punktuell wirkenden Verfahren überlegen. Und das wird noch deutlicher, wenn

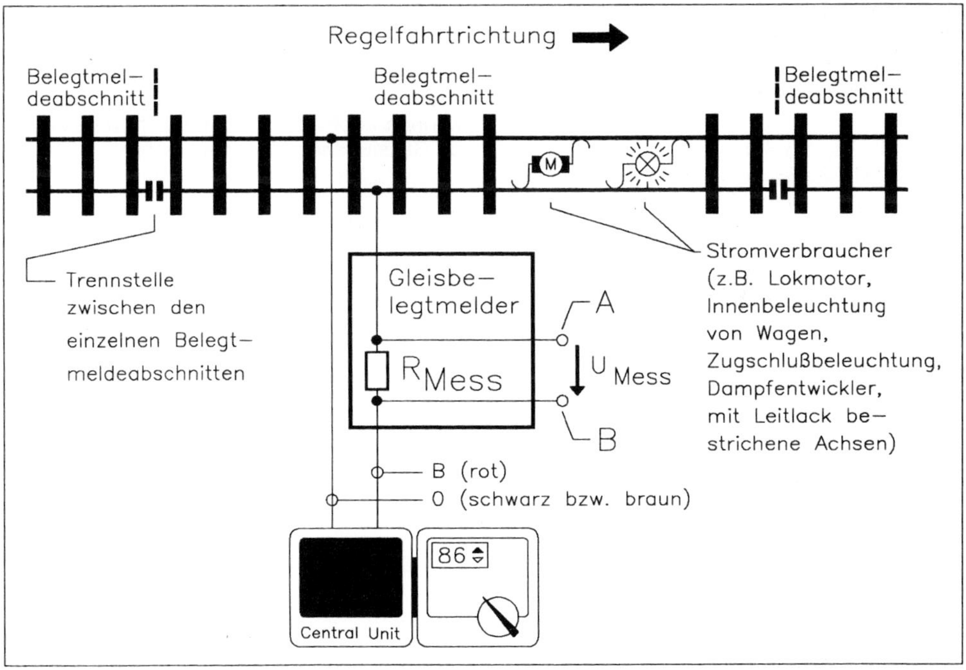

Abb. 9.2: Funktionsschema gleisabschnittswirksamer Kontaktgeber

Abb. 9.3: Mechanisch wirkender Kontaktgleisschalter für Fahrzeuge der Baugrößen N und H0

man an den folgerichtigen Schritt – die optische Anzeige des Gleisbelegtzustandes auf einem Stellpult – denkt.

Kontaktgleisschalter

Damit ein Zug ein Signal stellen kann, muß er einen Kontakt auslösen. Dazu verwendet man bei herkömmlichen Modellbahnsteuerungen meist Kontaktgleisschalter. Einige Beispiele sind in Tabelle 9.1 aufgeführt. Sie zählen zur Gruppe der punktuell wirksamen Kontaktgeber. Derartige Schalter arbeiten weder prellfrei, noch potentialfrei.

Kontaktgleisschalter verschiedener Hersteller stimmen in ihrer elektrischen Funktion grundsätzlich überein, unterscheiden sich jedoch etwas im mechanischen Aufbau. Während zur Betätigung der Schaltschienen von Fleischmann und des Impulskontaktes von Trix besondere Vorkehrungen an den Fahrzeugen – nämlich die Montage von Pilzkontakten – notwendig sind, arbeitet der Arnold Kontaktgleisschalter und das Trix Kontaktgleis auch ohne daß Manipulationen an Fahrzeugen vorgenommen werden.

Abbildung 9.3 zeigt den Kontaktgleisschalter von Arnold. Die Besonderheit dieser Konstruktion ist ihre gleichermaßen gute Eignung für die Baugrößen N *und* H0.

Kontaktgleisschalter arbeiten – im Gegensatz zur Kombination Magnet/Reedkontakt – *ohne* jegliche Manipulationen an Fahrzeugen. Beim Arnold Kontaktgleis löst jedes Metallrad einen Schaltvorgang aus. Bei Trix (Baugröße N) geschieht das durch zwei hintereinanderliegende, elektrisch leitend verbundene Metallräder (Triebfahrzeug oder Drehgestell eines beleuchteten Wagens). Kontaktgleisschalter können auch noch nachträglich in bestehende Gleisanlagen eingebaut werden.

Potentialfreie Kontaktgeber

Das Schienenpotential wechselt beim Zweischienen-Zweileiter-Betrieb – Beispiel: Kehrschleife – und weicht von dem der Rückmel-

Tabelle 9.1: Übersicht mechanische Kontaktgleisschalter

Hersteller	Geeignet für Baugröße N	H0	Katalog Nr.	Bezeichnung
Arnold	X	X	7440	Kontaktgleisschalter
Fleischmann		X	6402	Schaltschiene
Fleischmann		X	6432	Schaltschiene
Trix	X		14979	Kontaktgleis
Trix		X	66535	Impulskontakt

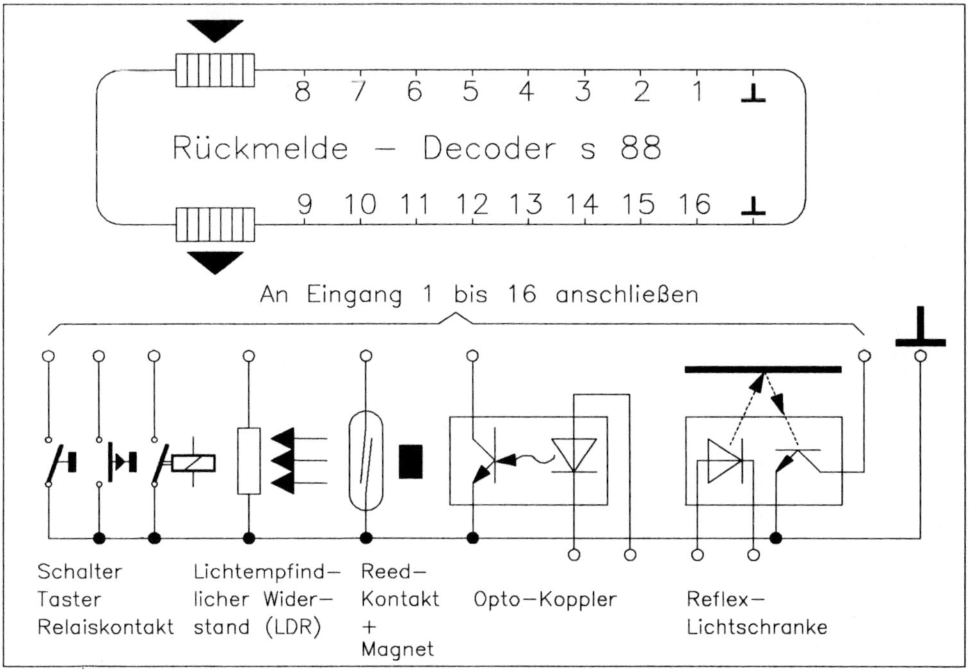

Abb. 9.4: Beispiele für potentialfreie Kontaktgeber

de-Decodereingänge ab. Elektrisch leitende Verbindungen zwischen Kontaktgleisschalter und Rückmelde-Decodern sind *keinesfalls zulässig.* Als Lösung bieten sich *potentialfreie* Verbindungen an.

Die wohl bekannteste potentialfreie Kontaktgeberbauart sind Schutzgas-Rohr-Kontakte mit den zugehörigen Magneten. Dieses Schaltmittel gehört zur Gruppe punktuell wirksamer Kontaktgeber und arbeitet praktisch prellfrei. Die Verwendungsmöglichkeiten sind jedoch bei Fahrzeugen der Baugröße N stark eingeschränkt, weil in der Regel der zur Unterbringung des Magneten notwendige Raum nicht zur Verfügung steht. Auch erscheint die Montage von Magneten an allen Fahrzeugen aufwendig, zumal für eine zuverlässige Funktion verschiedene Randbedingungen (z.B. konstanter Abstand Magnet/SRK) eingehalten werden müssen.

Tabelle 9.2 vermittelt einen Auszug aus der Angebotsvielfalt dieser Kontaktgeberbauart. Abbildung 9.4 zeigt darüberhinaus einige Alternativen in Verbindung mit einem Rückmelde-Decoder s 88.

Gleisbelegtmelder

Unter dieser Bezeichnung sind gleisabschnittswirksame Kontaktgeber bekannt. Sie arbeiten nach dem Prinzip einer Stromfühlerschaltung (siehe Abbildung 9.2). Solche Kontaktgeberbauarten bieten vorwiegend Kleinserienhersteller und dann meist schon in Verbindung mit einer optischen Belegtanzeige an.

Eine generelle Antwort zu der Frage inwieweit die Ausgänge derartiger Gleisbelegtmelder direkt an die Rückmelde-Decodereingänge an-

Tabelle 9.2: Übersicht Schutzgas-Rohr-Kontakte (SRK) und zugehörige Schaltmagnete

Hersteller	Geeignet für Baugröße N	H0	Katalog Nr.	Schutzgas-Rohr-Kontakte (SRK) und zugehörige Schaltmagnete Bezeichnung	Abmessungen [mm]	max. zulässiger Schaltstrom
Brawa	X	X	3530	SRK-Arbeitskontakt	19 × d = 2,6	0,5 Ampère
Brawa	X	X	3543	Schaltmagnet, vierkantförmig	12 × 6 × 4	
Fleischmann		X	6425	SRK		0,8 Ampère
Fleischmann	X	X	9426	Schaltmagnet		
Fleischmann		X	6435	SRK		0,8 Ampère
Fleischmann	X		9425	SRK		
Herkat		X	1712	SRK in Telefonhäuschen		
Herkat	X		1713	SRK in Baubude		
Herkat		X	1822	SRK für Zweileitergleis	42 × 15 × 5	
Herkat	X		1823	SRK für N-Gleise	34 × 8 × 4,5	
Herkat			1500	SRK-Arbeitskontakt	51 × d = 5,5	2 Ampère
Herkat	X	X	1700	SRK-Arbeitskontakt	16 × d = 2,5	0,8 Ampère
Herkat	X	X	1702	SRK-Arbeitskontakt	17 × d = 2,5	2 Ampère
Herkat		X	1800	SRK-Arbeitskontakt	28 × d = 3,7	1,5 Ampère
Herkat	X	X	2002	Schaltmagnet	12 × d = 4	
Herkat		X	2004	Schaltmagnet	15 × d = 5	
Herkat		X	2006	Schaltmagnet	18 × d = 6	
Herkat		X	2008	Schaltmagnet	24 × d = 8	
Herkat		X	2009	Schaltmagnet	30 × d = 10	
Herkat	X	X	2011	Schaltmagnet	12 × 7 × 4	
Herkat		X	2012	Schaltmagnet	25 × 10 × 6	
Herkat	X		2015	Schaltmagnet, scheibenförmig	1,5 × d = 5	
Märklin		X	7555	SRK		
Märklin		X	7556	Schaltmagnet	10 × 5 × 1,5	
Märklin		X	7557	Schaltmagnet	13 × 7 × 2,5	
Märklin		X	7558	Schaltmagnet	10 × 10 × 3	
Trix	X		14980	Kontaktgleis mit SRK		1 Ampère
Trix	X		66556	SRK	41 × 4 × 3,3	1 Ampère
Trix	X	X	66557	Schaltmagnet	7 × 6 × 3	

schließbar sind, ist ausgeschlosssen. Voraussetzung ist auch hier eine potentialfreie Ausgangsstufe, entweder mittels Opto-Koppler, oder wie bei der auf Abbildung 9.5 gezeigten Ausführung durch einen Relaiskontakt.

Im Zusammenhang mit Digitalen Mehrzugsteuerungen verdient die Ansprechempfindlichkeit von Gleisbelegtmeldern eine gewisse Aufmerksamkeit, weil stehende Digital-Loks bei ausgeschalteter Stirnlampenbeleuchtung *nur ca. 1,5 mA* Strom verbrauchen. Viele Gleisbelegtmelderschaltungen sprechen jedoch erst bei Werten über 10 mA an. Verwendet man ein derartiges Produkt, so sollte stets die Fahrzeugbeleuchtung eingeschaltet bleiben, damit die Digital-Lok auch von der Schaltung registriert werden kann.

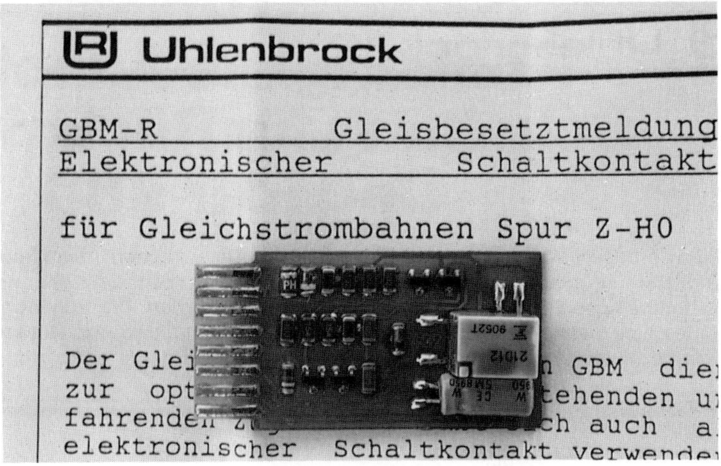

Abb. 9.5: Gleisabschnittswirksamer Kontaktgeber der Fa. Uhlenbrock mit Relaiskontaktausgang zur direkten Steuerung eines Rückmelde-Decoders s88

Technisch ist es sehr einfach mit gleisabschnittswirksamen Kontaktgebern sowohl Dauersignale als auch impulsförmige Signale zur Verfügung zu stellen.

Wesentliche Vorteile von Gleisbelegtmeldern sind

- ihre Verwendbarkeit für Fahrzeuge *aller* Baugrößen
- ihre *ständige* Wirksamkeit und daß zur Funktion
- *keine* „mechanischen" *Änderungen* an Fahrzeugen erforderlich sind.

Zusammenfassung

Verschiedene Kontaktgeberbauarten stehen zur Wahl, wobei im wesentlichen zwei Gruppen zu unterscheiden sind: punktuell wirksame und gleisabschnittswirksame Kontaktgeber.

Erstgenannte sind ortsfest, ihre Wirkung bleibt auf eine bestimmte Stelle begrenzt. Werden zwischen solchen Kontakten Fahrzeuge aufs Gleis gestellt, oder Wagen vom Zug abgekuppelt, so kann das mit dieser Art Kontaktgeber nicht registriert werden. Punktuell wirkende Kontakte können nur kurze, impulsförmige Signale erzeugen.

Derartige Nachteile treten bei gleisabschnittswirksamen Kontaktgebern nicht auf. Wie der Name schon sagt, überwachen sie lückenlos einen mehr oder weniger langen Gleisabschnitt. Mit dieser Kontaktgeberbauart lassen sich sowohl Momentkontakte wie Dauersignale erzeugen.

10
Kontaktgleis-Adapter-Schaltung für Rückmelde-Decoder s 88

Züge müssen Weichen und Signale stellen. Dazu dienen mechanische Kontaktgleise. Bei Digitalsteuerungen können sie aus elektrotechnischen Gründen nicht in Verbindung mit serienmäßigen Rückmelde-Decodern eingesetzt werden. Die folgende Bauanleitung stellt ein Bindeglied zwischen mechanischen Kontaktgleisschaltern und Rückmelde-Decodern dar. Sie ermöglicht die Beibehaltung mechanischer Kontaktgeber auf digital gesteuerten Anlagen.

Aufgabe und Zielsetzung

Potentialfreie Kontaktgeber lassen sich an serienmäßige Rückmelde-Decoder s 88 anschließen. Folglich ist damit eine zuggesteuerte Schaltung des Betriebes über das Memory oder das Interface möglich, wenngleich diese Methode mit zahlreichen Schwierigkeiten behaftet ist. Was aber, wenn auf Digitalbetrieb umgestellt wird und *mechanische* Kontaktgeber in Fahrzeugen und auf der Anlage eingebaut sind?

Das Universal-Schalt-Modul ist direkt von Zügen über mechanische Kontaktgleisschalter steuerbar. Zur Lösung einfacher Schaltungen ist es gut geeignet. Aber eine vollwertige Alternative zum Memory ist das natürlich nicht.

Eine andere Lösung stellt die Umwandlung der von mechanischen Kontaktgebern kommenden, potentialgebundenen Signale in potentialfreie Informationen dar. Zunächst einige Anmerkungen zur Funktion mechanischer Kontaktgleisschalter in Digitalstromkreisen.

Die Arbeitsweise eines mechanischen Kontaktgleisschalters verdeutlicht Abbildung 10.1.

Einen wesentlichen Unterschied im Vergleich zu herkömmlichen Steuerungen stellt die bei Digitalen Mehrzugsteuerungen *ständig* vorhandene Spannung am Gleis dar. Erkennbar wird das an der gleichmäßig hell leuchtenden Lampe. Es spielt für die Funktion des Kontaktgleisschalters also keine Rolle, *ob* und *wie weit* der Geschwindigkeitssteuerknopf aufgedreht ist. Deutlich wird auch die *Momentfunktion* solcher Kontaktgleisschalter. Sie arbeiten ferner unabhängig von der Fahrtrichtung und der Einbaulage. Und noch eine Eigenschaft fällt auf: der Momentkontakt wird von *jedem* Metallrad – also je nach Zuglänge sehr oft hintereinander – ausgelöst; ein Effekt der in der Regel gar nicht erwünscht ist und dem man nur durch Verwendung von Kunststoffrädern (soweit diese für die jeweiligen Modelle überhaupt lieferbar sind) begegnen kann. Arnold lieferte deshalb eigens Wagen mit Metallrädern deren Innenseite isoliert ist.

Zur Verbindung von Kontaktgleisschaltern und Rückmelde-Decodern sind Opto-Koppler am besten geeignet. Die Primärseite eines solchen Bauelementes besteht aus einer Leuchtdiode (LED), seine Sekundärseite aus einem Fototransistor. Fließt durch die LED ein Strom, so wandelt sie ihn in Infrarotlicht um

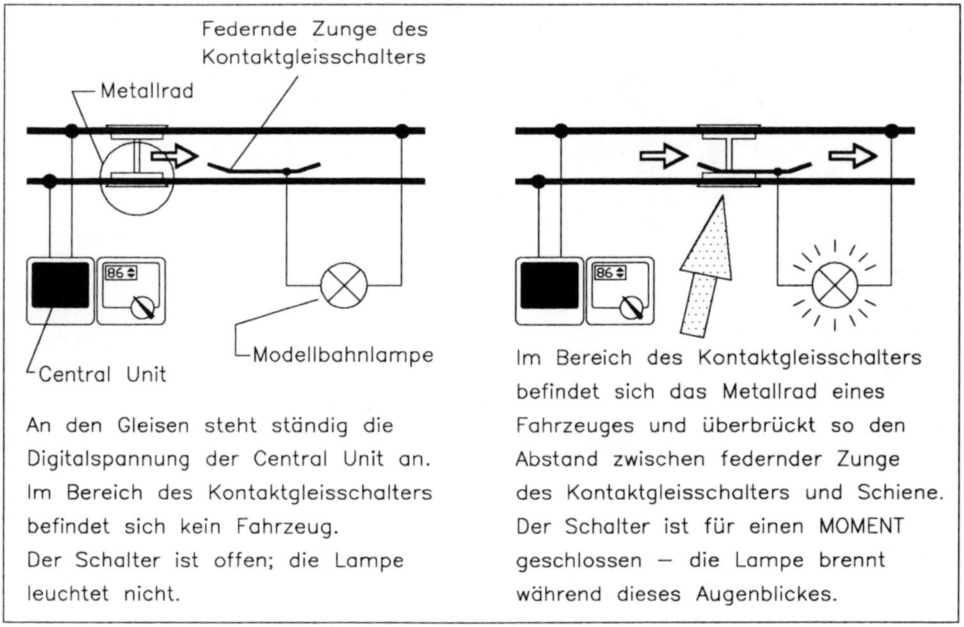

Abb. 10.1: Funktion mechanischer Kontaktgleisschalter mit Digitalen Mehrzugsteuerungen

Abb. 10.2: Schaltplan und Anschlußschema für Kontaktgleis-Adapter-Schaltung

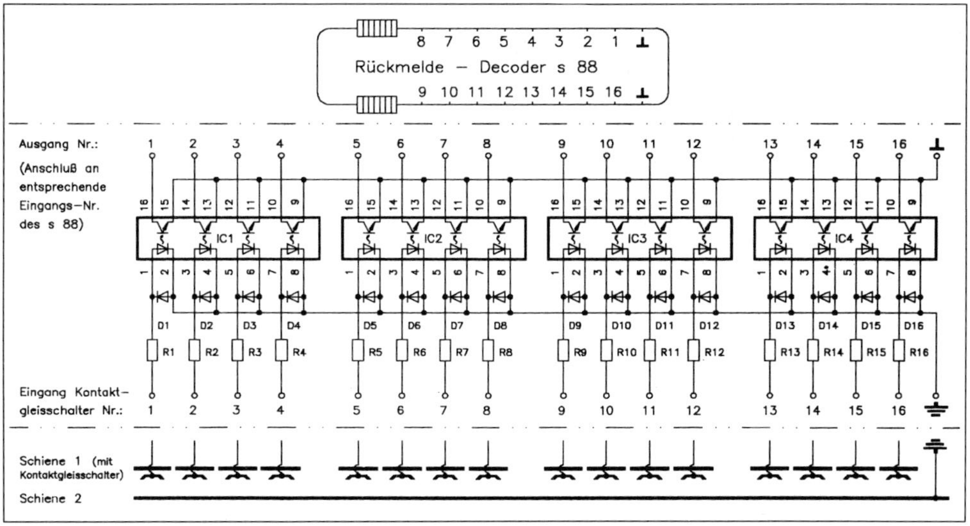

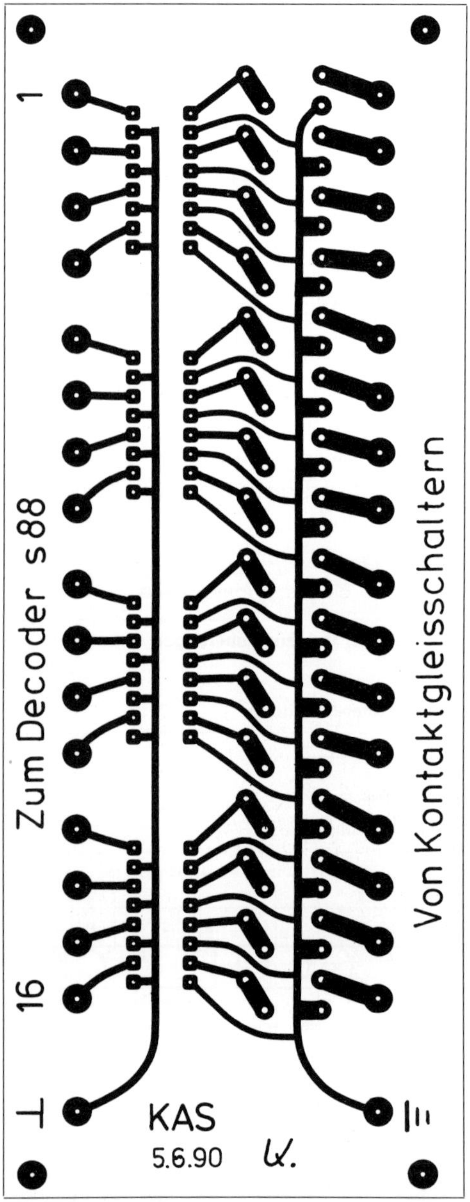

Abb. 10.3: Platinenlayout für Kontaktgleis-Adapter-Schaltung im Maßstab 1:1, Blick auf Leiterbahnseite

Tabelle 10.1: Stückliste für Kontaktgleis-Adapter-Schaltung

IC 1 bis IC 4: PC 847 (TLP 521–4, PS 2401–4)
D 1 bis D 16: 1 N 914 (1 N 4148)
R 1 bis R 16: 10 kΩ

und sendet dieses in Richtung Fototransistor, wo es wieder in einen elektrischen Strom zurückgeformt wird. Der Vorteil dieses Prinzips liegt vor allem in der vollständigen galvanischen Trennung zwischen der an den Schienen anliegenden Digitalspannung und der im Rückmeldebus verwendeten Versorgungsspannung, welche entweder vom Memory oder vom Interface geliefert wird.

Bauanleitung

Abbildung 10.2 zeigt den einfachen Schaltplan, der zugleich als Anschlußschaltbild angesehen werden kann. Jeder Ausgang eines Kontaktgleisschalters speist einen mit Vorwiderstand und antiparallel geschalteter Diode versehene LED eines Opto-Kopplers. Verwendet wurden 4-fach Koppler. Wichtig ist der Einsatz des in der Stückliste angegebenen Kopplers oder eines pinkompatiblen Typs. Die Opto-Kopplerausgänge sind gemäß Abbildung 10.2 mit den Eingängen des Rückmelde-Decoders zu verbinden. Da jeder serienmäßige Rückmelde-Decoder zur Verarbeitung von 16 Meldungen dimensioniert ist, wurde auch die Kontaktgleis-Adapter-Schaltung für diese Zahl ausgelegt. Zwar kann man diese einfache Schaltung auch auf einer Lochrasterplatine aufbauen, sicherer erscheint jedoch eine Platine. Abbildung 10.3 enthält das Platinenlayout, Abbildung 10.4 den zugehörigen Bestückungsplan und Tabelle 10.1 die Stückliste. Abbildung 10.5 zeigt schließlich eine betriebsfertige Platine.

Die Schaltung ist nichts anderes als eine Potentialtrennstufe. Deshalb können an ihre Eingänge nicht nur mechanische Kontaktgleise, sondern fast jede Art von Moment- und Dauerkontaktgebern angeschlossen werden.

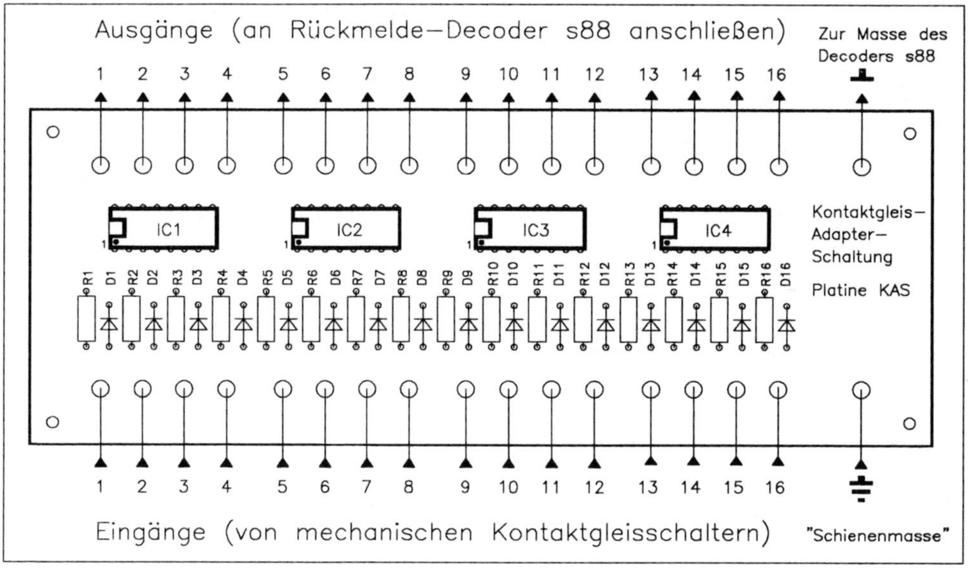

Abb. 10.4: Bestückungsplan für Kontaktgleis-Adapter-Schaltung

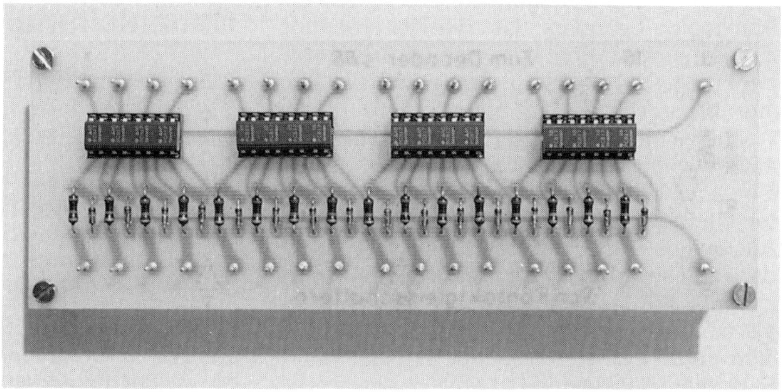

Abb. 10.5: Kontaktgleis-Adapterschaltung, betriebsfertig bestückte Platine

Das reicht von Gleisbelegtmeldern bis hin zur Übertragung von Weichen– und Signalstellungen oder dem Standort einer Schiebebühne.

Zusammenfassung

Die vorgestellte Kontaktgleis-Adapter-Schaltung ermöglicht beim Zweischienen-Zweileiter-System die Steuerung serienmäßiger Rückmelde-Decoder s88 mittels herkömmlicher mechanischer Kontaktgeber, wie Schaltgleisen oder Schaltschienen.

In Verbindung mit dem Memory oder einem Interface lassen sich auf diese Weise auch *zuggesteuerte* Automatikschaltungen realisieren.

11 Selbstbau-Rückmelde-Decoder

Die im vorangegangenen Kapitel beschriebene Verbindungsschaltung zwischen herkömmlichen Kontaktgleisschaltern und serienmäßigen Rückmelde-Decodern s88 wird nun zu einer einzigen Baugruppe zusammengefaßt – einem Rückmelde-Decoder der mit mechanischen Kontaktgleisschaltern, potentialfreien Kontaktgebern und Gleisbelegtmeldeschaltungen kombiniert werden kann. Damit steht dem Anwender ein universell einsetzbarer Decoder zur Verfügung mit welchem Informationen von der Anlage hin zum Fahrstraßenstellpult Memory oder zum Interface übertragen werden können.

Aufgabe und Verwendungsmöglichkeiten

Aufgabe des im folgenden beschriebenen Rückmelde-Decoders ist die Verarbeitung zuggesteuerter Kontakte und zwar sowohl punktueller, als auch gleisabschnittswirksamer Kommandos. Die Bauanleitung ist für Wechsel- *und* Gleichstrom-Bahnen gleichermaßen geeignet. Mit einem Decoder lassen sich *acht Meldungen* verarbeiten. Das bedeutet: ein Decoder s88 ist durch zwei Selbstbau-Rückmelde-Decoder ersetzbar. Dieser Decoder kann sowohl mit dem Interface (dann sind maximal 62 Selbstbau-Decoder verwendbar), als auch mit einem Memory (in diesem Fall sind pro Fahrstraßenstellpult maximal 6 Selbstbau-Rückmelde-Decoder einsetzbar) kombiniert werden.

Zur Ansteuerung jedes Rückmelde-Decoders sind gleich drei Möglichkeiten vorgesehen:

- Gleisbelegtmelder (siehe Bauanleitung im nächsten Kapitel),
- mechanische Kontaktgleisschalter und
- potentialfreie Kontaktgeber (wie Reedkontakte/Magnete)

Damit ergeben sich für diese Schaltung vergleichsweise vielfältige Verwendungsmöglichkeiten; insbesondere ist sie auch in Verbindung mit *nicht potentialfreien,* mechanisch arbeitenden Kontaktgleisschaltern einsetzbar.

Bauanleitung

Auf ein Prinzipschaltbild wird in diesem Fall verzichtet; Abbildung 8.19 erfüllt nämlich schon diesen Zweck.

Die in Abbildung 11.1 dargestellte Schaltung besteht u.a. aus zwei verschiedenen Eingangsschaltungen. Sie wirken parallel auf die acht Set-Eingänge zweier hintereinandergeschalteter Flip-Flops.

An die Eingänge E 1 bis E 8 (und E 9/E10) werden Informationen von Gleisbelegtmeldern oder potentialfreien Kontaktgebern angeschlossen.

Von Modellbahnfahrzeugen mechanisch betätigte Kontaktgleisschalter stellen an ihrem Ausgang die an den Schienen anstehende Digitalspannung als auswertbaren Impuls zur Verfügung. Dabei spielt die Polarität der Spannung bei Digitalsteuerungen keine Rolle, weil in jedem Fall positive und negative Anteile vorhanden sind. Auch die Amplitude des Impulses (es ist ja die Spannung des Energiedatenbus) ist praktisch konstant. Solche Impulse

– auch Dauersignale wären verarbeitbar – werden über die Eingänge E 11 bis E 18 (und E 19) mit den IC 4 und IC 5 potentialfrei an die Set-Eingänge der Flip-Flops geführt. Diese Schaltung entspricht der Kontaktgleis-Adapter-Schaltung.

Die Set-Eingänge der Speicher reagieren auf den Potentialwechsel von Plus nach Masse; deshalb werden sie bei Aktivierung durch einen Kontaktgeber direkt mit dem Massepotential des Rückmelde-Bus-Systems verbunden.

Auf jeden der insgesamt acht Flip-Flop-Eingänge wirken zwei Eingangsschaltungen. Wenn man möchte, können folglich alle Eingänge gleichzeitig (quasi parallel) genutzt werden. Der Regelfall dürfte jedoch eine auf den jeweiligen Anwendungsfall zugeschnittene Platinenbestückung sein.

Die acht Ausgangssignale der beiden R/S-NAND-Flip-Flops liegen an den Eingängen eines 8-stufigen Schieberegisters mit parallel geschalteten Eingängen und seriell betriebenem Ausgang an. Gesteuert wird das Schieberegister vom Fahrstraßenstellpult (Memory) oder vom Interface über den Rückmelde-Bus. Die Funktionen sind bereits in Kapitel 8, Tabelle 8.2 und Abbildung 8.18 ausführlich dargelegt. Durch ein entsprechendes Kommando an PIN 9 des IC 1 wird die Übernahme der an den IC-Eingängen vorhandenen Informationen in das Schieberegister veranlaßt. Das Auslesen des Schieberegisterinhaltes geschieht mit Taktimpulsen an PIN 10 des IC 1. Anschließend erfolgt die Rücksetzung der beiden FlipFlops IC 2 und IC 3 durch einen Reset Impuls über den Transistor T 1. Dann können neue oder unverändert vorhandene Eingangsinformationen in die Flip-Flops übernommen werden.

Abbildung 11.2 zeigt das Platinenlayout, Abbildung 11.3 den Bestückungsplan und Tabelle 11.1 die zugehörige Stückliste.

Anwenderhinweise

Die Rückmelde-Decoderplatinen können entsprechend der vorgesehenen Verwendung bestückt werden. Werden an einen Decoder beispielsweise nur Gleisbelegtmelder oder potentialfreie Kontaktgeber angeschlossen, so kann man auf zahlreiche Bauelemente verzichten. Details sind der Stückliste (Tabelle 11.1) und den Abbildungen 11.4 sowie 11.5 zu entnehmen.

Jede Rückmelde-Decoderplatine hat je eine 6-polige Stift- und Buchsenleiste. Sie dienen

Tabelle 11.1: Stückliste für Rückmelde-Decoder

IC 1	: CD 4014
IC 2 und IC 3	: CD 4044
IC 4 und IC 5	: PC 847 (TLP 521-4, PS 2401-4)[2])
T 1	: BC 517
C 1 bis 8	: 1 nF (Keramik-Kondensator)
C 9	: 1 μF (Tantal-Kondensator)
D 1 bis D 8	: 1 N 914 (1 N 4148)[2])
R 1 bis R 8	: 100 kΩ
R 9 bis R 16	: 10 kΩ[1])
R 17 bis R 24	: 10 kΩ[2])
R 25	: 10 kΩ
R 26 und R 27	: 100 kΩ

[1]) Bauteile sind nur bei Kombination des Rückmelde-Decoders mit einem Gleisbelegtmelder oder potentialfreien Kontaktgebern notwendig

[2]) Bauteile sind ausschließlich bei Steuerung des Rückmelde-Decoders mit mechanischen Kontaktgleisschaltern erforderlich

dem Anschluß 6-adriger Flachbandleitungen – dem Rückmelde-Bus. Die Buchsenleiste ist mit dem Interface bzw Memory oder dem „davorliegenden" Decoder zu verbinden, d.h. die Buchsen zeigen immer Richtung Memory bzw Interface. Die Stiftleiste dient stets dem Anschluß des dahinterliegenden Rückmelde-Decoders. Das Prinzip der Hintereinanderreihung von Rückmelde-Decodern wurde bereits in Kapitel 8 erläutert und ist in Abbildungen 11.7 und 11.8 nochmals verdeutlicht.

Wie in anderem Zusammenhang schon begründet, ist eine Codierung der Rückmelde-Decoder nicht erforderlich. Sie sind *der Reihe nach* – also hintereinander – anzuordnen, so wie das bereits in Abbildung 8.6 dargestellt wurde.

Ein Märklin-Rückmelde-Decoder s88 kann durch zwei Selbstbau-Rückmelde-Decoder ersetzt werden. In Abbildung 11.6 sind die Eingangskontaktbezeichnungen der Decoder einander gegenübergestellt. Die Belegung der 6-adrigen Flachbandleitung ist in beiden Fällen identisch.

Die Abbildungen 11.7 und 11.8 zeigen, wie mechanische Kontaktgleisschalter und Gleisbelegtmelder bzw. potentialfreie Kontaktgeber (z.B. Reed-Kontakte) an die Eingänge des Selbstbau-Rückmelde-Decoders anzuschließen sind. Im erstgenannten Anwendungsfall passiert nichts anderes, als daß ein Metallrad den Stromkreis schließt; die an den Schienen ständig vorhandene Digitalspannung aktiviert die Leuchtdiode eines in der Decoderschaltung enthaltenen Optokopplers, der wiederum den eigentlichen Schaltvorgang auslöst.

Soll ein Teil der an die Eingänge E11 bis E18 angeschlossenen mechanischen Kontaktgleisschalter in Kehrschleifenbereichen liegen, so ist zu bedenken, daß die Rückmelde-Decodereingänge E11 bis E18 mit *E19* über ein *gemeinsames Potential* verfügen. Ratsam erscheint in einem solchen Fall eine Platinenänderung, d.h. Anode und Kathode jeder Opto-Koppler-LED separat herausführen.

An einen Selbstbau-Rückmelde-Decoder lassen sich (siehe Abbildung 11.8) zwei Gleisbe-

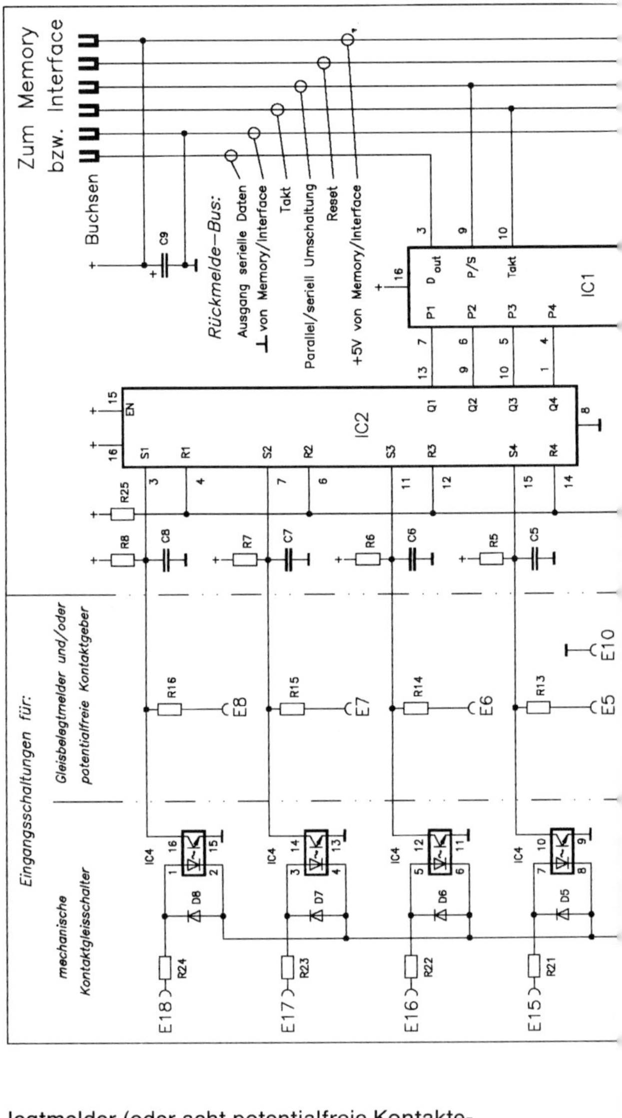

legtmelder (oder acht potentialfreie Kontaktelemente oder beides gemischt) anschließen; das bedeutet, daß mit jedem Decoder die Meldungen von maximal acht Gleisabschnitten übertragen werden können. Dabei können je nach Anwendungsfall die Dauerkontaktaus-

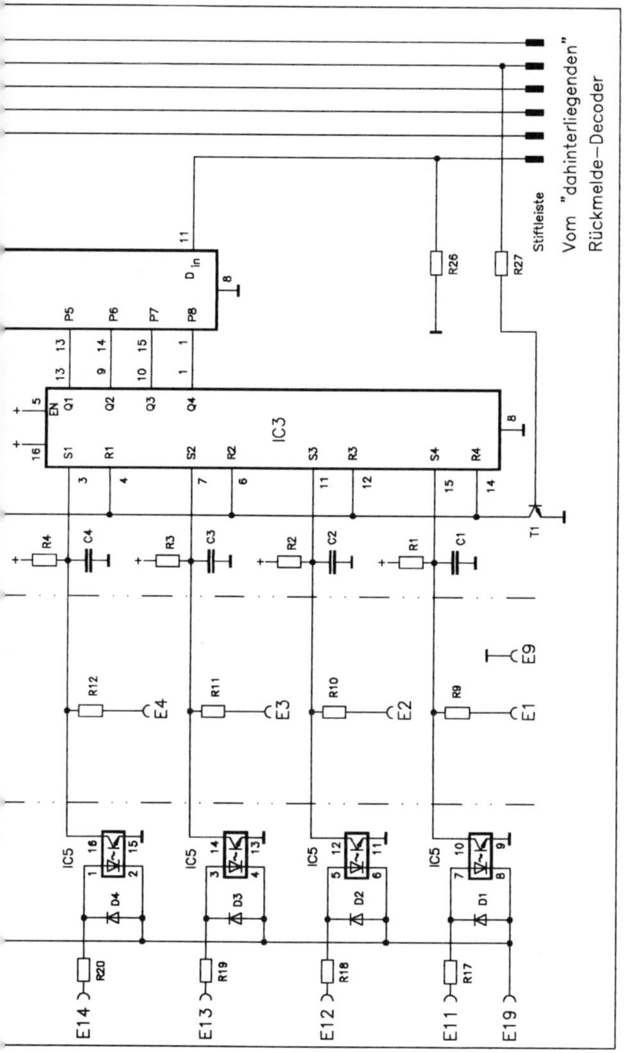

Abb. 11.1: Schaltplan Selbstbau-Rückmelde-Decoder

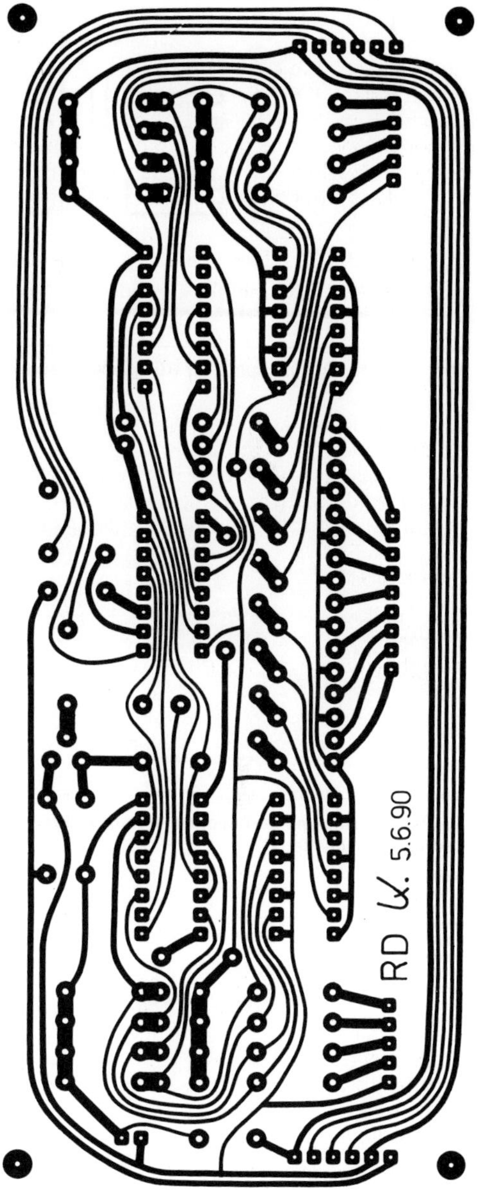

Abb. 11.2: Layout für Rückmelde-Decoder-Platine im Maßstab 1:1, Blick auf Leiterbahnseite

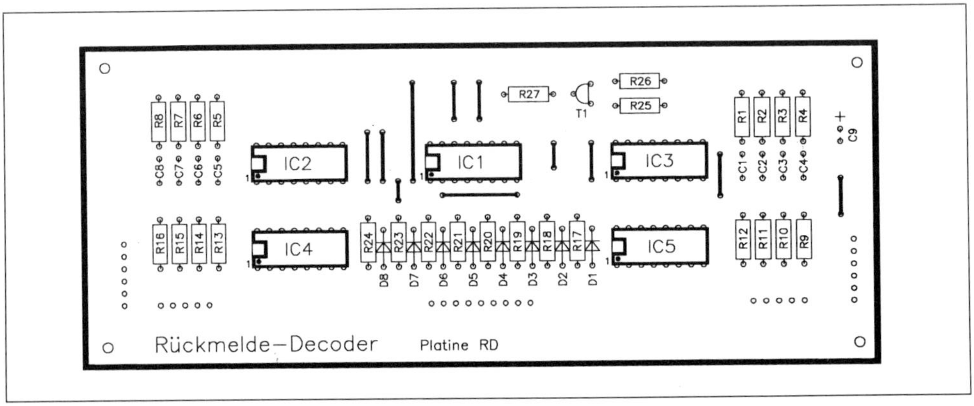

Abb. 11.3: Bestückungsplan für Rückmelde-Decoder

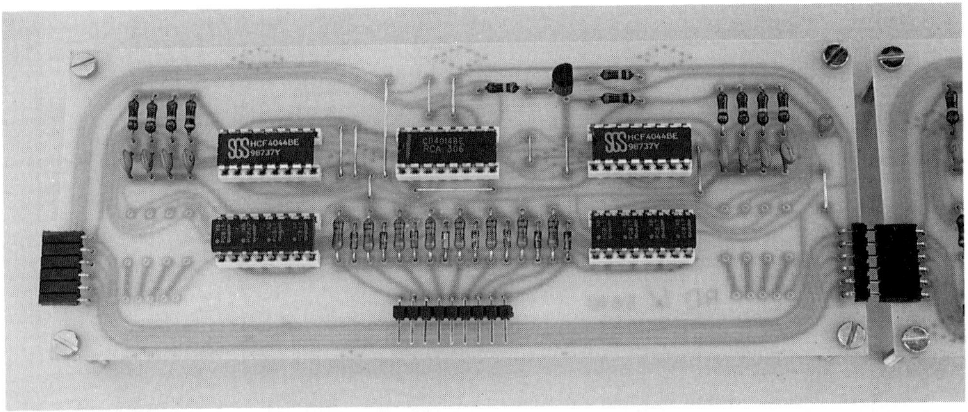

Abb. 11.4: Rückmelde-Decoder, Bestückungsvariante zum Anschluß von bis zu acht mechanischen Kontaktgleisschaltern

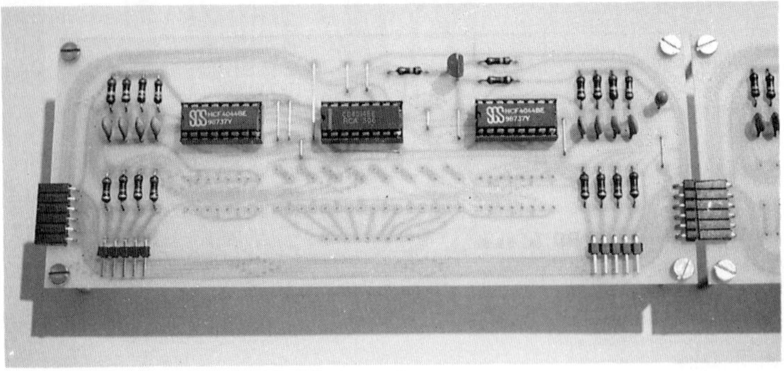

Abb. 11.5: Rückmelde-Decoder, Variante zum Anschluß von bis zu acht Gleisbelegtmeldungen oder acht potentialfreien Kontaktgebern

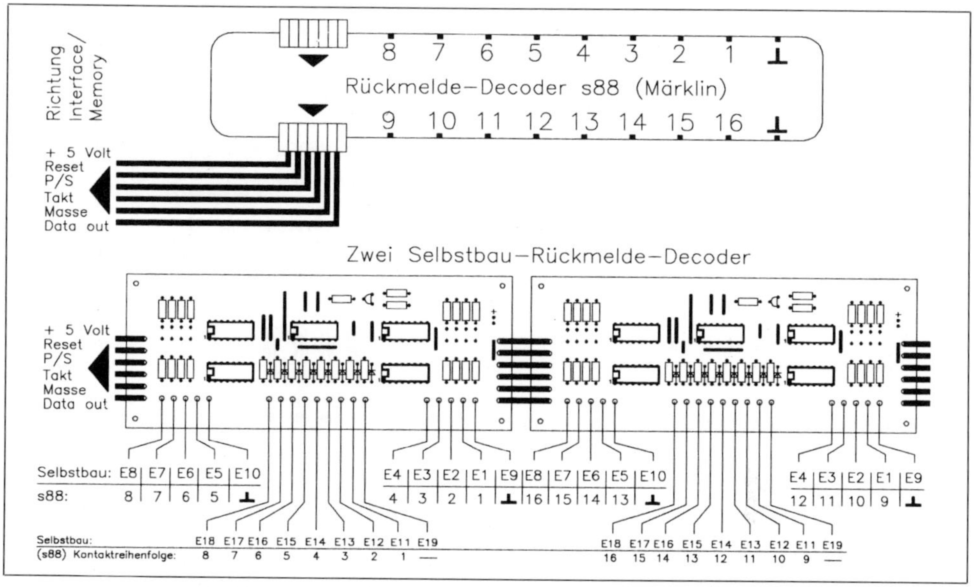

Abb. 11.6: Vergleich der Eingangskontaktbezeichnungen beim Märklin-Rückmelde-Decoder s88 und beim Selbstbau-Rückmelde-Decoder

Abb. 11.7: Anschlußschaltbild Rückmelde-Decoder mit mechanischen Kontaktgleisschaltern

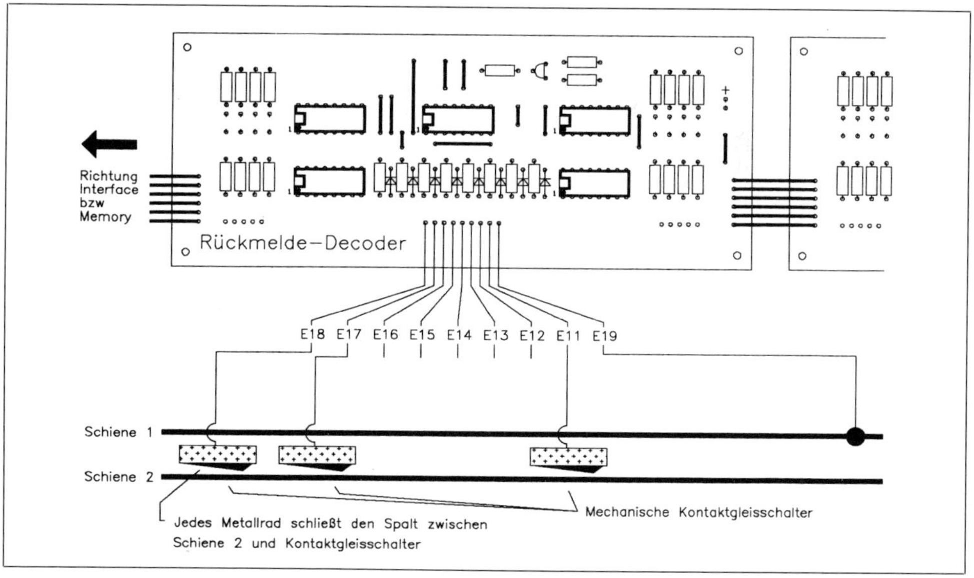

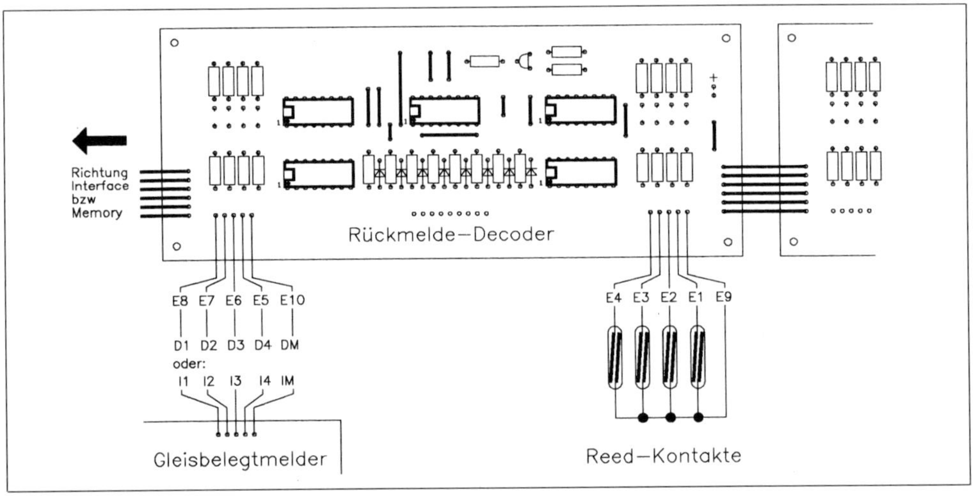

Abb. 11.8: Anschlußschaltbild Rückmelde-Decoder bei Verwendung mit potentialfreien Kontaktgebern oder Gleisbelegtmeldern

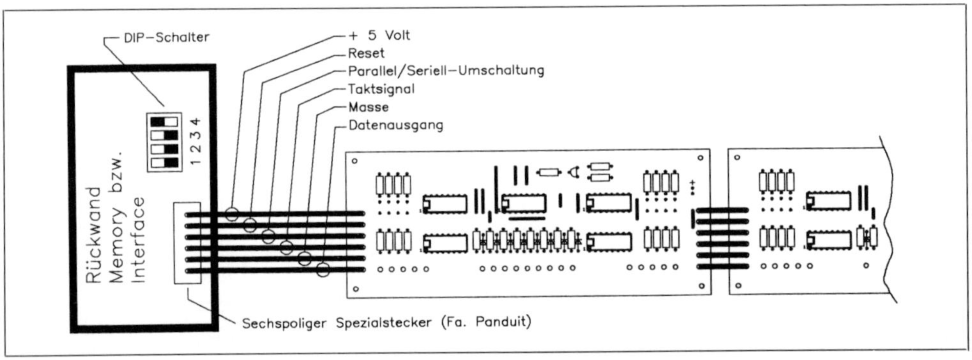

Abb. 11.9: Verbindung Interface bzw Memory mit Rückmelde-Decodern, sowie Adernbelegung des Flachbandkabels

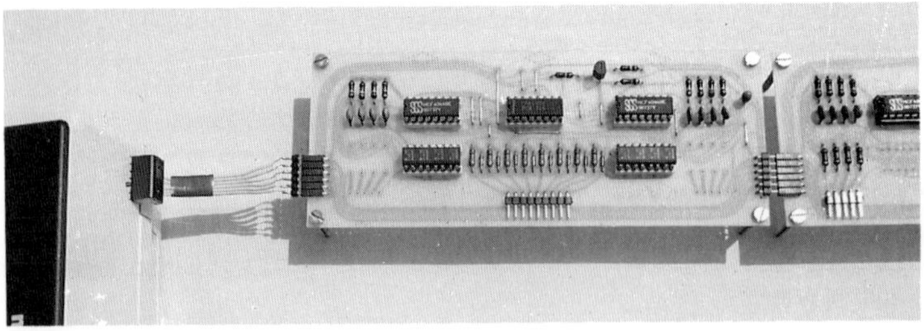

Abb. 11.10: Rückmelde-Decoder, Anschluß an das Interface bzw das Memory und Verbindung mehrerer Rückmelde-Decoder untereinander

gänge (D1 bis D4 und DM) oder die Impulssignalausgänge (I1 bis I4 und IM) eines Gleisbelegtmelders Verwendung finden.

Bei bestimmten Anwendungsfällen ist es notwendig, an *einen* Rückmelde-Decodereingang gleichzeitig *mehrere* Kontaktgeber anzuschließen und zwar dann, wenn zur Auslösung einer Funktion mehr als eine Bedingung erfüllt sein muß. Beispiel: Gleis 1 *und* Gleis 2 müssen frei sein, damit ein Einfahrsignal gestellt werden darf. Wie man das auf einfache Weise realisiert, wird im Zusammenhang mit der Vorstellung des Gleisbelegtmelders im nächsten Kapitel gezeigt.

Zusammenfassung

Mit dem vorgestellten Selbstbau-Rückmelde-Decoder steht eine universell einsetzbare Schaltung zur Verfügung, welche die Meldung von Zuständen von der Modellbahnanlage hin zum Fahrstraßenstellpult Memory oder zum Interface ermöglicht. Im Gegensatz zum Decoder s 88 können an die Selbstbauschaltung neben potentialfreien Kontaktgebern auch mechanische Kontaktgleisschalter und Gleisbelegtmelder angeschlossen werden – eine für den Zweischienen-Zweileiterbetrieb wichtige Voraussetzung zur Verarbeitung zuggesteuerter Meldungen.

12

Bauanleitung Gleisbelegtmelder

Die Kenntnis des Gleisbelegtzustandes ist beim Vorbild eine der wichtigsten Informationen für das Stellwerkspersonal. Für den Modellbahner gilt das ebenso – insbesondere bei Anlagen mit nicht einsehbaren Gleisabschnitten wie Schattenbahnhöfen. Neben einer optischen Anzeige wird zur Reduzierung des Verdrahtungsaufwandes gerade bei Digitalen Mehrzugsteuerungen die Verarbeitung zuggesteuerter Meldungen im „Stellwerk" gefordert. Die vorgestellte Bauanleitung löst diese Probleme – ohne mechanische Eingriffe an Fahrzeugen.

Forderungskatalog

Auf dem Sektor Gleisbelegtmeldung und zuggesteuerte Kontaktgabe sind zwar schon zahlreiche Bauanleitungen veröffentlicht worden, aber keine Schaltung ist auf die speziellen Anforderungen Digitaler Mehrzugsteuerungen beim Zweischienen-Zweileiterbetrieb zugeschnitten. Insbesondere blieb bisher die Notwendigkeit zur logischen Verarbeitung, zur Einbindung der zuggesteuerten Kontakte in schaltungsmäßige Abhängigkeiten eines „Stellwerkes" (wie dem Memory oder der Software eines Rechners) unberücksichtigt.

Der erste Schritt besteht deshalb in der Formulierung eines Forderungskataloges für Gleisbelegtmelder und zuggesteuerte Kontaktgeber:

- Eignung für sämtliche Fahrzeuge, also Triebfahrzeuge und Wagen
- Verwendbarkeit für die Baugrößen N, H0 und I
- Keine mechanischen Manipulationen an Fahrzeugen und an Gleisen
- Funktion in beiden Fahrtrichtungen
- Ständige Wirksamkeit, also auch in spannungslos geschalteten Gleisabschnitten in denen beispielsweise herkömmliche Triebfahrzeuge oder Wagen (mit oder ohne Innenbeleuchtung) abgestellt sind
- Optische Anzeige des Belegtzustandes mittels LED
- Ausgang für Dauersignal
- Ausgang für impulsförmiges Signal (Momentkontakt)
- Steuerbarkeit des Universal-Schalt-Moduls
- Steuerbarkeit des Rückmelde-Decoders s 88 und selbstgebauter Rückmelde-Decoder
- Niedriger und vor allem belastungsunabhängiger Spannungsabfall in der Besetztmeldeschaltung
- Ausreichend hohe Empfindlichkeit von ≥ 10 kΩ
- Stufenlos einstellbare Ansprechempfindlichkeit
- Große Störsicherheit
- Niedriger Eigenstromverbrauch des Besetztmelders
- Externe Stromversorgung zur Entlastung der Central-Unit in Verbindung mit galvanischer Trennung zwischen Digital- und Elektronikstromkreis
- Wahlweise Stromversorgung aus dem Energiedatenbus der Central-Unit, das heißt ohne zusätzliche Hilfsspannung

Wie lassen sich diese zahlreichen Forderungen verwirklichen?

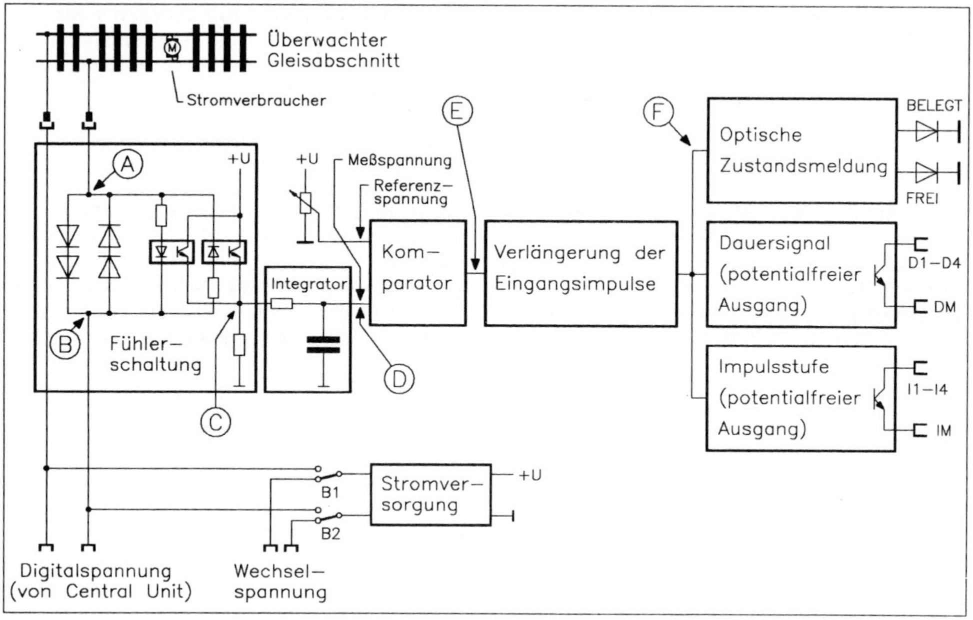

Abb. 12.1: Prinzipschaltung Gleisbelegtmelder und Kontaktgeber

Prinzipschaltung

Abbildung 12.1 zeigt den prinzipiellen Schaltungsaufbau. Grundlage ist die in Abbildung 9.2 skizzierte Stromfühlerschaltung. Als Meßwiderstand R_M dienen in der Praxis anstelle eines ohmschen Widerstandes vier entsprechend Abbildung 12.1 antiparallel geschaltete Dioden, von denen jeweils zwei in Reihe liegen. Befindet sich ein Stromverbraucher auf den Schienen, so erzeugt er zwischen den Punkten „A“ und „B“ einen praktisch belastungsunabhängigen Spannungsabfall von 1,4 Volt. Die Antiparallelschaltung sorgt für eine von der Polarität der Schienenspannung unabhängigen Schaltungsfunktion. Parallel zu jeweils zwei Dioden liegt ein Opto-Koppler, dessen integrierte Leuchtdiode mittels eines Vorwiderstandes geschützt sein muß. Im Ruhezustand liegt der Punkt „C“ auf Masse. Ein durch einen Stromverbraucher hervorgerufener Stromfluß öffnet einen der in den Opto-Kopplern integrierten Transistoren und am Punkt „C“ steht die Spannung +U zur Verfügung. Sie wird durch das RC-Glied integriert und an den Eingang eines Vergleichers geführt. Eine zur Bestimmung der Ansprechempfindlichkeit dienende Referenzspannung wirkt auf den zweiten Komparatoreingang.

Lediglich Eingangsspannungen, deren Amplitude höher als die der Referenzspannung ist, bewirken bei besetztem Gleis am Punkt „E“ (Open-Collektor-Ausgang des Komparators) eine Spannungsänderung von +U nach Masse.

Der anschließende Funktionsblock dient der zeitlichen Verlängerung anstehender Signale und zwar sowohl von impulsförmigen als auch von Dauersignalen. Sie rufen am Punkt „F“ eine Pegeländerung hervor. Die Schaltung besteht aus einem nachtriggerbaren Monoflop und einem NAND-Gatter. Die Anordnung sorgt durch die Nachtriggerbarkeit dafür, daß kürzere Rad/Schiene-Kontaktunterbrechungen nicht zu Freimeldungen führen und daß nach dem verlassen eines Überwachungsabschnittes die Freimeldung etwas verzögert erfolgt.

An den Schaltungspunkt „F“ schließen drei Funktionsblöcke an; zum ersten eine *optische Anzeige* des Belegt- und Freizustandes, wozu zwei Leuchtdioden eingesetzt sind. Zum zweiten eine Stufe, die bei belegtem Gleis ein *potentialfreies Dauersignal* liefert, das beispielsweise zur Steuerung von Rückmelde-Decodern herangezogen werden kann. Die dritte Stufe arbeitet wie ein nicht nachtriggerbares Monoflop. Es erzeugt bei besetztem Gleis einen *einmaligen,* in seiner Dauer bestimmbaren *Impuls,* der gleichfalls *potentialfrei* ausgekoppelt wird und beispielsweise zur Betätigung externer Steuereingänge eines Universal-Schalt-Moduls verwendet werden kann.

Schließlich müssen die Bauelemente mit einer Betriebsspannung von +5 Volt versorgt werden. Zieht man dazu die Digitalspannung heran, so wird die mit den Opto-Kopplern in der Fühlerschaltung geschaffene Potentialtrennung durch eine masseseitige Verbindung zwischen Gleisbelegtmelderlogik und Digitalspannung beeinträchtigt. Technisch einwandfrei ist die Speisung der Schaltung aus einem separaten Trafo mit Wechselspannungsausgang (9 bis 18 Volt). Die gewünschte Versorgungsart wird mit der Anordnung der beiden Drahtbrücken B1 und B2 (siehe Abbildung 12.1) festgelegt.

Bauanleitung

Eine Platine ist zur Überwachung und zur zuggesteuerten Kontaktgabe von *vier Gleisabschnitten* dimensioniert. Abbildung 12.2 enthält den Schaltplan eines Gleisbelegtmelders.

Durch entsprechende Anordnung der Drahtbrücken B1 und B2 kann zwischen der Energieversorgung aus dem Energiedatenbus oder aus einer externen Wechselspannungsquelle gewählt werden.

Der Digitalstrom fließt von der Klemme B (rot) der Central Unit über die Schraubklemme B des Gleisbelegtmelders durch die Dioden D9, D8, (positiver Spannungsanteil), D6 und D7 (negativer Anteil) zur Schraubklemme G1 (bzw G2 bis G4) und von dort durch die zwischen den Schienen befindlichen Stromverbraucher über die Klemmen 0 zurück zur Klemme 0 (schwarz bzw braun) an der Central-Unit.

Da durch die Dioden der gesamte Ausgangsstrom der Zentraleinheit in Höhe von bis zu 3 Ampre fließen kann, wurden Bauteile und Platinenlayout dieser Belastung angepaßt. Dagegen kann man einwenden, daß in *einem* einzelnen Überwachungsabschnitt solche Belastungen normalerweise nicht auftreten. Der Kurzschlußstrom wird nämlich von der Central Unit so schnell abgeschaltet, daß er als Argument gegen die Verwendung von 1 Ampère Dioden nicht stichhaltig erscheint. Schäden sind bei Verwendung von 1 Ampère Dioden ausgeblieben; deren Einsatz stellt also durchaus eine Alternative dar.

Nur bei geschlossenem Stromkreis – wenn irgendein Stromverbraucher die Schienen überbrückt – entsteht an den Dioden ein belastungs*un*abhängiger – also konstanter – Spannungsabfall in Höhe von ca. 1,4 Volt. R6 dient der Empfindlichkeitsbegrenzung und R2 stabilisiert die Schaltung durch Anbindung an das 0-Potential der Central Unit. Parallel zu den Dioden D6 bis D9 sind zwei antiparallel geschaltete Opto-Koppler (IC1 und IC2) mit Vorwiderständen angeordnet, die ab einer Versorgungsspannung von etwa 0,7 Volt sicher arbeiten.

Diese Schaltungskonzeption gewährleistet bei externer Stromversorgung eine vollkommene, galvanische Trennung zwischen Digitalstromkreis und nachgeschalteter Elektronik.

Die galvanische Trennung wäre ebenso durch transformatorische Kopplung (Ferritkern mit Primär- und Sekundärwicklung) realisierbar. Ein solches Verfahren böte im Vergleich zur hier vorgestellten Schaltung sogar Vorteile,

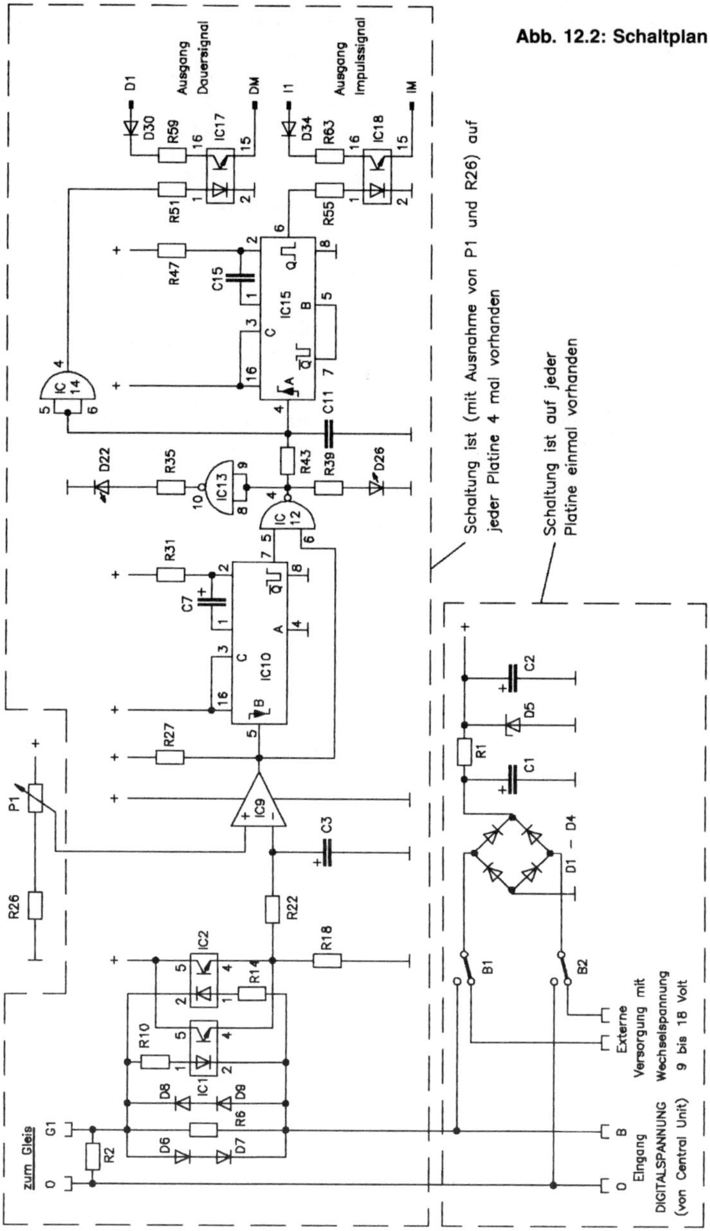

Abb. 12.2: Schaltplan Gleisbelegtmelder

weil dabei keine Versorgungsspannungsreduzierung von 1,4 Volt auftreten würde und eine nicht unerhebliche Zahl an Bauteilen eingespart werden könnte. Dennoch bleibt es beim bloßen Hinweis auf diese Möglichkeit, denn dem Verfahren haftet ein Problem an: Spulen müßten gewickelt werden – und das stößt bekanntlich bei Hobby-Elektronikern auf viele Schwierigkeiten.

Ferner liegt der Gedanke nahe, auf einen der beiden antiparrallel angeordneten Opto-Koppler zu verzichten, weil bei der Digitalspannung immer ein positiver und ein negativer Spannungsanteil vorhanden ist und folglich ein Belegtzustand auch mit nur einem Koppler detektiert werden könnte. An dem den Opto-Kopplern nachgeschalteten RC-Glied R22/C3 würden sich dann aber bei gleichzeitigem *Betrieb konventioneller Loks* in Abhängigkeit der gerade eingestellten Fahrtrichtung und Geschwindigkeit unterschiedliche Spannungsmittelwerte einstellen. Verschiedene Komparator-Ansprechschwellen wären die Folge. Deshalb kann diese Einsparungsmöglichkeit nur bei artreinem Digitalbetrieb uneingeschränkt empfohlen werden.

Zwischen den Emittern der beiden Opto-Koppler und R18 ensteht bei besetztem Gleisabschnitt H-Potential, das über R22 den Tantal-Elko C3 lädt, wobei die Kapazität die Empfindlichkeit der Schaltung mit beeinflußt. Je größer die Kapazität, desto länger dauert die Ladung und desto weniger vermögen kurze Störimpulse die Anordnung zu beeinflussen. Je größer die Kapazität, desto langsamer entlädt sich aber auch der Kondensator über die Widerstände R22 und R18 gegen Masse. Empfohlen werden Kapazitäten zwischen 0,47 μF und maximal 2,2 μF.

Die Ladespannung steht am nichtinvertierenden Eingang eines 4-fach Komparators (IC9) mit geringer Nullspannung an; sie beträgt – je nach Wert des Verbraucherwiderstandes zwischen den Schienen – zwischen 0 und ca.4,2 Volt. Die Schaltschwelle aller vier Komparatorschaltungen ist durch die Dimensionierung des Spannungsteilers P1/R26 einheitlich vorgegeben; der untere Wert von 0,75 Volt wird durch R26 bestimmt. Die Schaltung gibt eine Belegtmeldung ab, wenn die Eingangspannung die mit P1 eingestellte Referenzspannung übersteigt. Bei erstmaliger Inbetriebnahme des Gleisbelegtmelders sollte P1 in Mittelstellung stehen; die Ansprechempfindlichkeit kann bei Bedarf geändert werden. Je weiter P1 nach rechts gedreht wird, desto höher wird die Referenzspannungsvorgabe, desto größer muß folglich der Eingangssignalpegel sein um ein Ausgangssignal zu bewirken. Höhere Referenzspannung bedeutet prinzipiell unempfindlichere, aber gleichzeitig auch noch störsicherere Arbeitsweise.

Im aktivierten Zustand geht der Komparatorausgang auf Masse. Reduziert man den Widerstandswert von R27 auf 470 Ω und legt man in Reihe mit R27 eine Leuchtdiode, so verfügt man bereits über eine funktionsfähige Gleisbelegtmelderschaltung.

Soll eine Besetztanzeige auch noch eine kurze Zeit lang funktionieren nachdem der Zug den Abschnitt bereits verlassen hat, so muß das Komparatorausgangssignal verlängert werden. Um die Wirkungen von Kontaktunterbrechungen aufgrund mangelhaften Rad/Schiene-Kontaktes zu unterdrücken, ist ebenfalls eine Ausgangssignalverlängerung erforderlich. Das Monoflop IC10 ist nachtriggerbar beschaltet, damit durch mangelhaften Rad/Schiene-Kontakt unterbrochene Signale eine erneute Triggerung bewirken. Am Ausgang des Nand-Gatters (IC12) steht somit auch bei mangelhaftem Eingangssignal ein konstanter Ausgangsimpuls zur Verfügung, sofern die erneute Triggerung innerhalb der durch C7/R31 bestimmten Zeitkonstanten erfolgt.

Optisch angezeigt werden Belegt– und Freizustand jedes überwachten Gleisabschnittes. Ein dritter Zustand ist das erlöschen beider Leuchtdioden. Dieser Fall tritt bei Betätigung der Not-Halt-Taste an einem Fahr-Gerät ein, weil bei dieser Funktion die Digitalspannung einfach ausgeschaltet wird.

Nach jeder Unterbrechung der Stromversorgung eines Gleisbelegtmelders zeigen alle

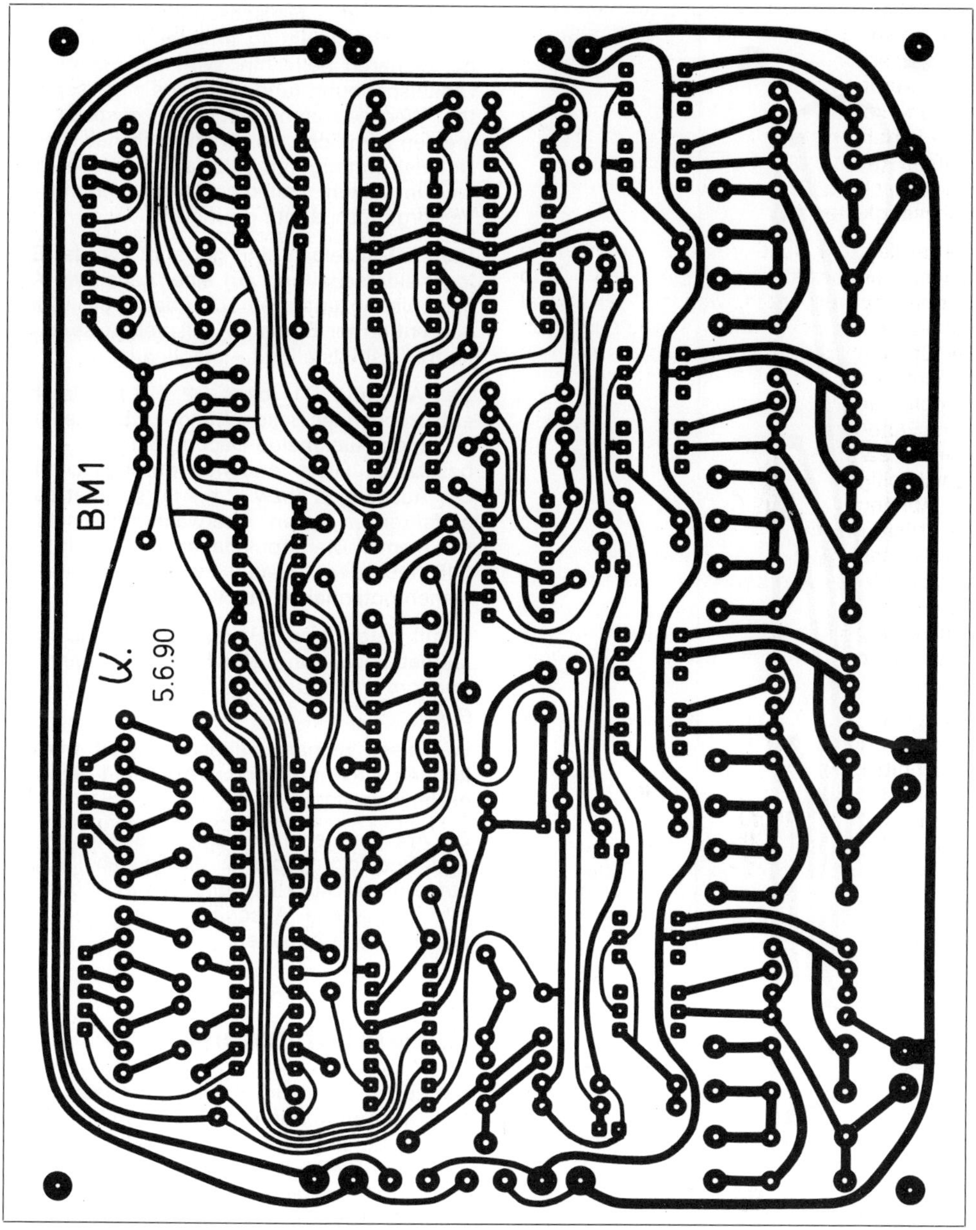

Abb. 12.3: Platinenlayout für Gleisbelegtmelder im Maßstab 1:1, Blick auf Leiterbahnseite

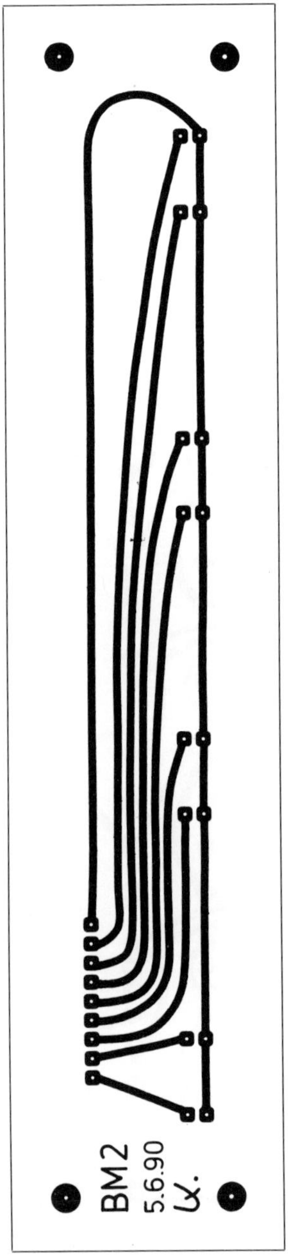

Abb. 12.4: Platinenlayout für Anzeigeplatine zum Gleisbelegtmelder im Maßstab 1:1, Blick auf Leiterbahnseite

Leuchtdioden „Gleisabschnitt belegt". Die Belegtmeldeschaltung arbeitet folglich nach der sicheren Seite hin. Wird die Platine mit Digitalspannung (und nicht aus einer separaten Wechselspannungsquelle) gespeist, so melden sämtliche Anzeigen auch nach jeder Not-Halt-Betätigung „Gleisabschnitt belegt", weil in diesem Fall die Digitalspannung als Versorgungsspannung fungiert.

Die LED-Anzeigen sind getrennt von der Belegtmelderschaltung auf einer separaten Anzeigeplatine untergebracht, damit ein räumlich entfernter Einbau – beispielsweise in einem Gleisbildstellpult – möglich ist.

Der Ausgang D1 (bzw. D2 bis D4) ist bei entsprechender Beschaltung – z. B. Anschluß an einen Rückmelde-Decodereingang – und besetztem Gleis dauernd durchgeschaltet. Der Ausgang I1 (bzw I2 bis I4) schaltet beim einfahren in einen Überwachungsabschnitt nur einmal. Die Impulsdauer wird durch R47/C15 festgelegt. Beide Ausgangssignalarten stehen potentialfrei zur Verfügung.

Damit liefert diese Belegtmelder– und Kontaktgeberschaltung gleich zwei Ausgangssignalformen: *Momentkontakt und Dauersignal.*

Wie diese Signale weiterverarbeitet werden können wird im folgenden Abschnitt „Anwenderhinweise" gezeigt.

Die Abbildungen 12.3 bis 12.6 zeigen Layouts und Bestückungspläne; die in Tabelle 12.1 aufgeführte Stückliste und das in Abbildung 12.7 enthaltene Anschlußschaltbild vervollständigen die Angaben.

Anwenderhinweise

Die LED-Platine zur Anzeige des Gleisbelegtzustandes muß natürlich nicht direkt bei der Platine montiert werden – ihre Unterbringung auf dem Stellpult (Verbindung Platine/Einbauort mittels Flachbandkabel) dürfte der übliche Anwendungsfall sein, wobei es dem Anwender überlassen ist, ob er sich auf die

Tabelle 12.1: Stückliste für Gleisbelegtmelder

IC 1 bis 8	: IL 74, TIL 112, TIL 113, 4N35, 4N37, CNY17-2, CNY17-4 o.ä.
IC 9	: LM 339 (LM 139, LM 239)
IC 10 und 11	: CD 4098 (CD 4528, CD 4538)
IC 12	: CD 4011
IC 13	: CD 4011[1])
IC 14	: CD 4081[2])
IC 15 und 16	: CD 4098 (CD 4528, CD 4538)[3])
IC 17	: PC 847 (TLP 521-4, PS 2401-4)[2])
IC 18	: PC 847 (TLP 521-4, PS 2401-4)[3])
D 1 bis D 4	: 1 N 914 (1 N 4148)
D 5	: Z-Diode 5,1 V/1 Watt
D 6 bis D 21	: 1 N 5402 (BY 255) bis 3 Ampère 1 N 4002 bis 1 Ampère
D 22 bis D 25	: LED grün oder gelb[1])
D 26 bis D 29	: LED rot
D 30 bis D 33	: 1 N 914 (1 N 4148)[2])
D 34 bis D 37	: 1 N 914 (1 N 4148)[3])
C 1	: Elko 100µ/40 V stehende Ausführung
C 2	: Tantal-Elko 10µ/6 V
C 3 bis C 6	: Tantal-Elko 1µ/6 V
C 7 bis C 10	: Tantal-Elko 1µ/6 V
C 11 bis C 14	: Folienkondensator 100 nF[4])
C 15 bis C 18	: Folienkondensator 470 nF[3])
R 1	: 470 Ω/1W
R 2 bis R 5	: 100 kΩ
R 6 bis R 9	: 10 kΩ
R 10 bis R 17	: 10 Ω
R 18 bis R 21	: 100 kΩ
R 22 bis R 25	: 47 kΩ
R 26	: 10 kΩ
R 27 bis R 30	: 100 kΩ
R 31 bis R 34	: 4,7 MΩ
R 35 bis R 38	: 470 Ω[1])
R 39 bis R 42	: 470 Ω
R 43 bis R 46	: 4,7 kΩ[4])
R 47 bis R 50	: 4,7 MΩ[3])
R 51 bis R 54	: 1 kΩ[2])
R 55 bis R 58	: 1 kΩ[3])
R 59 bis R 62	: 1 kΩ[2])
R 63 bis R 66	: 1 kΩ[3])
P 1	: 47 kΩ

[1]) Bauteil erforderlich, wenn optische Gleisfreimeldung gewünscht wird

[2]) Bauteil erforderlich, wenn potentialfreies Dauersignal zur Steuerung weiterer Schaltvorgänge (Rückmelde-Decoder, USM) benötigt wird

[3]) Bauteil erforderlich, wenn potentialfreies Impulssignal zur Steuerung weiterer Schaltvorgänge (Rückmelde-Decoder, USM) benötigt wird

[4]) Bauteil erforderlich, wenn potentialfreies Impulssignal oder Dauersignal zur Steuerung weiterer Schaltvorgänge benötigt wird

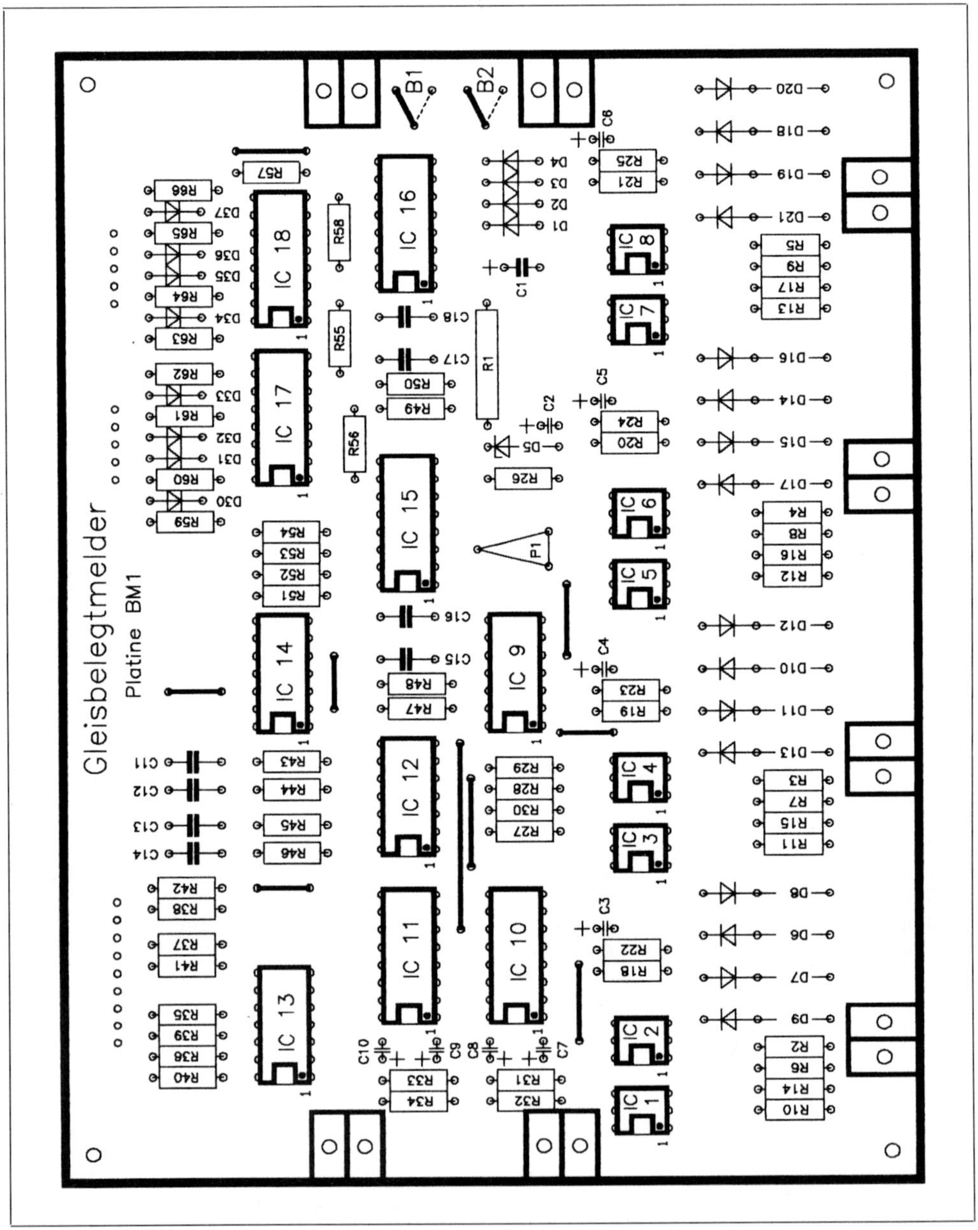

Abb. 12.5: Bestückungsplan für Gleisbelegtmelderplatine

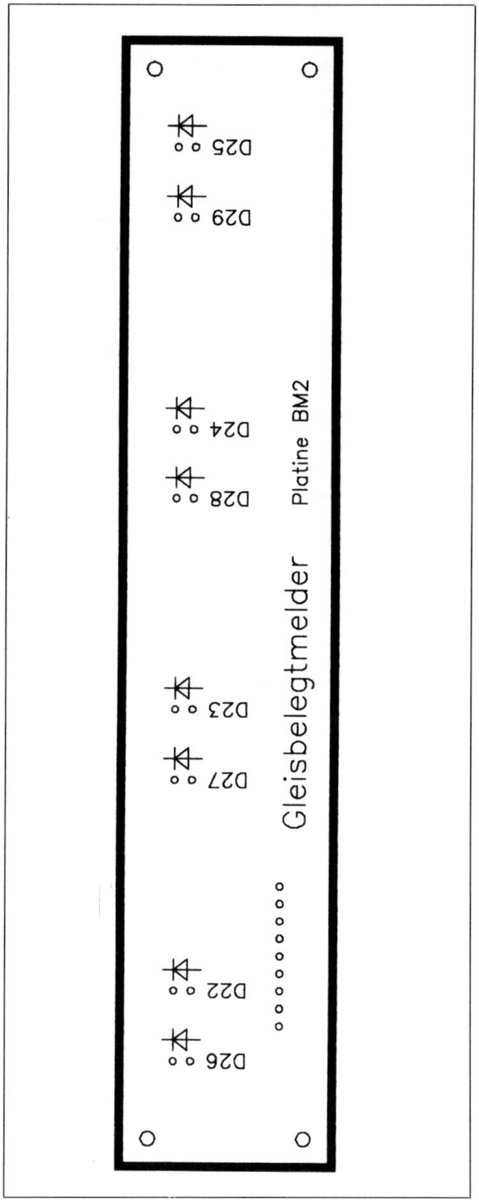

Abb. 12.6: Bestückungsplan für Anzeigeplatine zum Gleisbelegtmelder

Belegtmeldung beschränkt, oder zusätzlich eine Freimeldung wünscht. Die eleganteste Methode ist zweifellos die Anzeige auf einem Monitor, wobei dann auf die LED-Platine verzichtet werden kann.

Eine externe Energieversorgung bietet bei dieser Schaltung im Hinblick auf die Belastung der Central Unit zwar keine gewichtigen Vorteile, sie bewirkt aber eine galvanische Trennung zwischen Energiedatenbus und Auswerteschaltung des Gleisbelegtmelders. Deshalb sollte einer *externen Energieversorgung der Vorzug gegeben werden.*

Wird die Not-Halt-Taste betätigt, oder die Reset-Taste an der Central Unit gedrückt, oder tritt ein Kurzschluß ein, so entsteht über den Dioden des Gleisbelegtmelders kein Spannungsabfall mehr. Die Belegtanzeigen erlöschen folglich trotz externer Stromversorgung. Nach Wiederzuschaltung der Digitalspannung werden die aktuellen Zustände sofort wieder angezeigt. Fehlfunktionen löst dieser Zustand nicht aus, weil ja die Fahrzeuge bei abgeschalteter Digitalspannung stehen bleiben und vor allem sämtliche Informationen in den Eingangs-Flip-Flops der Rückmelde-Decoder gespeichert sind.

Schaltungstechnisch wäre es durchaus möglich, bei Not-Halt zwar alle Triebfahrzeuge (per Sammelbefehl) anzuhalten, die Digitalspannung aber trotzdem anstehen zu lassen – weshalb diese viel bessere (und vom Datenformat her durchaus mögliche) Detaillösung von Arnold und Märklin bislang nicht realisiert ist, läßt sich nicht nachvollziehen.

Der Lok-Decoder einer Digitallok besitzt den aus vielerlei Gründen erfreulich niedrigen Eigenstromverbrauch von nur 1,5 mA (bei Fahrzeugstillstand und ausgeschalteter Beleuchtung). Das entspricht einem Widerstand von etwa 10 kΩ. Damit ist das Empfindlichkeits*minimum* der Fühlerschaltung vorgegeben. Die Empfindlichkeit hängt in hohem Maße vom verwendeten Opto-Kopplertyp ab; dazu einige Beispiele:

Verwendeter Opto-Koppler Typ:	Erreichte Empfindlichkeit:
IL 74	bis ca. 20 kΩ
TIL 112	mindestens 33 kΩ
TIL 113 (Darlington-ausführung)	über 47 kΩ bis über 100 kΩ

Bestückt man eine Platine z.B. mit Opto-Kopplern des Typs TIL 112, so bewirken verschiedene Verbraucherwiderstände die folgenden Eingangsspannungen am nichtinvertierenden Eingang des Komparators:

R_{Gleis} [kΩ]:	10	22	33	47	56	82
$U_{Komparatoreingang}$ [V]:	4,2	4,2	4,2	3	2	0,8

Nutzt man folglich die Möglichkeiten der Referenzspannungsvorgabe mit Potentiometer P1, so lassen sich selbst sehr hochohmige Verbraucher mit relativ einfachen Kopplern erfassen.

Für Experimentierfreudige sei angemerkt, daß sich die Empfindlichkeit nicht nur durch die Optokopplerwahl beeinflussen läßt, sondern auch durch Veränderung der Widerstandswerte von R2 (bis R5), R6 (bis R9), R18 (bis R21) und R22 (bis R25). Von unnötig hohen Ansprechempfindlichkeiten ist mit Blick auf eine sichere Schaltungsfunktion allerdings abzuraten.

Der Gleisbelegtmelder spricht – wie mehrfach erwähnt – auf jedes Fahrzeug mit einem Stromverbraucher an; Beispiele: Lok-Motor, Lok-Beleuchtung, Dampfentwickler, Geräuschelektroniken, Innenbeleuchtungen von Wagen und Zugschlußsignale von Wagen. Daran wird deutlich, daß eine Vielzahl von Fahrzeugen als Kontaktgeber geeignet sind, *ohne daß an ihnen irgend etwas manipuliert werden muß.* Aber was kann getan werden, um auch alle übrigen Fahrzeuge registrieren zu können?

Überbrückt man beispielsweise die beiden Schienen mit den Fingern, so meldet der Belegtmelder das bereits – es genügt folglich ein ganz geringer Strom. Abbildung 12.8 zeigt ein praktisches Beispiel: Eine mit *Leitlack* bestrichene Achsisolierung. Diese Methode erscheint geradezu ideal; Widerstands-Leitlack ist sehr preiswert und vor allem leicht zu verarbeiten. Natürlich setzt diese Methode voraus, daß die Fahrzeuge mit Metallradsätzen ausgestattet sind.

Gelegentlich wird auch eine Achsüberbrükkung durch hochohmige Widerstände empfohlen. Dieser Vorschlag erfordert das erhitzen der Räder (beim löten) und dies kann leicht zu Schäden an den Isolierungen führen, weshalb hiervon ausdrücklich abgeraten wird.

Ist ein besetzter Gleisabschnitt von Fahrzeugen geräumt, so wird die Belegtmeldung anschließend noch kurze Zeit aufrecht erhalten. Maßgebend hierfür ist in erster Linie die Kapazität der Kondensatoren C7 bis C10. Realistische Zeiten erreicht man mit Werten zwischen 1 µF und maximal 4,7 µF.

Sollten in Einzelfällen extrem lange Einzelimpulse an den Schaltungsausgängen I1 bis I4 gewünscht sein, so kann die Kapazität der Kondensatoren C15 bis C18 durch Verwendung von Tantaltypen (anstelle der vorgeschlagenen Folien-Kondensatoren) bis auf einige µF erhöht werden.

Das gewählte Schaltungskonzept erlaubt zahlreiche Bestückungsvarianten, beispielsweise mit und ohne optische Anzeigen, wobei Frei– und Belegtmeldung, oder auch nur letzteres realisiert werden kann. Weitere Varianten ergeben sich aus der Nutzung der zur Verfügung gestellten Ausgangssignale; sollen Dauersignale oder Impulsignale oder beide Arten weiterverarbeitet werden usw. Je nach Anwendungsfall kann der Benutzer die Bestückung der Platinen vornehmen. Exakte Hinweise enthält die Stückliste. Die Abbildungen 12.9 und 12.10 zeigen zwei Bestückungsvarianten, wobei der gravierende Unterschied im Bauteileaufwand zwischen einfacher, optischer Belegtanzeige und der möglichen Maximalbestückung augenfällig wird! In beiden Abbildungen sind die Anzeigeplatinen direkt

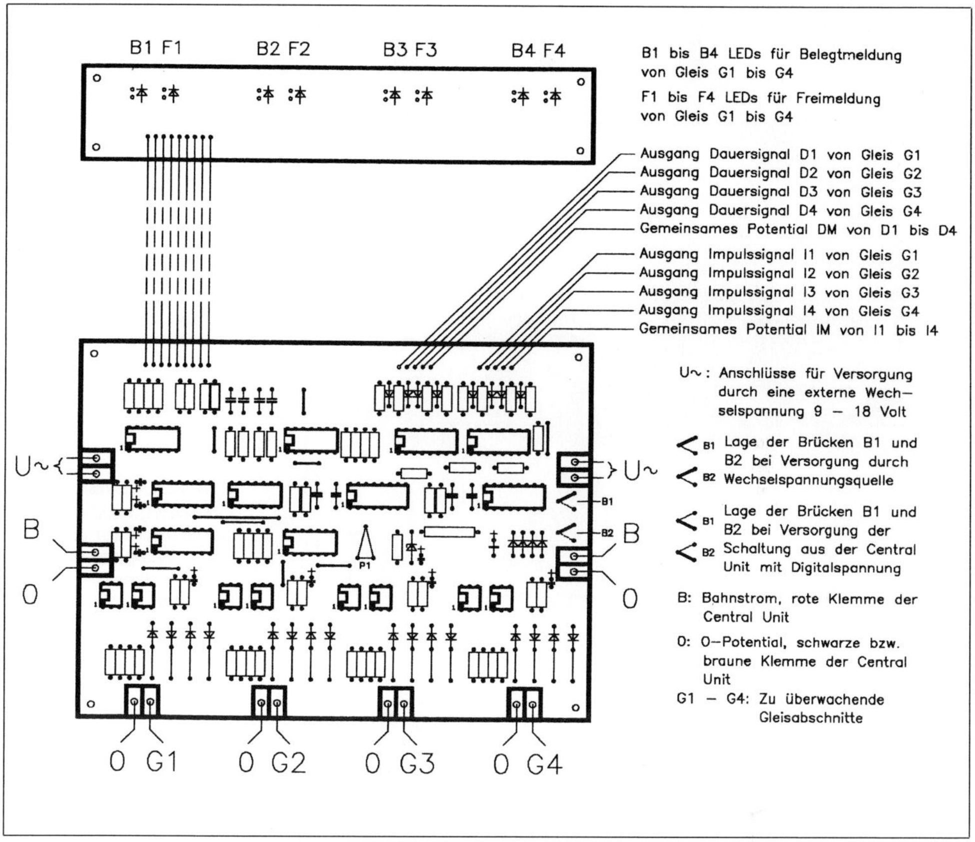

Abb. 12.7: Anschlußschaltbild Gleisbelegtmelder

Abb. 12.8: Kontaktgeber für Gleisbelegtmelder: eine mit Leitlack bestrichene Achsisolierung

Abb. 12.9: Betriebsfertige Gleisbelegtmelderplatine, bestückt zur optischen Belegtmeldung von vier Gleisabschnitten

Abb. 12.10: Betriebsfertige Platine, Bestückung für optische Belegt– und Freimeldung, Weiterverarbeitung aller Dauersignal- und Impulssignale und mit 3 Ampère Dioden (Maximalbestückung).

Abb. 12.11: Anschlußschaltbild für Gleisbelegtmelderplatine bei *einschieniger* Trennung der Gleise und Stromversorgung der Platine aus der Central Unit

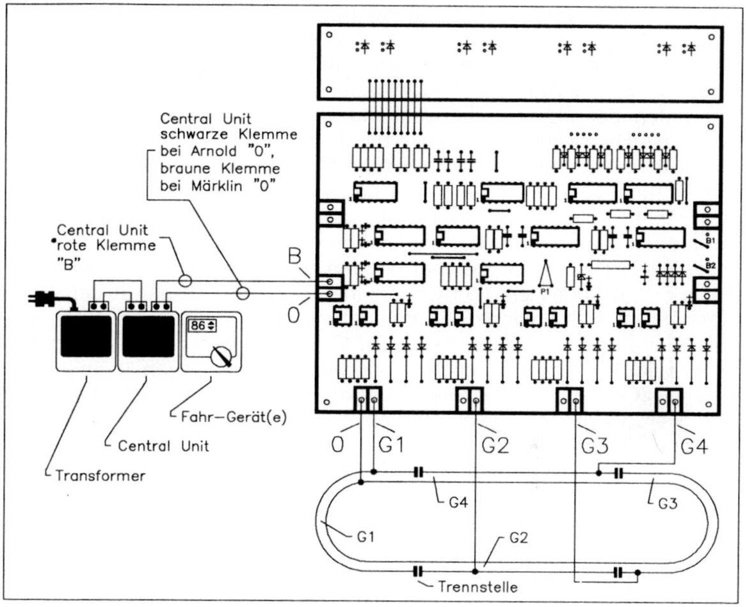

Abb. 12.12: Anschlußschaltbild für Gleisbelegtmelderplatine bei *zweischieniger* Trennung der Gleise und Stromversorgung der Platine durch einen separaten Trafo

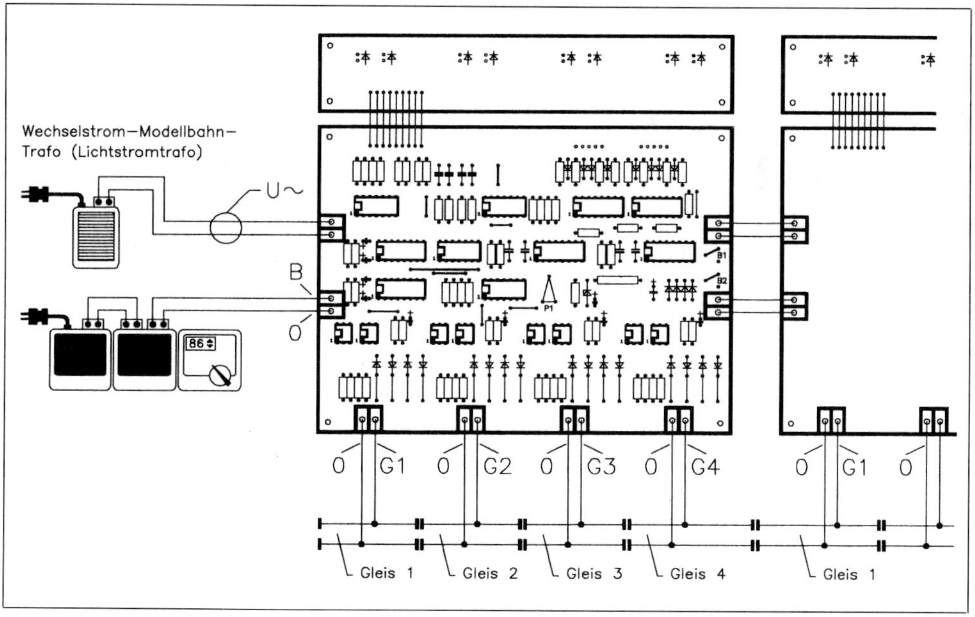

über die Steckverbinder mit den eigentlichen Platinen verbunden; in der Praxis fügt man an dieser Stelle natürlich ein Flachbandkabel ein und montiert die Anzeigen im Stellpult.
Für jeden der vier zu überwachenden Abschnitte stehen zwei Anschlüsse – nämlich G1 (bzw G2 bis G4) und 0 (siehe Abbildung 12.7) – zur Verfügung. Alle 0-Anschlüsse haben auf der Platine identisches Potential; folglich kann wahlweise nur eine der beiden Schienen eines Gleisabschnittes getrennt werden. Das sollte in Anlehnung an die NEM die in Fahrtrichtung rechte Schiene (Energiedatenbus, rote Klemme *B* (wie *B*ahnstrom) der Central Unit) sein. Eine zweischienige Isolierung ist beispielsweise für Kehrschleifen unumgänglich, weil bei gleichzeitigem Betrieb konventioneller Triebfahrzeuge die Polarität der Spannung zweipolig umgeschaltet werden muß. Programmiergleisabschnitte erfordern ebenfalls eine zweischienige Trennung.

Nachbaufähig aufbereitete Anschlußschaltbilder enthalten die Abbildungen 12.11 und 12.12. Beim ersten Beispiel wird die Belegtmelderplatine mit Digitalstrom versorgt; auf die richtige Lage der Brücken B1 und B2 (siehe Anschlußschaltbild Abb. 12.7) ist zu achten. Das zweite Beispiel wurde mit einer externen Stromversorgung aus einem sog. Modellbahnlichtstromtrafo aufgebaut. Außerdem zeigt die Darstellung, wie die Verbindung zwischen mehreren Gleisbelegtmelderschaltungen ausgeführt werden kann – einfach die benachbarten Schraubklemmenanschlüsse miteinander verbinden.

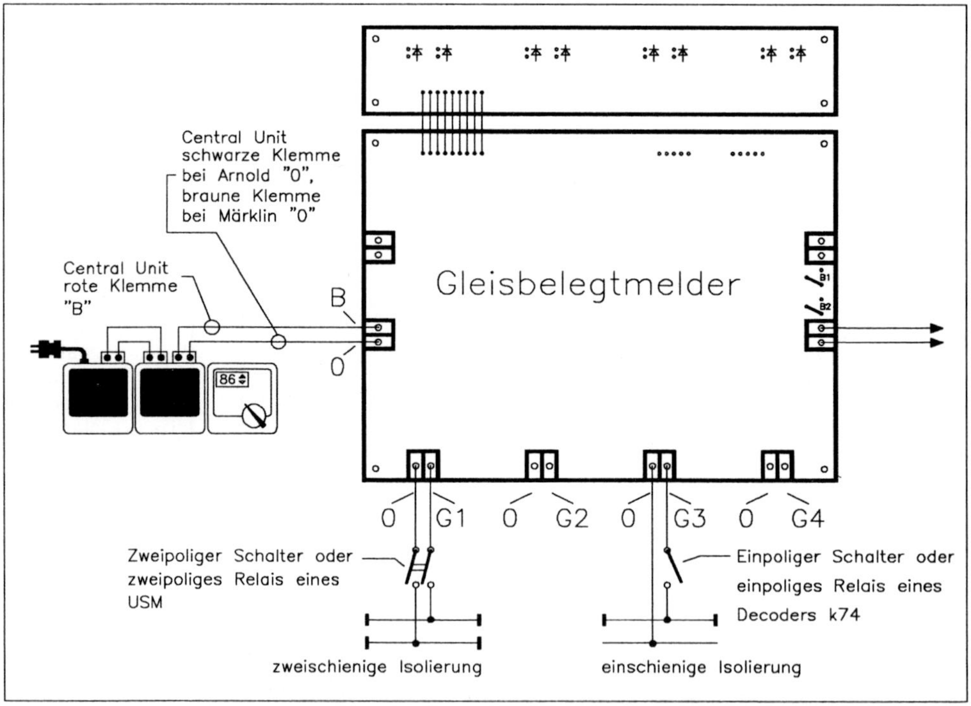

Abb. 12.13: Kombination Gleisbelegtmelderplatine mit ausgeschalteten Gleisabschnitten und Stromversorgung der Platine aus dem Energiedatenbus

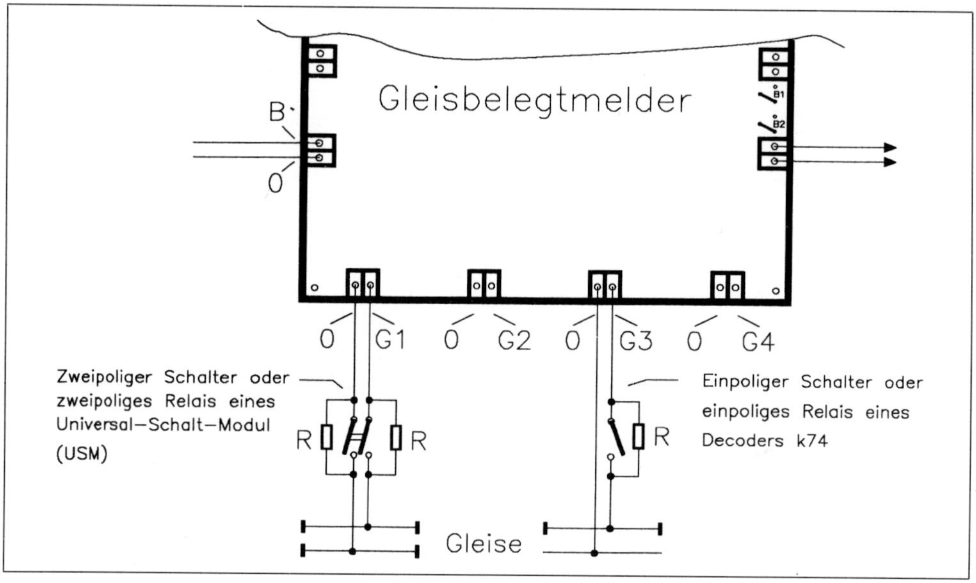

Abb. 12.14: Überbrückung von Relaiskontakten mit Widerständen zur Funktion des Gleisbelegtmelders in abgeschalteten Gleisabschnitten

Nun kommt natürlich auch der Fall vor, daß Gleisbelegtmelder und Relais kombiniert werden müssen und zwar dann, wenn beispielsweise in Kehrschleifenabschnitten die Polarität umgeschaltet werden muß. Wichtig ist hierbei die Reihenfolge der Baugruppen: Erst die Central Unit, dann der Gleisbelegtmelder, anschließend das Relais oder mechanische Schalter und schließlich die Schienen, welche in diesem Fall beidseitig und zweischienig von den angrenzenden Abschnitten getrennt sein müssen. Abbildung 12.13 verdeutlicht das.

Und ein weiterer Anwendungsfall erscheint von Bedeutung, nämlich eine funktionierende Gleisbelegtmeldung in spannungslos geschalteten Gleisabschnitten. Dies ist beispielsweise wichtig, wenn in einem Digitalstromkreis gerade nicht im Einsatz befindliche Analog-Loks in Abstellgleisen abgestellt werden sollen oder für die Überwachung spannungslos geschalteter Signalhalteabschnitte. In solchen Fällen muß der Relaiskontakt (bei zweipoliger Abschaltung beide Relaiskontakte) einfach durch einen 2,2 kΩ Widerstand überbrückt werden, damit auch dort die Digitalspannung für einen Stromfluß – einen Meßstrom – sorgen kann, so wie das in Abbildung 12.14 dargestellt ist.

Mit den Gleisbelegtmelderausgängen können verschiedene andere Bausteine angesteuert werden; ein serienmäßiger Märklin-Rückmelde-Decoder s88 ebenso wie der im vorigen Kapitel vorgestellte Selbstbau-Rückmelde-Decoder. Die Abbildungen 12.15 und 12.16 zeigen konkrete Ausführungsbeispiele. Bei jedem Fall können dazu – je nach Anwendung – die Dauersignalausgänge oder die Impulssignalausgänge oder beide Ausgangsarten des Gleisbelegtmelders verwendet werden.

Wenn zur Auslösung einer Funktion am Fahrstraßenstellpult Memory mehrere Bedingungen erfüllt sein müssen (z. B. Gleis 1 *und* Gleis 2 müssen frei sein), ist die Beschaltung eines Rückmelde-Decodereinganges mit *mehreren* Gleisbelegtmelderausgängen erforderlich. Als

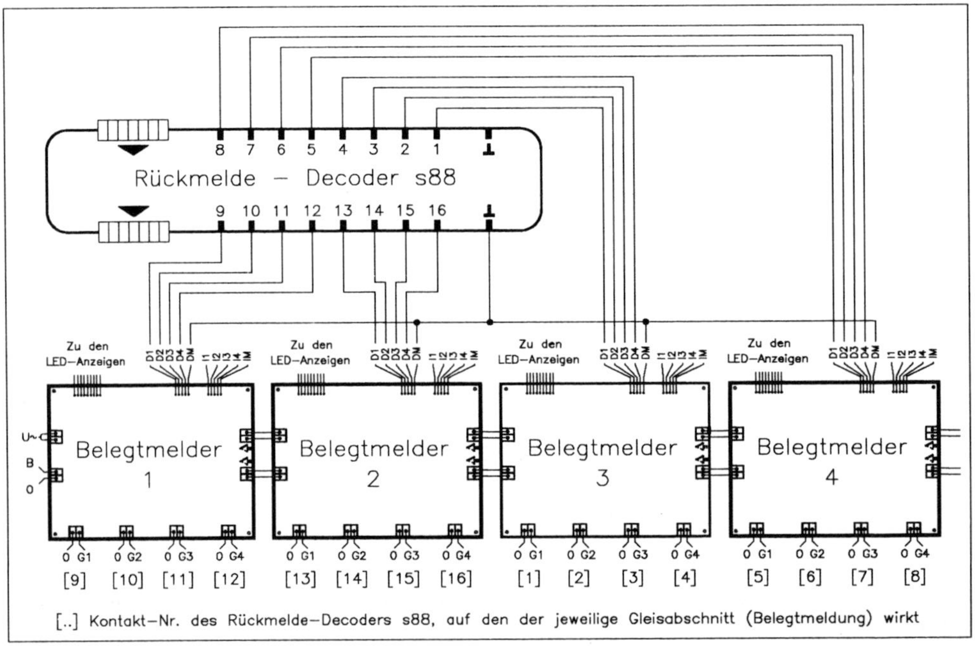

Abb. 12.15: Anschluß Gleisbelegtmelderplatine an Märklin Rückmelde-Decoder s88

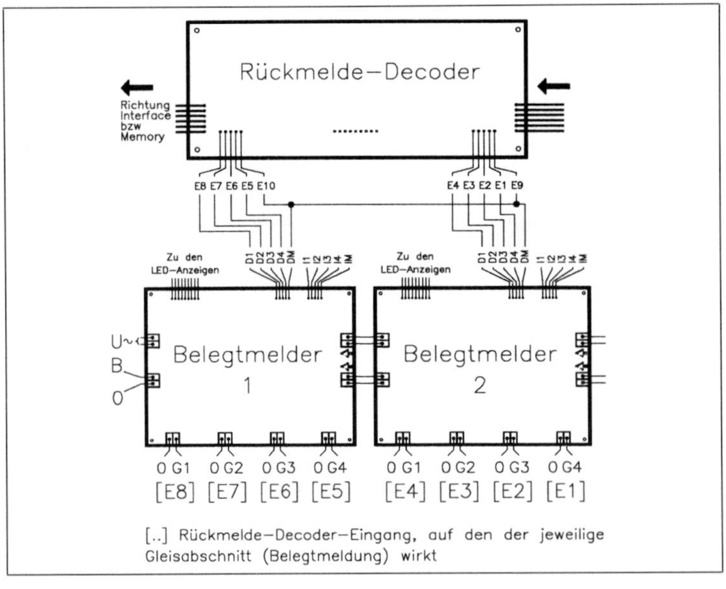

Abb. 12.16: Anschluß Gleisbelegtmelderplatine an Selbstbau-Rückmelde-Decoder

anschauliches Beispiel sei auf eine Schattenbahnhofsteuerung mit Fahrstraßenstellpult Memory und Rückmelde-Decodern verwiesen (Schaltung im Buch „Modellbahn digital gesteuert“, Georg Fuhs, Märklin Nr. 0306, Seite 159 ff). Wie Abbildung 12.17 zeigt, ist ein solcher Anschluß einfach herzustellen, weil im hier vorgestellten Gleisbelegtmelder die zur Entkopplung mehrerer Ausgänge erforderlichen Dioden bereits integriert sind und zwar sowohl bei den Dauersignal– wie bei den Impulssignalausgängen.

Jedes Universal-Schalt-Modul (USM) hat zwei jeweils zweipolige Relaisausgangsstufen (siehe Abbildung 5.5) mit Umschaltkontakten, welche nicht nur über das Keyboard, sondern zusätzlich direkt mittels zuggesteuerter Kontakte geschaltet werden können. Als Kontaktgeber lassen sich mechanische Kontaktgleisschalter (siehe Abbildung 9.3) verwenden, wobei für eine Ausgangsstufe zwei Kontaktgleisschalter (Relais Stellung „A“, Relais Stellung „B“) an die entsprechenden Schraubklemmen des USM (siehe Abbildung 12.18) anzuschließen sind. Nachteilig an dieser Schaltung ist, daß sich damit nur Momentkontakte realisieren lassen.

Abhilfe schafft die Gleisbelegtmelderplatine. Mit ihren Ausgängen können nämlich auch Universal-Schalt-Module betätigt werden. Je nach Anwendungsfall sind dafür Impulsausgänge (in der Wirkung den Kontaktgleisschaltern vergleichbar), oder besser Dauersignalausgänge einsetzbar. Dabei ist lediglich zu beachten, daß das gemeinsame Potential der verwendeten Gleisbelegtmelderausgänge (IM bzw DM) zusätzlich mit der Klemme B (oder 0) des zu steuernden USM verbunden werden muß (siehe Abbildung 12.19). Liegt an einem Steuereingang des USM beispielsweise ein Dauersignal an und wird anschließend der zweite Eingang aktiviert, so behält das USM seine ursprüngliche Relaisstellung so lange bei, wie der zuerst eingegangene Steuerbefehl vorhanden ist. Die Kenntnis dieses Sachverhaltes erscheint für zahlreiche Anwendungsfälle wichtig, denn daraus resultiert die Möglichkeit beispielsweise einen Signalhalteabschnitt mittels Dauersignal des Gleisbelegtmelders spannungslos zu schalten („dauer-

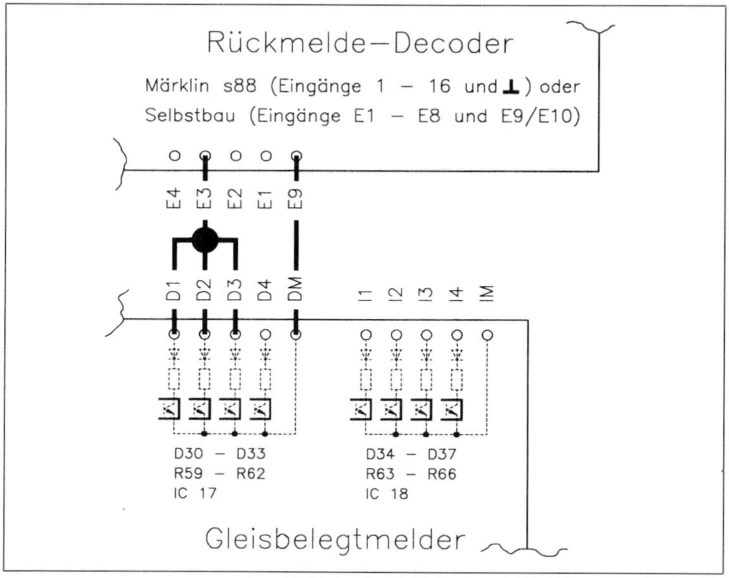

Abb. 12.17: Gleichzeitiger Anschluß mehrerer Gleisbelegtmelderausgänge an *einen* Rückmelde-Decodereingang

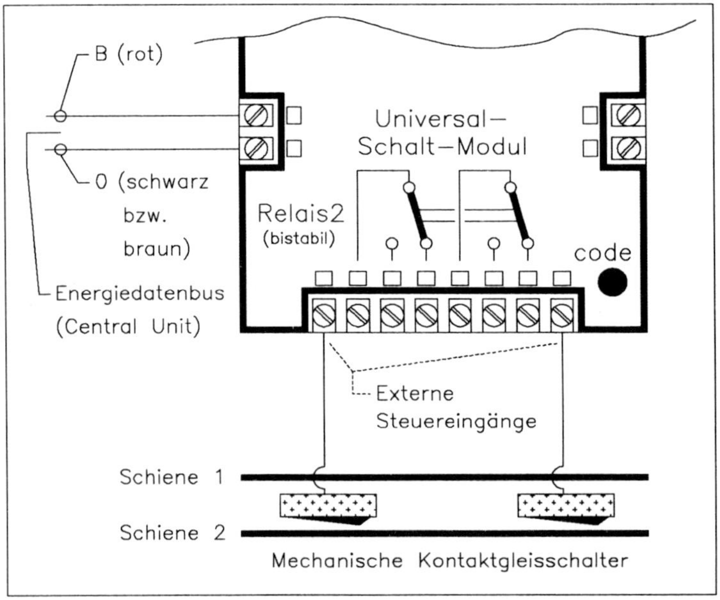

Abb. 12.18: Steuerung eines Arnold Universal-Schalt-Moduls (USM) mit mechanischen Kontaktgleisschaltern

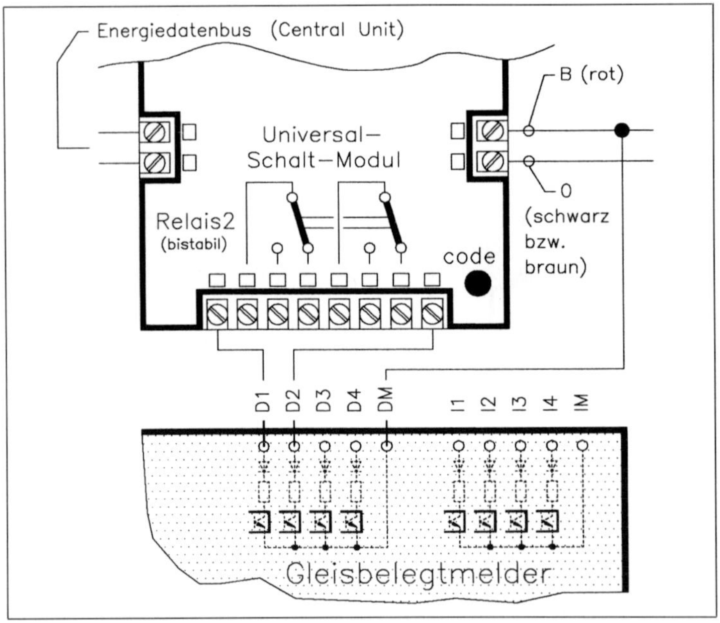

Abb. 12.19: Steuerung eines Arnold Universal-Schalt-Moduls (USM) mit Daueraignalausgängen eines Gleisbelegtmelders

haft" zu „sperren"), was sich mit Momentkontakten leider nicht realisieren läßt. Das heißt, die Gleisbelegtmeldung setzt über das USM z.B. ein in Fahrtrichtung „dahinterliegendes" Signal so lange auf „Halt", wie sich ein Zug in dem vor dem Signal angeordneten Blockabschnitt befindet. Auch möglicherweise am zweiten Steuereingang des USM (Signal „Fahrt frei" eingehende Kommandos vermögen daran nichts zu ändern – ein einfacher Weg zu sicher arbeitenden Selbstblocksteuerungen.

Zusammenfassung

Der speziell für den Digitalbetrieb von Zweischienen-Zweileiter-Bahnen konzipierte Gleisbelegtmelder ist ein vielfältig nutzbarer Baustein. Er kann sowohl als eigenständige Baugruppe zur bloßen optischen Anzeige von Gleisbelegt- und Gleisfreizuständen verwendet werden, wie auch als Ergänzung von Rückmelde-Decodern zur Steuerung des Fahrstraßenstellpultes Memory oder des Interface, oder zur Betätigung des Universal-Schalt-Moduls.

Durch die Dauersignalausgänge des Gleisbelegtmelders sind nun auch beim Zweischienen-Zweileiter-Betrieb zuggesteuerte Betriebsabläufe mit dem Memory *uneingeschränkt* realisierbar.

Darüberhinaus steht mit dieser Baugruppe ein unabdingbares Hilfsmittel für den rechnergesteuerten Betrieb zur Verfügung.

13 Bauanleitung Potentialfreier Schaltverstärker

Wie kann man Antriebe digital steuern und sie dabei dennoch mit einfacher Wechselspannung versorgen? Und auf welche Weise lassen sich beim Digitalbetrieb Magnetartikelantriebe mit unterschiedlich hohen Versorgungsspannungen speisen? Welche Möglichkeiten bestehen zur Verbesserung der Fahreigenschaften bei Weichenantrieben ohne Herzstückpolarisation? Die folgende Bauanleitung bietet Lösungen für solche Probleme.

Aufgabenstellung

Bei digitaler Steuerung von Magnetartikeln sind Schwierigkeiten nicht auszuschließen, wenn Antriebe mit hohem Schaltstrombedarf (über 1 Ampère) verwendet werden sollen. Auch der sichere Betrieb von Antrieben, die eine höhere als die sonst übliche Versorgungsspannung von 12 Volt benötigen, ist bei Steuerung mit serienmäßigen Magnetartikel-Decodern nicht immer gewährleistet. Ein Beispiel dafür sind PECO-Antriebe. Und bei so manchem Fremdfabrikat fehlt auch heute noch der zur sicheren Befahrbarkeit der Weichen – also zur Herzstückpolarisation – erforderliche Umschaltkontakt.

Probleme treten auch auf, wenn mehrere an einen Decoder angeschlossene Antriebe zeitlich kurz hintereinander – beispielsweise bei einer Fahrstraßenschaltung – geschaltet werden. In diesem Fall können Schaltunsicherheiten und Digitalspannungseinbrüche auftreten.

Magnetartikelantriebe arbeiten auf konventionell betriebenen Anlagen mit billiger Wechselspannung einwandfrei. Daher ist nicht einzusehen, weshalb bei digital gesteuerten Anlagen zur Energieversorgung Digitalstrom verwendet werden soll. Das führt zu einem erhöhten Bedarf an teueren Trafo/Booster-Einheiten. Folglich lautet das Ziel: digitale Steuerung von Magnetartikeln bei gleichzeitiger Energieversorgung mit einfacher Wechselspannung.

Aufgabe der folgenden Schaltung ist die Lösung der aufgezählten Schwierigkeiten.

Prinzipschaltung

Zwischen serienmäßigen Magnetartikel-Decoder k87 und Magnetartikelantrieb wird gemäß Abbildung 13.1 eine Potentialtrennstufe mit nachgeschaltetem Leistungsverstärker eingefügt. Die Spannungen am Decoderausgang dienen jetzt nur noch als Steuersignale, welche die Opto-Koppler aktivieren. Gleichzeitig mit dem Weichenantrieb schaltet ein bistabiles Relais, dessen Umschaltkontakte vor allem zur Herzstückpolarisierung herangezogen werden können. Die Möglichkeit zur Schaltung der Weichen vor Ort mittels Taster und eine Stellungsanzeige durch Leuchtdioden stellen eventuell willkommene Abfallprodukte der Schaltung dar.

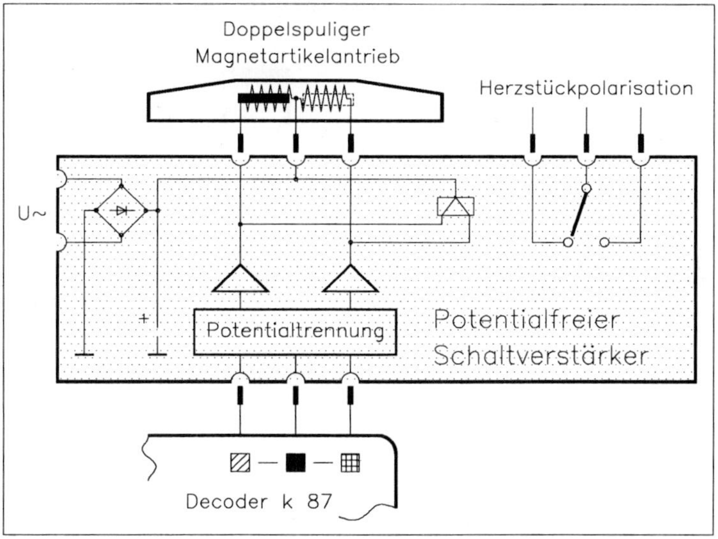

Abb. 13.1: Prinzipschaltung Potentialfreier Schaltverstärker

Bauanleitung

Das vollständige Schaltbild ist in Abbildung 13.2 dargestellt. Da mit einem Magnetartikel-Decoder vier doppelspulige Verbraucher gesteuert werden können, wurde auch die Leistungsstufe entsprechend ausgelegt; im Schaltplan ist der Einfachheit halber nur eine Stufe abgebildet. Angeschlossen wird die Schaltung an eine Wechselspannung, die zwischen 9 Volt und maximal 18 Volt betragen darf. Nach Gleichrichtung durch die aus vier einzelnen Dioden aufgebaute Brückenschaltung und anschließende Glättung durch den Elko C1 steht damit im unbelasteten Zustand eine Gleichspannung von 13 Volt bis 25 Volt zur Verfügung, die u.a. zur Versorgung der Magnetartikelantriebe dient. Die Antriebe werden mit Gleichspannung betrieben, weil auf diese Weise ein schalten der Verbraucher durch einfache Transistorstufen möglich ist und die Kapazität eines Ladekondensators zur Abdeckung des hohen Anfangsschaltstromes der magnetischen Antriebe hilfreich erscheint. Würde man mit Wechselspannung arbeiten, so müßten im Elektronikhandel schwerer erhältliche Triacs als Schaltelemente verwendet werden. Jede Spule eines doppelspuligen Antriebes liegt mit dem einen Wicklungsende an positiver Spannung und mit dem anderen über einen als Schalter eingesetzten Darlington-Leistungstransistor mit integrierter Freilaufdiode an Masse. Der Transistor ist im Ruhezustand gesperrt, die Spule also spannungslos.

Angesteuert wird jeder Transistor über einen Kleinsignaltransistor eines Vierfach-Opto-Kopplers. Die Verwendung von Opto-Kopplern sichert eine einwandfreie Potentialtrennung zwischen der Ausgangsspannung des Decoders k87 und der Versorgungsspannung der Leistungsstufe. Gleichzeitig mit der Schaltung jedes Leistungstransistors wird ein bistabiles Relais d1 betätigt. Dessen einer Umschaltkontakt k1 steht zur Schaltung der Herzstückpolarität in Abhängigkeit der Weichenstellung und damit zur Verbesserung der Stromzufuhr von Fahrzeugen zur Verfügung. Der andere Kontakt k2 schaltet die Leuchtdioden D21 und D25. Sie zeigen die momentane Stellung des Magnetartikelantriebes optisch an. Wer das nicht braucht, kann auf diese Bauteile selbst-

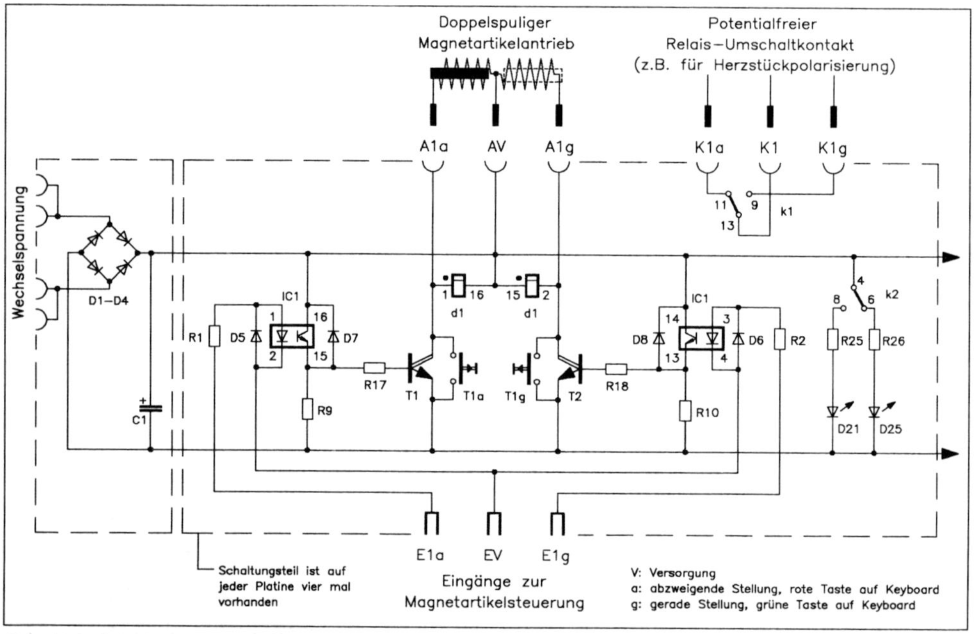

Abb. 13.2: Schaltplan Potentialfreier Schaltverstärker

Tabelle 13.1: Stückliste Potentialfreier Schaltverstärker

IC 1, IC 2	: PC 847 (TLP 521-4, PS 2401-4)
T 1 bis T 8	: TIP 121 (TIP 122, TIP 130, TIP 131)
D 1 bis D 4	: 1 N 5402 (BY 255) bis 3 Ampère 1 N 4002 bis 1 Ampère
D 5 bis D 20	: 1 N 914 (1 N 4148)
D 21 bis D 24	: LED rot[1])
D 25 bis D 28	: LED grün[1])
C 1	: Elko 2 200/µ40 V
R 1 bis R 8	: 10 kΩ
R 9 bis R 16	: 22 kΩ
R 17 bis R 24	: 2,2 kΩ
R 25 bis R 32	: 2,2 kΩ[1])
T1a bis T4b	: Taster (Schließer), einpolig[2])
d 1 bis d 4	: Siemens, Kleinrelais D2, mit zwei Wicklungen, bistabil, Bestellbezeichnung V 23042-B1203-B101, Spulenspannungsbereich 9–24 Volt, Spulenwiderstand 720 Ω[3]); Bezugsquellenbeispiel: Conrad Elektronik, Klaus-Conrad-Str. 1, W-8452 Hirschau

[1]) Bauteile erforderlich, wenn optische Stellungsanzeigen gewünscht werden
[2]) Bauteil erforderlich, wenn Magnetartikel zusätzlich vor Ort geschaltet werden sollen
[3]) Bauteil erforderlich, wenn Umschaltkontakt zur Herzstückpolarisation benötigt wird, oder optische Stellungsanzeigen notwendig erscheinen

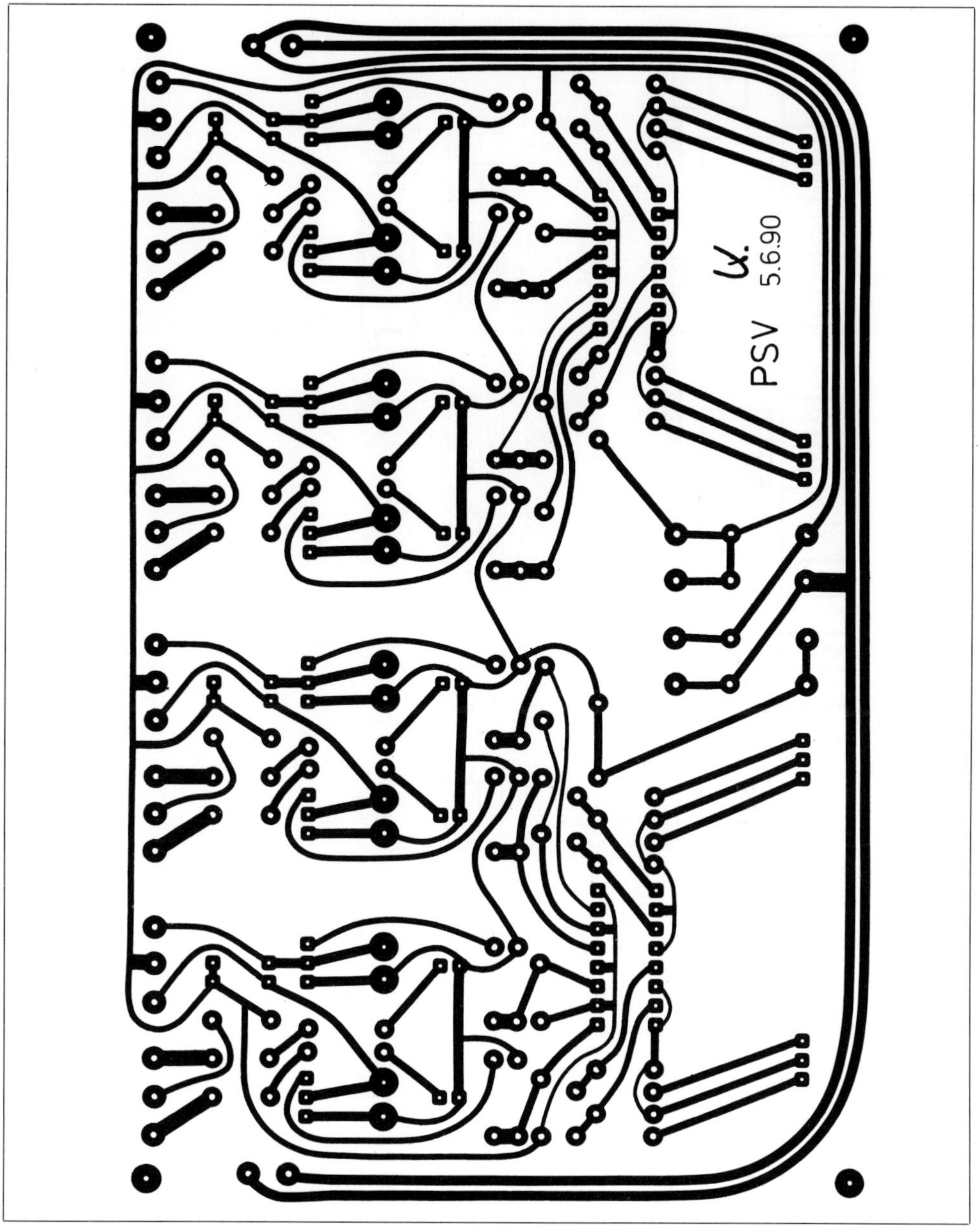

Abb. 13.3: Platinenlayout Potentialfreier Schaltverstärker im Maßstab 1:1, Blick auf Leiterbahnseite

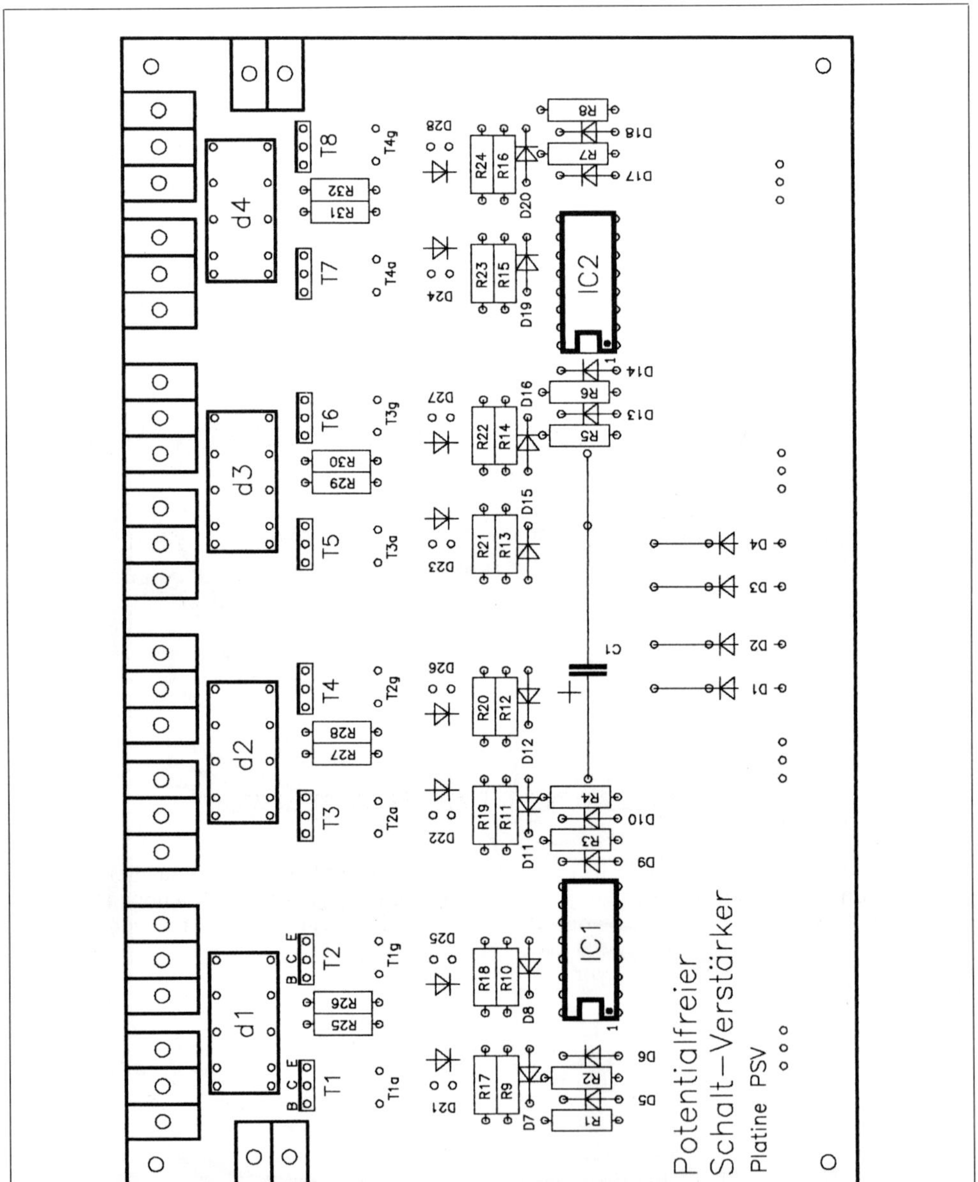

Abb. 13.4: Bestückungsplan Potentialfreier Schaltverstärker

Abb. 13.5: Potentialfreier Schaltverstärker, Bestückungsbeispiel ohne Taster zur Magnetartikelbetätigung vor Ort, mit bistabilen Relais zur Stromversorgung von Weichenherzstücken und LED's zur Stellungsanzeige

verständlich verzichten. Dies gilt in gleicher Weise für die layoutmäßig berücksichtigten Taster für eine zusätzliche Steuerung der Magnetartikel „vor Ort", also ohne Nutzung von Keyboard und Funktions-Decoder.
Abbildung 13.3 zeigt das Platinenlayout, Abbildung 13.4 den Bestückungsplan und Tabelle 13.1 enthält die zugehörige Stückliste. Für die Gleichrichterschaltung können verschiedene Diodentypen verwendet werden. Maßgebend für die Auswahl ist die Stromaufnahme eines einzelnen Antriebes (siehe Stückliste), wobei Stromaufnahmen bis zu 3 Ampère schaltungstechnisch abgedeckt sind. Je höher die Stromaufnahme, desto größer sollte auch die Kapazität des Lade-Elkos C1 (siehe Stückliste) gewählt werden. Das Platinenlayout berücksichtigt die verschiedenen Bestückungsvarianten.

Anwenderhinweise

Gesteuert wird die Baugruppe im Regelfall durch die Ausgänge der Funktions-Decoder k 87 oder k 87N, so wie dies im Anschlußschaltbild (siehe Abbildung 13.6) gezeichnet ist.

Natürlich erlaubt die Dimensionierung des Potentialfreien Schaltverstärkers auch den parallelen Anschluß mehrerer Magnetartikelantriebe an einen Ausgang, beispielsweise um zwei Weichen einer Überleitverbindung oder einen Signalantrieb in Abhängigkeit einer bestimmten Weichenstellung gleichzeitig zu schalten. Die Zahl der an einen Ausgang anschließbaren Antriebe hängt von deren Stromaufnahme ab; deshalb lassen sich keine allgemeingültigen Angaben machen.

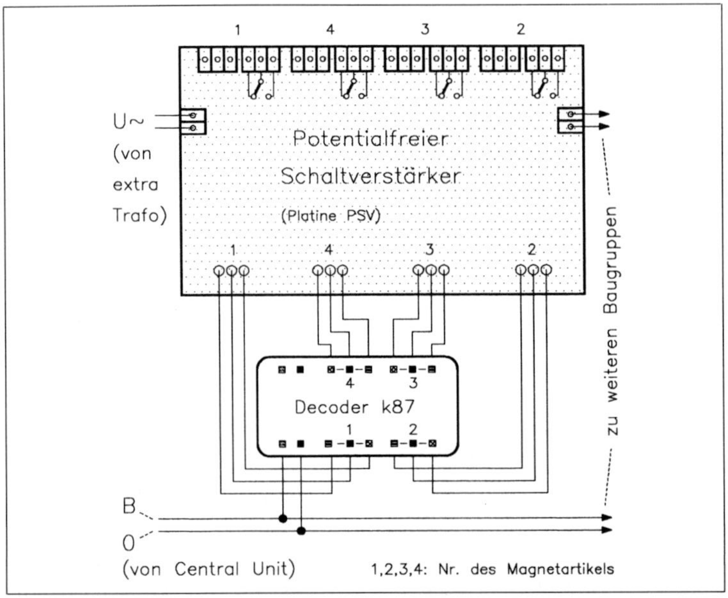

Abb. 13.6: Anschlußschaltbild Potentialfreier Schaltverstärker

Die Eingangsschaltung (LED mit Verpolungsschutzdiode und Vorwiderstand) des Schaltverstärkers legt den Gedanken nahe, ihn auch mittels mechanischer Schaltgleise oder Gleisbelegtmelder anzusteuern. Dafür fehlt allerdings eine schaltungstechnische Voraussetzung – die gegenseitige Verriegelung der beiden Schaltstufen. Man muß durch entsprechende Anordnung der Kontaktgeber sicherstellen, daß *niemals zwei Spulen gleichzeitig* Schaltbefehle erhalten – instabile Zustände wären die Folge. Deshalb wird dieser naheliegende Anwendungsfall nicht empfohlen.

Zusammenfassung

Die Schaltung gestattet den digitalen Betrieb von Magnetartikeln bei gleichzeitiger Stromversorgung durch eine einfache Wechselspannung. Sie erlaubt ferner eine freizügige Wahl der Höhe der Versorgungsspannung und damit die Verwendung nahezu aller magnetischen Antriebe in Verbindung mit Digitalen Mehrzugsteuerungen. Als Optionen sind umschaltbare Herzstückpolarität, Steuerung vor Ort und Stellungsanzeigen vorhanden.

Ausblick

In den letzten Jahren dominierte bei der Modellbahn leider das ruhende Motiv, die Statik.

Vorbildgerechtes Fahrverhalten läßt sich bildlich nicht darstellen – ganz im Gegensatz zu einem schönen Landschaftsdiorama mit einigen wenigen stehenden, aber äußerlich perfekt detaillierten Fahrzeugen.

Typische Merkmale unserer Eisenbahn – *abwechslungsreicher Betrieb, Masse, Dynamik und Geräusch* – wurden in den Hintergrund gedrängt. Freude und Spaß am (vorbildgerechten) fahren war fast schon ein Tabu.

Digitale Mehrzugsteuerungen bringen die Wende. Jetzt kann jeder – und nicht mehr nur ein Kreis von Spezialisten – Züge mit vorbildgerechten Eigenschaften betreiben. Selbst technisch weniger versierte Modellbahner können dank dieser Technik Stellwerke mit Fahrstraßenschaltungen ausstatten – ohne Verdrahtungsaufwand.

Allerdings haben Entscheidungen auf dem Gebiet Digitaler Mehrzugsteuerungen eine außerordentlich *langfristige und fabrikatsbezogene Bindung* des Anwenders zur Folge – das sollte man bedenken. Heute mit einem Fabrikat zu beginnen und morgen auf ein anderes umzusteigen – das ist in der Praxis ausgeschlossen.

Wer sich für ARNOLD-DIGITAL und MÄRKLIN-DIGITAL= entscheidet, wählt ein System, das sich auszeichnet durch:

- Eignung für Gleichstrom-Fahrzeuge aller Fabrikate und der wichtigsten Baugrößen
- beispielhafte Kompatibilität
- modularen Aufbau mit der Möglichkeit einer allmählichen schrittweisen Umstellung auf die neue Technik
- erfreulich einfache Bedienung
- übersichtlicher, leicht verständlicher Aufbau
- Produkte des einen Herstellers können durch die des jeweils anderen ergänzt und ersetzt werden
- durchdachte Lok-Decoderkonzeption und
- Funktionssicherheit

Hinzu kommen bei Baugröße N besonders vielfältige Möglichkeiten zur Um- und Nachrüstung schon vorhandener Fahrzeuge mit Lok-Decodern.

Motordrehzahlregelung zur Optimierung des Fahrverhaltens und ein für das Zweischienen-Zweileiter-System geeigneter Rückmelde-Decoder (einschließlich optischer Anzeige) stehen ganz oben auf dem digitalen Wunschzettel!

Die Eigenschaften von ARNOLD-DIGITAL und MÄRKLIN-DIGITAL= machen es insgesamt gesehen leicht, sich für diese Mehrzugsteuerungen zu entscheiden. Sie markieren einen neuen Standard. Bei konsequenter Weiterentwicklung könnten sie sich sogar zum Modellbahnsteuerungssystem der Zukunft schlechthin entwickeln.

Literaturverzeichnis

Unterlagen der Modellbahnhersteller:

[1] ARNOLD-DIGITAL Information, DIN A5 Broschüre, 55 Seiten, 3. Auflage, K. Arnold GmbH & Co., Postfach 1251, D-8500 Nürnberg

[2] DAS DIGITAL HANDBUCH DER N-SPUR, von Georg Fuhs, 112 Seiten, gebunden, DIN A4 Format, farbige Darstellungen, Arnold-Katalog Nr. 0040, K. Arnold GmbH & Co., Postfach 1251, D-8500 Nürnberg

[3] Modelleisenbahn digital gesteuert, von Georg Fuhs, 168 Seiten, Ringbuch im vergrößerten DIN A 5 Format, farbige Darstellungen, Märklin-Katalog Nr. 0306, Gebr. Märklin Cie. GmbH, Postfach 860/880, D-7320 Göppingen

[4] Information Zweileiter-Digital, 2. erweiterte Auflage, DIN A5 Broschüre, 47 Seiten, farbige Darstellungen, Gebr. Märklin Cie. GmbH, Postfach 860/880, D-7320 Göppingen

[5] Information Digital 1, DIN A5 Broschüre, 16 Seiten, farbige Darstellungen, Gebr. Märklin Cie. GmbH, Postfach 860/880, D-7320 Göppingen

Weiterführende Literatur zum Thema:

[6] MODELLBAHN DIGITAL FAHREN / AMP-Band Nr.10 /Alba-Publikation GmbH + Co. KG, Düsseldorf / Dipl.-Ing.(FH) Werner Kraus

[7] Zeitschrift Model Railroader, Hefte 12/1979, 1/1980, 2/1980, 3/1980, 4/1980 und 12/1980, Keith Gutierrez, A 16-channel command control system you can build

[8] Modelleisenbahnen elektronisch gesteuert / Band 1 bis 3 / Richard Pflaum Verlag KG / Winfried Knobloch

[9] Signale, Weichen, Lokomotiven / Franzis-Verlag GmbH München / Hrsg. Henning Kriebel / Kapitel 14, Steuerung einer Modelleisenbahn über eine Ringleitung

[10] Das elektronische Stellwerk / Franzis-Verlag GmbH München / Hans Helmut Müller / Kapitel 12, Bus-System

[11] Modelleisenbahnen digital ferngesteuert / Franzis-Verlag GmbH München / RMP 183 / Dr. Dirk Christoffers

[12] Modellbahn-Mehrzugbetrieb / Franzis-Verlag GmbH München / RMP 192 / Dipl.-Ing. Wilhelm Meyer

[13] Modelleisenbahn-Elektronik im Selbstbau / Franzis-Verlag GmbH München / RMP 341 / Dipl.-Ing. Harald Jungmann

[14] Zeitschrift / Die Modell-Eisenbahn / CH-9403 Goldach / Heft 3/91 / Digitalsystem Arnold/Märklin / Prof. Rudolf Rusterholz

[15] Zeitschrift / ELEKTOR/ Elektor Verlag GmbH Aachen/ Heft 11/90, Der I^2C-Bus

Herstellerverzeichnis

Hersteller

Fa. K. *Arnold* GmbH & Co., Postfach 1251, D-8500 Nürnberg 1 (ARNOLD-DIGITAL, Kontaktgleisschalter für N und H0)

Fa. *BRAWA,* Waldmühleweg 82, D-7050 Waiblingen (SRK-Kontakt und zugehöriger Vierkantmagnet für N und H0)

Fa. Gebr. *Fleischmann,* Postfach 910148, D-8500 Nürnberg 1 (Schaltschienen für H0, Schaltkontakte und Schaltmagnete für N und H0)

Fa. *Herkat,* Schloßäckerstraße 18, D-8500 Nürnberg 70 (Schaltkontakte und Schaltmagnete für N und H0)

Fa. *IMOTEC,* Jürgen Neuschäfer, Eichstr. 16, D-7410 Reutlingen 23 (Stromabnahmeschleifersysteme für N-Modelle)

Fa. *Lenz* Elektronik GmbH, Hüttenbergstr. 47, D-6300 Gießen, (Entwicklungen für ARNOLD-DIGITAL, MÄRKLIN-DIGITAL= und MÄRKLIN-DIGITAL 1, Lok-Decoder LE 100 und FL-Decoder)

Fa. Gebr. *Märklin* Cie. GmbH, Postfach 860/880, D-7320 Göppingen (MÄRKLIN-DIGITAL=, MÄRKLIN-DIGITAL 1, Schaltkontakt und Schaltmagnete für H0)

Fa. *SB-Modellbau,* Postfach 1407, D-8037 Olching (Lieferung und Einbau des FL-Lok-Decoders in H0-Fahrzeuge mit Glockenankermotoren)

Fa. *Trix* Mangold GmbH, Postfach 4948, D-8500 Nürnberg 1 (Kontaktgleis für N, Impulskontakt für H0, Kontaktgleis mit integriertem Magnetschalter und Magnet-Schalter für N)

Fa. *Uhlenbrock,* Mercatorstraße 6, D-4250 Bottrop (Gleisbelegtmeldeschaltungen für N und H0)

Bezugsquellennachweis für die in diesem Buch vorgestellten Platinen:

Fa. *Lenz* Elektronik GmbH, Hüttenbergstr. 47, D-6300 Gießen (Anfragen über Preise und Lieferzeiten bitte mit frankiertem und adressierten Rückumschlag)

Softwareanbieter

Fa. K. *Arnold* GmbH & Co., Postfach 1251, D-8500 Nürnberg 1 (Programmierhilfen und Funktionsprüfungen für verschiedene Computertypen)

Dipl.-Ing. F. *Bollow,* Zeiskamweg 12, D-3300 Braunschweig (Monitor-Gleisbildstellwerk für die Modellbahn, Programm M TRACK für IBM- und kompatible Personal-Computer)

EIMO-SOFT, Bernd Morgenbrod, Wildbacher Mühle 9, D-5100 Aachen (Programm Digitrain 2.01, für IBM- und kompatible Personal-Computer, sowie Commodore C 64)

Fa. Gebr. *Märklin* Cie. GmbH, Postfach 860/880, D-7320 Göppingen (Von Programmierhilfen bis zu anspruchsvollen Programmen für verschiedene Computertypen)

Fa. *Märklin Software-Service,* Postfach 1242, D-7332 Eislingen/Fils (Von Programmierhilfen bis zu anspruchsvollen Programmen für verschiedene Computertypen)

Overmann, Modellbahn und Modellbau, Gneisenaustraße 102, D-4100 Duisburg 1 (Programm Computerstellwerk für Commodore C 64 und C 128)

Fa. Sabine *Roßmann,* Tilsitstraße 2A, D-5030 Hürth (Menügeführtes Programm Digipet 2.0 von Dr. Peter Peterlin für IBM- und kompatible Personal-Computer)

Dipl.-Ing. W. *Schapals,* Software Entwicklung, Franz-Wunner-Str. 24, D-8948 Mindelheim (Programm Softlok, für IBM- und kompatible Personal-Computer)

Verlag für Modellbahn & Computer, *Schneider Verlag,* Am Weinberg 46, D-8301 Arth (Modellbahn Digital mit dem Commodore 64, Grundwerk + 3 Ergänzungen + Programmdisketten), Modellbahn Digital mit dem IBM-PC und kompatiblen Personal-Computern Grundwerk + Ergänzungsausgabe + Programmdisketten)

Software-Entwicklung, H. *Stöckel,* Krampnitzer Weg 17a, D-1000 Berlin (West) 22 (DS-Modellbahnsteuerung, verschiedene Versionen, für IBM- und kompatible Personal-Computer)

Anhang

Codetabelle für Funktionsdecoder, Keyboard und Interface

Lfd. Nr.	INTERFACE Adresse Nummer 001 - 256	KEYBOARD Nummer 01 - 16	Keyb. Adresse DIL Schalter	Tasten Nr. Tasten-farbe	FUNKTIONS-DECODER Nr. 01 - 64	S1 2 1	A8 2 2	A7 - A1 1234567 2222222 3456789	S2 3 0	D8-D4 33333 12345	D3-2 33 67	D1 3 8	S3 3 9	P8 - P1 44444444 01234567
						L	L	HHLHHHH	L	LHLLL	LL	L	L	LLHLHHHH
x														
001	001	01	LLLL	01 rt	01	L	H	LLLLLLH	L	HHHHH	LL	L	L	LHHHHLLH
002	001	01	LLLL	01 gn	01	L	H	LLLLLLH	L	HHHHH	LL	H	L	LHHHHLLL
003	002	01	LLLL	02 rt	01	L	H	LLLLLLH	L	HHHHH	LH	L	L	LHHHHLHH
004	002	01	LLLL	02 gn	01	L	H	LLLLLLH	L	HHHHH	LH	H	L	LHHHHLHL
005	003	01	LLLL	03 rt	01	L	H	LLLLLLH	L	HHHHH	HL	L	L	LHHHHHLH
006	003	01	LLLL	03 gn	01	L	H	LLLLLLH	L	HHHHH	HL	H	L	LHHHHHLL
007	004	01	LLLL	04 rt	01	L	H	LLLLLLH	L	HHHHH	HH	L	L	LHHHHHHH
008	004	01	LLLL	04 gn	01	L	H	LLLLLLH	L	HHHHH	HH	H	L	LHHHHHHH
x														
009	005	01	LLLL	05 rt	02	L	H	LLLLLHL	L	HHHHH	LL	L	L	LHHHHLHL
010	005	01	LLLL	05 gn	02	L	H	LLLLLHL	L	HHHHH	LL	H	L	LHHHHLHH
011	006	01	LLLL	06 rt	02	L	H	LLLLLHL	L	HHHHH	LH	L	L	LHHHHLLL
012	006	01	LLLL	06 gn	02	L	H	LLLLLHL	L	HHHHH	LH	H	L	LHHHHLLH
013	007	01	LLLL	07 rt	02	L	H	LLLLLHL	L	HHHHH	HL	L	L	LHHHHHHL
014	007	01	LLLL	07 gn	02	L	H	LLLLLHL	L	HHHHH	HL	H	L	LHHHHHHH
015	008	01	LLLL	08 rt	02	L	H	LLLLLHL	L	HHHHH	HH	L	L	LHHHHHLL
016	008	01	LLLL	08 gn	02	L	H	LLLLLHL	L	HHHHH	HH	H	L	LHHHHHLH
x														
017	009	01	LLLL	09 rt	03	L	H	LLLLLHH	L	HHHHH	LL	L	L	LHHHHLHH
018	009	01	LLLL	09 gn	03	L	H	LLLLLHH	L	HHHHH	LL	H	L	LHHHHLHL
019	010	01	LLLL	10 rt	03	L	H	LLLLLHH	L	HHHHH	LH	L	L	LHHHHLLH
020	010	01	LLLL	10 gn	03	L	H	LLLLLHH	L	HHHHH	LH	H	L	LHHHHLLL
021	011	01	LLLL	11 rt	03	L	H	LLLLLHH	L	HHHHH	HL	L	L	LHHHHHHH
022	011	01	LLLL	11 gn	03	L	H	LLLLLHH	L	HHHHH	HL	H	L	LHHHHHHL
023	012	01	LLLL	12 rt	03	L	H	LLLLLHH	L	HHHHH	HH	L	L	LHHHHHLH
024	012	01	LLLL	12 gn	03	L	H	LLLLLHH	L	HHHHH	HH	H	L	LHHHHHLL
x														
025	013	01	LLLL	13 rt	04	L	H	LLLLHLL	L	HHHHH	LL	L	L	LHHHHHLL
026	013	01	LLLL	13 gn	04	L	H	LLLLHLL	L	HHHHH	LL	H	L	LHHHHHLH
027	014	01	LLLL	14 rt	04	L	H	LLLLHLL	L	HHHHH	LL	L	L	LHHHHHHL
028	014	01	LLLL	14 gn	04	L	H	LLLLHLL	L	HHHHH	LH	H	L	LHHHHHHH
029	015	01	LLLL	15 rt	04	L	H	LLLLHLL	L	HHHHH	HL	L	L	LHHHHLLL
030	015	01	LLLL	15 gn	04	L	H	LLLLHLL	L	HHHHH	HL	H	L	LHHHHLLH

031	016	01	LLLL	16 rt	04	L	H	LLLLHLL	L	HHHHH	HH	L	L	LHHHHLHL
032	016	01	LLLL	16 gn	04	L	H	LLLLHLL	L	HHHHH	HH	H	L	LHHHHLHH
x														
033	017	02	HLLL	01 rt	05	L	H	LLLLHLH	L	HHHHH	LL	L	L	LHHHHHLH
034	017	02	HLLL	01 gn	05	L	H	LLLLHLH	L	HHHHH	LL	H	L	LHHHHHLL
035	018	02	HLLL	02 rt	05	L	H	LLLLHLH	L	HHHHH	LH	L	L	LHHHHHHH
036	018	02	HLLL	02 gn	05	L	H	LLLLHLH	L	HHHHH	LH	H	L	LHHHHHHL
037	019	02	HLLL	03 rt	05	L	H	LLLLHLH	L	HHHHH	HL	L	L	LHHHHLLH
038	019	02	HLLL	03 gn	05	L	H	LLLLHLH	L	HHHHH	HL	H	L	LHHHHLLL
039	020	02	HLLL	04 rt	05	L	H	LLLLHLH	L	HHHHH	HH	L	L	LHHHHLHH
040	020	02	HLLL	04 gn	05	L	H	LLLLHLH	L	HHHHH	HH	H	L	LHHHHLHL
x														
041	021	02	HLLL	05 rt	06	L	H	LLLLHHL	L	HHHHH	LL	L	L	LHHHHHHL
042	021	02	HLLL	05 gn	06	L	H	LLLLHHL	L	HHHHH	LL	H	L	LHHHHHHH
043	022	02	HLLL	06 rt	06	L	H	LLLLHHL	L	HHHHH	LH	L	L	LHHHHHLL
044	022	02	HLLL	06 gn	06	L	H	LLLLHHL	L	HHHHH	LH	H	L	LHHHHHLH
045	023	02	HLLL	07 rt	06	L	H	LLLLHHL	L	HHHHH	HL	L	L	LHHHHLHL
046	023	02	HLLL	07 gn	06	L	H	LLLLHHL	L	HHHHH	HL	H	L	LHHHHLHH
047	024	02	HLLL	08 rt	06	L	H	LLLLHHL	L	HHHHH	HH	L	L	LHHHHLLL
048	024	02	HLLL	08 gn	06	L	H	LLLLHHL	L	HHHHH	HH	H	L	LHHHHLLH
x														
049	025	02	HLLL	09 rt	07	L	H	LLLLHHH	L	HHHHH	LL	L	L	LHHHHHHH
050	025	02	HLLL	09 gn	07	L	H	LLLLHHH	L	HHHHH	LL	H	L	LHHHHHHL
051	026	02	HLLL	10 rt	07	L	H	LLLLHHH	L	HHHHH	LH	L	L	LHHHHLHL
052	026	02	HLLL	10 gn	07	L	H	LLLLHHH	L	HHHHH	LH	H	L	LHHHHHLL
053	027	02	HLLL	11 rt	07	L	H	LLLLHHH	L	HHHHH	HL	L	L	LHHHHHLH
054	027	02	HLLL	11 gn	07	L	H	LLLLHHH	L	HHHHH	HL	H	L	LHHHHLHL
055	028	02	HLLL	12 rt	07	L	H	LLLLHHH	L	HHHHH	HH	L	L	LHHHHLLH
056	028	02	HLLL	12 gn	07	L	H	LLLLHHH	L	HHHHH	HH	H	L	LHHHHLLL
x														
057	029	02	HLLL	13 rt	08	L	H	LLLHLLL	L	HHHHH	LL	L	L	LHHHLLLL
058	029	02	HLLL	13 gn	08	L	H	LLLHLLL	L	HHHHH	LL	H	L	LHHHLLLH
059	030	02	HLLL	14 rt	08	L	H	LLLHLLL	L	HHHHH	LH	L	L	LHHHLLHL
060	030	02	HLLL	14 gn	08	L	H	LLLHLLL	L	HHHHH	LH	H	L	LHHHLLHH
061	031	02	HLLL	15 rt	08	L	H	LLLHLLL	L	HHHHH	HL	L	L	LHHHLHLL
062	031	02	HLLL	15 gn	08	L	H	LLLHLLL	L	HHHHH	HL	H	L	LHHHLHLH
063	032	02	HLLL	16 rt	08	L	H	LLLHLLL	L	HHHHH	HH	L	L	LHHHLHHL
064	032	02	HLLL	16 gn	08	L	H	LLLHLLL	L	HHHHH	HH	H	L	LHHHLHHH
x														
065	033	03	LHLL	01 rt	09	L	H	LLLHLLH	L	HHHHH	LL	L	L	LHHHLLLH
066	033	03	LHLL	01 gn	09	L	H	LLLHLLH	L	HHHHH	LL	H	L	LHHHLLLL
067	034	03	LHLL	02 rt	09	L	H	LLLHLLH	L	HHHHH	LH	L	L	LHHHLLHH
068	034	03	LHLL	02 gn	09	L	H	LLLHLLH	L	HHHHH	LH	H	L	LHHHLLHL
069	035	03	LHLL	03 rt	09	L	H	LLLHLLH	L	HHHHH	HL	L	L	LHHHLHLH
070	035	03	LHLL	03 gn	09	L	H	LLLHLLH	L	HHHHH	HL	H	L	LHHHLHLL
071	036	03	LHLL	04 rt	09	L	H	LLLHLLH	L	HHHHH	HH	L	L	LHHHLHHH
072	036	03	LHLL	04 gn	09	L	H	LLLHLLH	L	HHHHH	HH	H	L	LHHHLHHL
x														
073	037	03	LHLL	05 rt	10	L	H	LLLHLHL	L	HHHHH	LL	L	L	LHHHLLHL
074	037	03	LHLL	05 gn	10	L	H	LLLHLHL	L	HHHHH	LL	H	L	LHHHLLHH
075	038	03	LHLL	06 rt	10	L	H	LLLHLHL	L	HHHHH	LH	L	L	LHHHLLLL
076	038	03	LHLL	06 gn	10	L	H	LLLHLHL	L	HHHHH	LH	H	L	LHHHLLLH
077	039	03	LHLL	07 rt	10	L	H	LLLHLHL	L	HHHHH	HL	L	L	LHHHLHHL

Lfd. Nr.	INTERFACE Adresse Nummer 001 - 256	KEYBOARD Nummer 01 - 16	Keyb. Adresse DIL Schalter	Tasten Nr. Tasten-farbe	FUNKTIONS-DECODER Nr. 01 - 64	S1 2 1	A8 2 2	A7 - A1 1234567 2222222 3456789	S2 3 0	D8-D4 33333 12345	D3-2 33 67	D1 3 8	S3 3 9	P8 - P1 44444444 01234567
078	039	03	LHLL	07 gn	10	L	H	LLLHLHL	L	HHHHH	HL	H	L	LHHHLHHH
079	040	03	LHLL	08 rt	10	L	H	LLLHLHL	L	HHHHH	HH	L	L	LHHHLHLL
080	040	03	LHLL	08 gn	10	L	H	LLLHLHL	L	HHHHH	HH	H	L	LHHHLHLH
x														
081	041	03	LHLL	09 rt	11	L	H	LLLHLHH	L	HHHHH	LL	L	L	LHHHLLHH
082	041	03	LHLL	09 gn	11	L	H	LLLHLHH	L	HHHHH	LL	H	L	LHHHLLHL
083	042	03	LHLL	10 rt	11	L	H	LLLHLHH	L	HHHHH	LH	L	L	LHHHLLLH
084	042	03	LHLL	10 gn	11	L	H	LLLHLHH	L	HHHHH	LH	H	L	LHHHLLLL
085	043	03	LHLL	11 rt	11	L	H	LLLHLHH	L	HHHHH	LH	L	L	LHHHLHHH
086	043	03	LHLL	11 gn	11	L	H	LLLHLHH	L	HHHHH	HL	H	L	LHHHLHHL
087	044	03	LHLL	12 rt	11	L	H	LLLHLHH	L	HHHHH	HH	L	L	LHHHLHLH
088	044	03	LHLL	12 gn	11	L	H	LLLHLHH	L	HHHHH	HH	H	L	LHHHLHLL
x														
089	045	03	LHLL	13 rt	12	L	H	LLLHHLL	L	HHHHH	LL	L	L	LHHHLHLL
090	045	03	LHLL	13 gn	12	L	H	LLLHHLL	L	HHHHH	LL	H	L	LHHHLHLH
091	046	03	LHLL	14 rt	12	L	H	LLLHHLL	L	HHHHH	LH	L	L	LHHHLHHL
092	046	03	LHLL	14 gn	12	L	H	LLLHHLL	L	HHHHH	LH	H	L	LHHHLHHH
093	047	03	LHLL	15 rt	12	L	H	LLLHHLL	L	HHHHH	HL	L	L	LHHHLLLL
094	047	03	LHLL	15 gn	12	L	H	LLLHHLL	L	HHHHH	HL	H	L	LHHHLLLH
095	048	03	LHLL	16 rt	12	L	H	LLLHHLL	L	HHHHH	HH	L	L	LHHHLLHL
096	048	03	LHLL	16 gn	12	L	H	LLLHHLL	L	HHHHH	HH	H	L	LHHHLLHH
x														
097	049	04	HHLL	01 rt	13	L	H	LLLHHLH	L	HHHHH	LL	L	L	LHHHLHLH
098	049	04	HHLL	01 gn	13	L	H	LLLHHLH	L	HHHHH	LL	H	L	LHHHLHLL
099	050	04	HHLL	02 rt	13	L	H	LLLHHLH	L	HHHHH	LH	L	L	LHHHLHHH
100	050	04	HHLL	02 gn	13	L	H	LLLHHLH	L	HHHHH	LH	H	L	LHHHLHHL
101	051	04	HHLL	03 rt	13	L	H	LLLHHLH	L	HHHHH	HL	L	L	LHHHLLLH
102	051	04	HHLL	03 gn	13	L	H	LLLHHLH	L	HHHHH	HL	H	L	LHHHLLLL
103	052	04	HHLL	04 rt	13	L	H	LLLHHLH	L	HHHHH	HH	L	L	LHHHLLHH
104	052	04	HHLL	04 gn	13	L	H	LLLHHLH	L	HHHHH	HH	H	L	LHHHLHHL
x														
105	053	04	HHLL	05 rt	14	L	H	LLLHHHL	L	HHHHH	LL	L	L	LHHHLHHL
106	053	04	HHLL	05 gn	14	L	H	LLLHHHL	L	HHHHH	LL	H	L	LHHHLHHH
107	054	04	HHLL	06 rt	14	L	H	LLLHHHL	L	HHHHH	LH	L	L	LHHHLHLL
108	054	04	HHLL	06 gn	14	L	H	LLLHHHL	L	HHHHH	LH	H	L	LHHHLHLH
109	055	04	HHLL	07 rt	14	L	H	LLLHHHL	L	HHHHH	HL	L	L	LHHHLLHL
110	055	04	HHLL	07 gn	14	L	H	LLLHHHL	L	HHHHH	HL	H	L	LHHHLLHH
111	056	04	HHLL	08 gn	14	L	H	LLLHHHL	L	HHHHH	HH	L	L	LHHHLLLL
112	056	04	HHLL	08 gn	14	L	H	LLLHHHL	L	HHHHH	HH	H	L	LHHHLLLH
x														
113	057	04	HHLL	09 rt	15	L	H	LLLHHHH	L	HHHHH	LL	L	L	LHHHLHHH
114	057	04	HHLL	09 gn	15	L	H	LLLHHHH	L	HHHHH	LL	H	L	LHHHLHHL
115	058	04	HHLL	10 rt	15	L	H	LLLHHHH	L	HHHHH	LH	L	L	LHHHLHLH
116	058	04	HHLL	10 gn	15	L	H	LLLHHHH	L	HHHHH	LH	H	L	LHHHLHLL
117	059	04	HHLL	11 rt	15	L	H	LLLHHHH	L	HHHHH	HL	L	L	LHHHLLHH
118	059	04	HHLL	11 gn	15	L	H	LLLHHHH	L	HHHHH	HL	H	L	LHHHLLHL
119	060	04	HHLL	12 rt	15	L	H	LLLHHHH	L	HHHHH	HH	L	L	LHHHLLLH

120	060	04	HHLL	12 gn	15	L	H	LLLHHHH	L	HHHHH	HH	H	L	LHHHLLLL
x														
121	061	04	HHLL	13 rt	16	L	H	LLHLLLL	L	HHHHH	LL	L	L	LHHLHLLL
122	061	04	HHLL	13 gn	16	L	H	LLHLLLL	L	HHHHH	LL	H	L	LHHLHLLH
123	062	04	HHLL	14 rt	16	L	H	LLHLLLL	L	HHHHH	LH	L	L	LHHLHLHL
124	062	04	HHLL	14 gn	16	L	H	LLHLLLL	L	HHHHH	LH	H	L	LHHLHLHH
125	062	04	HHLL	15 rt	16	L	H	LLHLLLL	L	HHHHH	HL	L	L	LHHLHHLL
126	063	04	HHLL	15 gn	16	L	H	LLHLLLL	L	HHHHH	HL	H	L	LHHLHHLH
127	063	04	HHLL	16 rt	16	L	H	LLHLLLL	L	HHHHH	HH	L	L	LHHLHHHL
128	064	04	HHLL	16 gn	16	L	H	LLHLLLL	L	HHHHH	HH	H	L	LHHLHHHH
x														
129	065	05	LLHL	01 rt	17	L	H	LLHLLLH	L	HHHHH	LL	L	L	LHHLHLLH
130	065	05	LLHL	01 gn	17	L	H	LLHLLLH	L	HHHHH	LL	H	L	LHHLHLLL
131	066	05	LLHL	02 rt	17	L	H	LLHLLLH	L	HHHHH	LH	L	L	LHHLHLHH
132	066	05	LLHL	02 gn	17	L	H	LLHLLLH	L	HHHHH	LH	H	L	LHHLHLHL
133	067	05	LLHL	03 rt	17	L	H	LLHLLLH	L	HHHHH	HL	L	L	LHHLHHLH
134	067	05	LLHL	03 gn	17	L	H	LLHLLLH	L	HHHHH	HL	H	L	LHHLHHLL
135	068	05	LLHL	04 rt	17	L	H	LLHLLLH	L	HHHHH	HH	L	L	LHHLHHHH
136	068	05	LLHL	04 gn	17	L	H	LLHLLLH	L	HHHHH	HH	H	L	LHHLHHHL
x														
137	069	05	LLHL	05 rt	18	L	H	LLHLLHL	L	HHHHH	LL	L	L	LHHLHLHL
138	069	05	LLHL	05 gn	18	L	H	LLHLLHL	L	HHHHH	LL	H	L	LHHLHLHH
139	070	05	LLHL	06 rt	18	L	H	LLHLLHL	L	HHHHH	LH	L	L	LHHLHLLL
140	070	05	LLHL	06 gn	18	L	H	LLHLLHL	L	HHHHH	LH	H	L	LHHLHLLH
141	071	05	LLHL	07 rt	18	L	H	LLHLLHL	L	HHHHH	HL	L	L	LHHLHHHL
142	071	05	LLHL	07 gn	18	L	H	LLHLLHL	L	HHHHH	HL	H	L	LHHLHHHH
143	072	05	LLHL	08 rt	18	L	H	LLHLLHL	L	HHHHH	HH	L	L	LHHLHHLL
144	072	05	LLHL	08 gn	18	L	H	LLHLLHL	L	HHHHH	HH	H	L	LHHLHHLH
x														
145	073	05	LLHL	09 rt	19	L	H	LLHLLHH	L	HHHHH	LL	L	L	LHHLHLHH
146	073	05	LLHL	09 gn	19	L	H	LLHLLHH	L	HHHHH	LL	H	L	LHHLHLHL
147	074	05	LLHL	10 rt	19	L	H	LLHLLHH	L	HHHHH	LH	L	L	LHHLHLLH
148	074	05	LLHL	10 gn	19	L	H	LLHLLHH	L	HHHHH	LH	H	L	LHHLHLLL
149	075	05	LLHL	11 rt	19	L	H	LLHLLHH	L	HHHHH	HL	L	L	LHHLHHHH
150	075	05	LLHL	11 gn	19	L	H	LLHLLHH	L	HHHHH	HL	H	L	LHHLHHHL
151	076	05	LLHL	12 rt	19	L	H	LLHLLHH	L	HHHHH	HH	L	L	LHHLHHLH
152	076	05	LLHL	12 gn	19	L	H	LLHLLHH	L	HHHHH	HH	H	L	LHHLHHLL
x														
153	077	05	LLHL	13 rt	20	L	H	LLHLHLL	L	HHHHH	LL	L	L	LHHLHHLL
154	077	05	LLHL	13 gn	20	L	H	LLHLHLL	L	HHHHH	LL	H	L	LHHLHHLH
155	078	05	LLHL	14 rt	20	L	H	LLHLHLL	L	HHHHH	LH	L	L	LHHLHHHL
156	078	05	LLHL	14 gn	20	L	H	LLHLHLL	L	HHHHH	LH	H	L	LHHLHHHH
157	079	05	LLHL	15 rt	20	L	H	LLHLHLL	L	HHHHH	HL	L	L	LHHLHLLL
158	079	05	LLHL	15 gn	20	L	H	LLHLHLL	L	HHHHH	HL	H	L	LHHLHLLH
159	080	05	LLHL	16 rt	20	L	H	LLHLHLL	L	HHHHH	HH	L	L	LHHLHLHL
160	080	05	LLHL	16 gn	20	L	H	LLHLHLL	L	HHHHH	HH	H	L	LHHLHLHH
x														
161	081	06	HLHL	01 rt	21	L	H	LLHLHLH	L	HHHHH	LL	L	L	LHHLHHLH
162	081	06	HLHL	01 gn	21	L	H	LLHLHLH	L	HHHHH	LL	H	L	LHHLHHLL
163	082	06	HLHL	02 rt	21	L	H	LLHLHLH	L	HHHHH	LH	L	L	LHHLHHHH
164	082	06	HLHL	02 gn	21	L	H	LLHLHLH	L	HHHHH	LH	H	L	LHHLHHHL
165	083	06	HLHL	03 rt	21	L	H	LLHLHLH	L	HHHHH	HL	L	L	LHHLHLLH
166	083	06	HLHL	03 gn	21	L	H	LLHLHLH	L	HHHHH	HL	H	L	LHHLHLLL

Lfd. Nr.	INTERFACE Adresse Nummer 001 - 256	KEYBOARD Nummer 01 - 16	Keyb. Adresse DIL Schalter	Tasten Nr. Tasten-farbe	FUNKTIONS-DECODER Nr. 01 - 64	S1 2 1	A8 2 2	A7 - A1 1234567 2222222 3456789	S2 3 0	D8-D4 33333 12345	D3-2 33 67	D1 3 8	S3 3 9	P8 - P1 44444444 01234567
167	084	06	HLHL	04 rt	21	L	H	LLHLHLH	L	HHHHH	HH	L	L	LHHLHLHH
168	084	06	HLHL	04 gn	21	L	H	LLHLHLH	L	HHHHH	HH	H	L	LHHLHLHL
x														
169	085	06	HLHL	05 rt	22	L	H	LLHLHHL	L	HHHHH	LL	L	L	LHHLHHHL
170	085	06	HLHL	05 gn	22	L	H	LLHLHHL	L	HHHHH	LL	H	L	LHHLHHHH
171	086	06	HLHL	06 rt	22	L	H	LLHLHHL	L	HHHHH	LH	L	L	LHHLHHLL
172	086	06	HLHL	06 gn	22	L	H	LLHLHHL	L	HHHHH	LH	H	L	LHHLHHLH
173	087	06	HLHL	07 rt	22	L	H	LLHLHHL	L	HHHHH	HL	L	L	LHHLHLHL
174	087	06	HLHL	07 gn	22	L	H	LLHLHHL	L	HHHHH	HL	H	L	LHHLHLHH
175	088	06	HLHL	08 rt	22	L	H	LLHLHHL	L	HHHHH	HH	L	L	LHHLHLLL
176	088	06	HLHL	08 gn	22	L	H	LLHLHHL	L	HHHHH	HH	H	L	LHHLHLLH
x														
177	089	06	HLHL	09 rt	23	L	H	LLHLHHH	L	HHHHH	LL	L	L	LHHLHHHH
178	089	06	HLHL	09 gn	23	L	H	LLHLHHH	L	HHHHH	LL	H	L	LHHLHHHL
179	090	06	HLHL	10 rt	23	L	H	LLHLHHH	L	HHHHH	LH	L	L	LHHLHHLH
180	090	06	HLHL	10 gn	23	L	H	LLHLHHH	L	HHHHH	LH	H	L	LHHLHHLL
181	091	06	HLHL	11 rt	23	L	H	LLHLHHH	L	HHHHH	HL	L	L	LHHLHLHH
182	091	06	HLHL	11 gn	23	L	H	LLHLHHH	L	HHHHH	HL	H	L	LHHLHLHL
183	092	06	HLHL	12 rt	23	L	H	LLHLHHH	L	HHHHH	HH	L	L	LHHLHLLH
184	092	06	HLHL	12 gn	23	L	H	LLHLHHH	L	HHHHH	HH	H	L	LHHLHLLL
x														
185	093	06	HLHL	13 rt	24	L	H	LLHHLLL	L	HHHHH	LL	L	L	LHHLLLLL
186	093	06	HLHL	13 gn	24	L	H	LLHHLLL	L	HHHHH	LL	H	L	LHHLLLLH
187	094	06	HLHL	14 rt	24	L	H	LLHHLLL	L	HHHHH	LH	L	L	LHHLLLHL
188	094	06	HLHL	14 gn	24	L	H	LLHHLLL	L	HHHHH	LH	H	L	LHHLLLHH
189	095	06	HLHL	15 rt	24	L	H	LLHHLLL	L	HHHHH	HL	L	L	LHHLLHLL
190	095	06	HLHL	15 gn	24	L	H	LLHHLLL	L	HHHHH	HL	H	L	LHHLLHLH
191	096	06	HLHL	16 rt	24	L	H	LLHHLLL	L	HHHHH	HH	L	L	LHHLLHHL
192	096	06	HLHL	16 gn	24	L	H	LLHHLLL	L	HHHHH	HH	H	L	LHHLLHHH
x														
193	097	07	LHHL	01 rt	25	L	H	LLHHLLH	L	HHHHH	LL	L	L	LHHLLLLH
194	097	07	LHHL	01 gn	25	L	H	LLHHLLH	L	HHHHH	LL	H	L	LHHLLLLL
195	098	07	LHHL	02 rt	25	L	H	LLHHLLH	L	HHHHH	LH	L	L	LHHLLLHH
196	098	07	LHHL	02 gn	25	L	H	LLHHLLH	L	HHHHH	LH	H	L	LHHLLLHL
197	099	07	LHHL	03 rt	25	L	H	LLHHLLH	L	HHHHH	HL	L	L	LHHLLHLH
198	099	07	LHHL	03 gn	25	L	H	LLHHLLH	L	HHHHH	HL	H	L	LHHLLHLL
199	100	07	LHHL	04 rt	25	L	H	LLHHLLH	L	HHHHH	HH	L	L	LHHLLHHH
200	100	07	LHHL	04 gn	25	L	H	LLHHLLH	L	HHHHH	HH	H	L	LHHLLHHL
x														
201	101	07	LHHL	05 rt	26	L	H	LLHHLHL	L	HHHHH	LL	L	L	LHHLLLHL
202	101	07	LHHL	05 gn	26	L	H	LLHHLHL	L	HHHHH	LL	H	L	LHHLLLHH
203	102	07	LHHL	06 rt	26	L	H	LLHHLHL	L	HHHHH	LH	L	L	LHHLLLLL
204	102	07	LHHL	06 gn	26	L	H	LLHHLHL	L	HHHHH	LH	H	L	LHHLLLLH
205	103	07	LHHL	07 rt	26	L	H	LLHHLHL	L	HHHHH	HL	L	L	LHHLLHHL
206	103	07	LHHL	07 gn	26	L	H	LLHHLHL	L	HHHHH	HL	H	L	LHHLLHHH
207	104	07	LHHL	08 rt	26	L	H	LLHHLHL	L	HHHHH	HH	L	L	LHHLLHLL
208	104	07	LHHL	08 gn	26	L	H	LLHHLHL	L	HHHHH	HH	H	L	LHHLLHLH

x														
209	105	07	LHHL	09 rt	27	L	H	LLHHLHH	L	HHHHH	LL	L	L	LHHLLLHH
210	105	07	LHHL	09 gn	27	L	H	LLHHLHH	L	HHHHH	LL	H	L	LHHLLLHL
211	106	07	LHHL	10 rt	27	L	H	LLHHLHH	L	HHHHH	LH	L	L	LHHLLLLH
212	106	07	LHHL	10 gn	27	L	H	LLHHLHH	L	HHHHH	LH	H	L	LHHLLLLL
213	107	07	LHHL	11 rt	27	L	H	LLHHLHH	L	HHHHH	HL	L	L	LHHLLHHH
214	107	07	LHHL	11 gn	27	L	H	LLHHLHH	L	HHHHH	HL	H	L	LHHLLHHL
215	108	07	LHHL	12 rt	27	L	H	LLHHLHH	L	HHHHH	HH	L	L	LHHLLHLH
216	108	07	LHHL	12 gn	27	L	H	LLHHLHH	L	HHHHH	HH	H	L	LHHLLHLL
x														
217	109	07	LHHL	13 rt	28	L	H	LLHHHLL	L	HHHHH	LL	L	L	LHHLLHLL
218	109	07	LHHL	13 gn	28	L	H	LLHHHLL	L	HHHHH	LL	H	L	LHHLLHLH
219	110	07	LHHL	14 rt	28	L	H	LLHHHLL	L	HHHHH	LH	L	L	LHHLLHHL
220	110	07	LHHL	14 gn	28	L	H	LLHHHLL	L	HHHHH	LH	H	L	LHHLLHHH
221	111	07	LHHL	15 rt	28	L	H	LLHHHLL	L	HHHHH	HL	L	L	LHHLLLLL
222	111	07	LHHL	15 gn	28	L	H	LLHHHLL	L	HHHHH	HL	H	L	LHHLLLLH
223	112	07	LHHL	16 rt	28	L	H	LLHHHLL	L	HHHHH	HH	L	L	LHHLLLHL
224	112	07	LHHL	16 gn	28	L	H	LLHHHLL	L	HHHHH	HH	H	L	LHHLLLHH
x														
225	113	08	HHHL	01 rt	29	L	H	LLHHHLH	L	HHHHH	LL	L	L	LHHLLHLH
226	113	08	HHHL	01 gn	29	L	H	LLHHHLH	L	HHHHH	LL	H	L	LHHLLHLL
227	114	08	HHHL	02 rt	29	L	H	LLHHHLH	L	HHHHH	LH	L	L	LHHLLHHH
228	114	08	HHHL	02 gn	29	L	H	LLHHHLH	L	HHHHH	LH	H	L	LHHLLHHL
229	115	08	HHHL	03 rt	29	L	H	LLHHHLH	L	HHHHH	HL	L	L	LHHLLLLH
230	115	08	HHHL	03 gn	29	L	H	LLHHHLH	L	HHHHH	HL	H	L	LHHLLLLL
231	116	08	HHHL	04 rt	29	L	H	LLHHHLH	L	HHHHH	HH	L	L	LHHLLLHH
232	116	08	HHHL	04 gn	29	L	H	LLHHHLH	L	HHHHH	HH	H	L	LHHLLLHL
x														
233	117	08	HHHL	05 rt	30	L	H	LLHHHHL	L	HHHHH	LL	L	L	LHHLLHHL
234	117	08	HHHL	05 gn	30	L	H	LLHHHHL	L	HHHHH	LL	H	L	LHHLLHHH
235	118	08	HHHL	06 rt	30	L	H	LLHHHHL	L	HHHHH	LH	L	L	LHHLLHLL
236	118	08	HHHL	06 gn	30	L	H	LLHHHHL	L	HHHHH	LH	H	L	LHHLLHLH
237	119	08	HHHL	07 rt	30	L	H	LLHHHHL	L	HHHHH	HL	L	L	LHHLLLHL
238	119	08	HHHL	07 gn	30	L	H	LLHHHHL	L	HHHHH	HL	H	L	LHHLLLHH
239	120	08	HHHL	08 rt	30	L	H	LLHHHHL	L	HHHHH	HH	L	L	LHHLLLLL
240	120	08	HHHL	08 gn	30	L	H	LLHHHHL	L	HHHHH	HH	H	L	LHHLLLLH
x														
241	121	08	HHHL	09 rt	31	L	H	LLHHHHH	L	HHHHH	LL	L	L	LHHLLHHH
242	121	08	HHHL	09 gn	31	L	H	LLHHHHH	L	HHHHH	LL	H	L	LHHLLHHL
243	122	08	HHHL	10 rt	31	L	H	LLHHHHH	L	HHHHH	LH	L	L	LHHLLHLH
244	122	08	HHHL	10 gn	31	L	H	LLHHHHH	L	HHHHH	LH	H	L	LHHLLHLL
245	123	08	HHHL	11 rt	31	L	H	LLHHHHH	L	HHHHH	HL	L	L	LHHLLLHH
246	123	08	HHHL	11 gn	31	L	H	LLHHHHH	L	HHHHH	HL	H	L	LHHLLLHL
247	124	08	HHHL	12 rt	31	L	H	LLHHHHH	L	HHHHH	HH	L	L	LHHLLLLH
248	124	08	HHHL	12 gn	31	L	H	LLHHHHH	L	HHHHH	HH	H	L	LHHLLLLL
x														
249	125	08	HHHL	13 rt	32	L	H	LHLLLLL	L	HHHHH	LL	L	L	LHLHHLLL
250	125	08	HHHL	13 gn	32	L	H	LHLLLLL	L	HHHHH	LL	H	L	LHLHHLLH
251	126	08	HHHL	14 rt	32	L	H	LHLLLLL	L	HHHHH	LH	L	L	LHLHHLHL
252	126	08	HHHL	14 gn	32	L	H	LHLLLLL	L	HHHHH	LH	H	L	LHLHHLHH
253	127	08	HHHL	15 rt	32	L	H	LHLLLLL	L	HHHHH	HL	L	L	LHLHHHLL
254	127	08	HHHL	15 gn	32	L	H	LHLLLLL	L	HHHHH	HL	H	L	LHLHHHLH
255	128	08	HHHL	16 rt	32	L	H	LHLLLLL	L	HHHHH	HH	L	L	LHLHHHHL

Lfd.	INTERFACE	KEYBOARD	Keyb.	Tasten	FUNKTIONS-	S1	A8	A7 - A1	S2	D8-D4	D3-2	D1	S3	P8 - P1
Nr.	Adresse	Nummer	Adresse	Nr.	DECODER			1234567						
	Nummer		DIL	Tasten-	Nr.	2	2	2222222	3	33333	33	3	3	44444444
	001 - 256	01 - 16	Schalter	farbe	01 - 64	1	2	3456789	0	12345	67	8	9	01234567
256	128	08	HHHL	16 gn	32	L	H	LHLLLLL	L	HHHHH	HH	H	L	LHLHHHHH
x														
257	129	09	LLLH	01 rt	33	L	H	LHLLLLH	L	HHHHH	LL	L	L	LHLHHLLH
258	129	09	LLLH	01 gn	33	L	H	LHLLLLH	L	HHHHH	LL	H	L	LHLHHLLL
259	130	09	LLLH	02 rt	33	L	H	LHLLLLH	L	HHHHH	LH	L	L	LHLHHLHH
260	130	09	LLLH	02 gn	33	L	H	LHLLLLH	L	HHHHH	LH	H	L	LHLHHLHL
261	131	09	LLLH	03 rt	33	L	H	LHLLLLH	L	HHHHH	HL	L	L	LHLHHHLH
262	131	09	LLLH	03 gn	33	L	H	LHLLLLH	L	HHHHH	HL	H	L	LHLHHHLL
263	132	09	LLLH	04 rt	33	L	H	LHLLLLH	L	HHHHH	HH	L	L	LHLHHHHH
264	132	09	LLLH	04 gn	33	L	H	LHLLLLH	L	HHHHH	HH	H	L	LHLHHHHL
x														
265	133	09	LLLH	05 rt	34	L	H	LHLLLHL	L	HHHHH	LL	L	L	LHLHHLHL
266	133	09	LLLH	05 gn	34	L	H	LHLLLHL	L	HHHHH	LL	H	L	LHLHHLHH
267	134	09	LLLH	06 rt	34	L	H	LHLLLHL	L	HHHHH	LH	L	L	LHLHHLLL
268	134	09	LLLH	06 gn	34	L	H	LHLLLHL	L	HHHHH	LH	H	L	LHLHHLLH
269	135	09	LLLH	07 rt	34	L	H	LHLLLHL	L	HHHHH	HL	L	L	LHLHHHHL
270	135	09	LLLH	07 gn	34	L	H	LHLLLHL	L	HHHHH	HL	H	L	LHLHHHHH
271	136	09	LLLH	08 rt	34	L	H	LHLLLHL	L	HHHHH	HH	L	L	LHLHHHLL
272	136	09	LLLH	08 gn	34	L	H	LHLLLHL	L	HHHHH	HH	H	L	LHLHHHLH
x														
273	137	09	LLLH	09 rt	35	L	H	LHLLLHH	L	HHHHH	LL	L	L	LHLHHLHH
274	137	09	LLLH	09 gn	35	L	H	LHLLLHH	L	HHHHH	LL	H	L	LHLHHLHL
275	138	09	LLLH	10 rt	35	L	H	LHLLLHH	L	HHHHH	LH	L	L	LHLHHLLH
276	138	09	LLLH	10 gn	35	L	H	LHLLLHH	L	HHHHH	LH	H	L	LHLHHLLL
277	139	09	LLLH	11 rt	35	L	H	LHLLLHH	L	HHHHH	HL	L	L	LHLHHHHH
278	139	09	LLLH	11 gn	35	L	H	LHLLLHH	L	HHHHH	HL	H	L	LHLHHHHL
279	140	09	LLLH	12 rt	35	L	H	LHLLLHH	L	HHHHH	HH	L	L	LHLHHHLH
280	140	09	LLLH	12 gn	35	L	H	LHLLLHH	L	HHHHH	HH	H	L	LHLHHHLL
x														
281	141	09	LLLH	13 rt	36	L	H	LHLLHLL	L	HHHHH	LL	L	L	LHLHHHLL
282	141	09	LLLH	13 gn	36	L	H	LHLLHLL	L	HHHHH	LL	H	L	LHLHHHLH
283	142	09	LLLH	14 rt	36	L	H	LHLLHLL	L	HHHHH	LH	L	L	LHLHHHHL
284	142	09	LLLH	14 gn	36	L	H	LHLLHLL	L	HHHHH	LH	H	L	LHLHHHHH
285	143	09	LLLH	15 rt	36	L	H	LHLLHLL	L	HHHHH	HL	L	L	LHLHHLLL
286	143	09	LLLH	15 gn	36	L	H	LHLLHLL	L	HHHHH	HL	H	L	LHLHHLLH
287	144	09	LLLH	16 rt	36	L	H	LHLLHLL	L	HHHHH	HH	L	L	LHLHHLHL
288	144	09	LLLH	16 gn	36	L	H	LHLLHLL	L	HHHHH	HH	H	L	LHLHHLHH
x														
289	145	10	HLLH	01 rt	37	L	H	LHLLHLH	L	HHHHH	LL	L	L	LHLHHHLH
290	145	10	HLLH	01 gn	37	L	H	LHLLHLH	L	HHHHH	LL	H	L	LHLHHHLL
291	146	10	HLLH	02 rt	37	L	H	LHLLHLH	L	HHHHH	LH	L	L	LHLHHHHH
292	146	10	HLLH	02 gn	37	L	H	LHLLHLH	L	HHHHH	LH	H	L	LHLHHHHL
293	147	10	HLLH	03 rt	37	L	H	LHLLHLH	L	HHHHH	HL	L	L	LHLHHLLH
294	147	10	HLLH	03 gn	37	L	H	LHLLHLH	L	HHHHH	HL	H	L	LHLHHLLL
295	148	10	HLLH	04 rt	37	L	H	LHLLHLH	L	HHHHH	HH	L	L	LHLHHLHH
296	148	10	HLLH	04 gn	37	L	H	LHLLHLH	L	HHHHH	HH	H	L	LHLHHLHL
x														

297	149	10	HLLH	05 rt	38	L	H	LHLLHHL	L	HHHHH	LL	L	L	LHLHHHHL
298	149	10	HLLH	05 gn	38	L	H	LHLLHHL	L	HHHHH	LL	H	L	LHLHHHHH
299	150	10	HLLH	06 rt	38	L	H	LHLLHHL	L	HHHHH	LH	L	L	LHLHHHLL
300	150	10	HLLH	06 gn	38	L	H	LHLLHHL	L	HHHHH	LH	H	L	LHLHHHLH
301	151	10	HLLH	07 rt	38	L	H	LHLLHHL	L	HHHHH	HL	L	L	LHLHHLHL
302	151	10	HLLH	07 gn	38	L	H	LHLLHHL	L	HHHHH	HL	H	L	LHLHHLHH
303	152	10	HLLH	08 rt	38	L	H	LHLLHHL	L	HHHHH	HH	L	L	LHLHHLLL
304	152	10	HLLH	08 gn	38	L	H	LHLLHHL	L	HHHHH	HH	H	L	LHLHHLLH
x														
305	153	10	HLLH	09 rt	39	L	H	LHLLHHH	L	HHHHH	LL	L	L	LHLHHHHH
306	153	10	HLLH	09 gn	39	L	H	LHLLHHH	L	HHHHH	LL	H	L	LHLHHHHL
307	154	10	HLLH	10 rt	39	L	H	LHLLHHH	L	HHHHH	LH	L	L	LHLHHHLH
308	154	10	HLLH	10 gn	39	L	H	LHLLHHH	L	HHHHH	LH	H	L	LHLHHHLL
309	155	10	HLLH	11 rt	39	L	H	LHLLHHH	L	HHHHH	HL	L	L	LHLHHLHH
310	155	10	HLLH	11 gn	39	L	H	LHLLHHH	L	HHHHH	HL	H	L	LHLHHLHL
311	156	10	HLLH	12 rt	39	L	H	LHLLHHH	L	HHHHH	HH	L	L	LHLHHLLH
312	156	10	HLLH	12 gn	39	L	H	LHLLHHH	L	HHHHH	HH	H	L	LHLHHLLL
x														
313	157	10	HLLH	13 rt	40	L	H	LHLHLLL	L	HHHHH	LL	L	L	LHLHLLLL
314	157	10	HLLH	13 gn	40	L	H	LHLHLLL	L	HHHHH	LL	H	L	LHLHLLLH
315	158	10	HLLH	14 rt	40	L	H	LHLHLLL	L	HHHHH	LH	L	L	LHLHLLHL
316	158	10	HLLH	14 gn	40	L	H	LHLHLLL	L	HHHHH	LH	H	L	LHLHLLHH
317	159	10	HLLH	15 rt	40	L	H	LHLHLLL	L	HHHHH	HL	L	L	LHLHLHLL
318	159	10	HLLH	15 gn	40	L	H	LHLHLLL	L	HHHHH	HL	H	L	LHLHLHLH
319	160	10	HLLH	16 rt	40	L	H	LHLHLLL	L	HHHHH	HH	L	L	LHLHLHHL
320	160	10	HLLH	16 gn	40	L	H	LHLHLLL	L	HHHHH	HH	H	L	LHLHLHHH
x														
321	161	11	LHLH	01 rt	41	L	H	LHLHLLH	L	HHHHH	LL	L	L	LHLHLLLH
322	161	11	LHLH	01 gn	41	L	H	LHLHLLH	L	HHHHH	LL	H	L	LHLHLLLL
323	162	11	LHLH	02 rt	41	L	H	LHLHLLH	L	HHHHH	LH	L	L	LHLHLLHH
324	162	11	LHLH	02 gn	41	L	H	LHLHLLH	L	HHHHH	LH	H	L	LHLHLLHL
325	163	11	LHLH	03 rt	41	L	H	LHLHLLH	L	HHHHH	HL	L	L	LHLHLHLH
326	163	11	LHLH	03 gn	41	L	H	LHLHLLH	L	HHHHH	HL	H	L	LHLHLHLL
327	164	11	LHLH	04 rt	41	L	H	LHLHLLH	L	HHHHH	HH	L	L	LHLHLHHH
328	164	11	LHLH	04 gn	41	L	H	LHLHLLH	L	HHHHH	HH	H	L	LHLHLHHL
x														
329	165	11	LHLH	05 rt	42	L	H	LHLHLHL	L	HHHHH	LL	L	L	LHLHLLHL
330	165	11	LHLH	05 gn	42	L	H	LHLHLHL	L	HHHHH	LL	H	L	LHLHLLHH
331	166	11	LHLH	06 rt	42	L	H	LHLHLHL	L	HHHHH	LH	L	L	LHLHLLLL
332	166	11	LHLH	06 gn	42	L	H	LHLHLHL	L	HHHHH	LH	H	L	LHLHLLLH
333	167	11	LHLH	07 rt	42	L	H	LHLHLHL	L	HHHHH	HL	L	L	LHLHLHHL
334	167	11	LHLH	07 gn	42	L	H	LHLHLHL	L	HHHHH	HL	H	L	LHLHLHHH
335	168	11	LHLH	08 rt	42	L	H	LHLHLHL	L	HHHHH	HH	L	L	LHLHLHLL
336	168	11	LHLH	08 gn	42	L	H	LHLHLHL	L	HHHHH	HH	H	L	LHLHLHLH
x														
337	169	11	LHLH	09 rt	43	L	H	LHLHLHH	L	HHHHH	LL	L	L	LHLHLLHH
338	169	11	LHLH	09 gn	43	L	H	LHLHLHH	L	HHHHH	LL	H	L	LHLHLLHL
339	170	11	LHLH	10 rt	43	L	H	LHLHLHH	L	HHHHH	LH	L	L	LHLHLLLH
340	170	11	LHLH	10 gn	43	L	H	LHLHLHH	L	HHHHH	LH	H	L	LHLHLLLL
341	171	11	LHLH	11 rt	43	L	H	LHLHLHH	L	HHHHH	HL	L	L	LHLHLHHH
342	171	11	LHLH	11 gn	43	L	H	LHLHLHH	L	HHHHH	HL	H	L	LHLHLHHL
343	172	11	LHLH	12 rt	43	L	H	LHLHLHH	L	HHHHH	HH	L	L	LHLHLHLH
344	172	11	LHLH	12 gn	43	L	H	LHLHLHH	L	HHHHH	HH	H	L	LHLHLHLL

Lfd.	INTERFACE	KEYBOARD	Keyb.	Tasten	FUNKTIONS-	S1	A8	A7 - A1	S2	D8-D4	D3-2	D1	S3	P8 - P1
Nr.	Adresse	Nummer	Adresse	Nr.	DECODER			1234567						
	Nummer		DIL	Tasten-	Nr.	2	2	2222222	3	33333	33	3	3	44444444
	001 - 256	01 - 16	Schalter	farbe	01 - 64	1	2	3456789	0	12345	67	8	9	01234567
x														
345	173	11	LHLH	13 rt	44	L	H	LHLHHLL	L	HHHHH	LL	L	L	LHLHLHLL
346	173	11	LHLH	13 gn	44	L	H	LHLHHLL	L	HHHHH	LL	H	L	LHLHLHLH
347	174	11	LHLH	14 rt	44	L	H	LHLHHLL	L	HHHHH	LH	L	L	LHLHLHHL
348	174	11	LHLH	14 gn	44	L	H	LHLHHLL	L	HHHHH	LH	H	L	LHLHLHHH
349	175	11	LHLH	15 rt	44	L	H	LHLHHLL	L	HHHHH	HL	L	L	LHLHLLLL
350	175	11	LHLH	15 gn	44	L	H	LHLHHLL	L	HHHHH	HL	H	L	LHLHLLLH
351	176	11	LHLH	16 rt	44	L	H	LHLHHLL	L	HHHHH	HH	L	L	LHLHLLHL
352	176	11	LHLH	16 gn	44	L	H	LHLHHLL	L	HHHHH	HH	H	L	LHLHLLHH
x														
353	177	12	HHLH	01 rt	45	L	H	LHLHHLH	L	HHHHH	LL	L	L	LHLHLHLH
354	177	12	HHLH	01 gn	45	L	H	LHLHHLH	L	HHHHH	LL	H	L	LHLHLHLL
355	178	12	HHLH	02 rt	45	L	H	LHLHHLH	L	HHHHH	LH	L	L	LHLHLHHH
356	178	12	HHLH	02 gn	45	L	H	LHLHHLH	L	HHHHH	LH	H	L	LHLHLHHL
357	179	12	HHLH	03 rt	45	L	H	LHLHHLH	L	HHHHH	HL	L	L	LHLHLLLH
358	179	12	HHLH	03 gn	45	L	H	LHLHHLH	L	HHHHH	HL	H	L	LHLHLLLL
359	180	12	HHLH	04 rt	45	L	H	LHLHHLH	L	HHHHH	HH	L	L	LHLHLLHH
360	180	12	HHLH	04 gn	45	L	H	LHLHHLH	L	HHHHH	HH	H	L	LHLHLLHL
x														
361	181	12	HHLH	05 rt	46	L	H	LHLHHHL	L	HHHHH	LL	L	L	LHLHLHHL
362	181	12	HHLH	05 gn	46	L	H	LHLHHHL	L	HHHHH	LL	H	L	LHLHLHHH
363	182	12	HHLH	06 rt	46	L	H	LHLHHHL	L	HHHHH	LH	L	L	LHLHLHLL
364	182	12	HHLH	06 gn	46	L	H	LHLHHHL	L	HHHHH	LH	H	L	LHLHLHLH
365	183	12	HHLH	07 rt	46	L	H	LHLHHHL	L	HHHHH	HL	L	L	LHLHLLHL
366	183	12	HHLH	07 gn	46	L	H	LHLHHHL	L	HHHHH	HL	H	L	LHLHLLHH
367	184	12	HHLH	08 rt	46	L	H	LHLHHHL	L	HHHHH	HH	L	L	LHLHLLLL
368	184	12	HHLH	08 gn	46	L	H	LHLHHHL	L	HHHHH	HH	H	L	LHLHLLLH
x														
369	185	12	HHLH	09 rt	47	L	H	LHLHHHH	L	HHHHH	LL	L	L	LHLHLHHH
370	185	12	HHLH	09 gn	47	L	H	LHLHHHH	L	HHHHH	LL	H	L	LHLHLHHL
371	186	12	HHLH	10 rt	47	L	H	LHLHHHH	L	HHHHH	LH	L	L	LHLHLHLH
372	186	12	HHLH	10 gn	47	L	H	LHLHHHH	L	HHHHH	LH	H	L	LHLHLHLL
373	187	12	HHLH	11 rt	47	L	H	LHLHHHH	L	HHHHH	HL	L	L	LHLHLLHH
374	187	12	HHLH	11 gn	47	L	H	LHLHHHH	L	HHHHH	HL	H	L	LHLHLLHL
375	188	12	HHLH	12 rt	47	L	H	LHLHHHH	L	HHHHH	HH	L	L	LHLHLLLH
376	188	12	HHLH	12 gn	47	L	H	LHLHHHH	L	HHHHH	HH	H	L	LHLHLLLL
x														
377	189	12	HHLH	13 rt	48	L	H	LHHLLLL	L	HHHHH	LL	L	L	LHLLHLLL
378	189	12	HHLH	13 gn	48	L	H	LHHLLLL	L	HHHHH	LL	H	L	LHLLHLLH
379	190	12	HHLH	14 rt	48	L	H	LHHLLLL	L	HHHHH	LH	L	L	LHLLHLHL
380	190	12	HHLH	14 gn	48	L	H	LHHLLLL	L	HHHHH	LH	H	L	LHLLHLHH
381	191	12	HHLH	15 rt	48	L	H	LHHLLLL	L	HHHHH	HL	L	L	LHLLHHLL
382	191	12	HHLH	15 gn	48	L	H	LHHLLLL	L	HHHHH	HL	H	L	LHLLHHLH
383	192	12	HHLH	16 rt	48	L	H	LHHLLLL	L	HHHHH	HH	L	L	LHLLHHHL
384	192	12	HHLH	16 gn	48	L	H	LHHLLLL	L	HHHHH	HH	H	L	LHLLHHHH
x														
385	193	13	LLHH	01 rt	49	L	H	LHHLLLH	L	HHHHH	LL	L	L	LHLLHLLH

386	193	13	LLHH	01 gn	49	L	H	LHHLLLH	L	HHHHH	LL	H	L	LHLLHLLL
387	194	13	LLHH	02 rt	49	L	H	LHHLLLH	L	HHHHH	LH	L	L	LHLLHLHH
388	194	13	LLHH	02 gn	49	L	H	LHHLLLH	L	HHHHH	LH	H	L	LHLLHLHL
389	195	13	LLHH	03 rt	49	L	H	LHHLLLH	L	HHHHH	HL	L	L	LHLLHHLH
390	195	13	LLHH	03 gn	49	L	H	LHHLLLH	L	HHHHH	HL	H	L	LHLLHHLL
391	196	13	LLHH	04 rt	49	L	H	LHHLLLH	L	HHHHH	HH	L	L	LHLLHHHH
392	196	13	LLHH	04 gn	49	L	H	LHHLLLH	L	HHHHH	HH	H	L	LHLLHHHL
x														
393	197	13	LLHH	05 rt	50	L	H	LHHLLHL	L	HHHHH	LL	L	L	LHLLHLHL
394	197	13	LLHH	05 gn	50	L	H	LHHLLHL	L	HHHHH	LL	H	L	LHLLHLHH
395	198	13	LLHH	06 rt	50	L	H	LHHLLHL	L	HHHHH	LH	L	L	LHLLHLLL
396	198	13	LLHH	06 gn	50	L	H	LHHLLHL	L	HHHHH	LH	H	L	LHLLHLLH
397	199	13	LLHH	07 rt	50	L	H	LHHLLHL	L	HHHHH	HL	L	L	LHLLHHHL
398	199	13	LLHH	07 gn	50	L	H	LHHLLHL	L	HHHHH	HL	H	L	LHLLHHHH
399	200	13	LLHH	08 rt	50	L	H	LHHLLHL	L	HHHHH	HH	L	L	LHLLHHLL
400	200	13	LLHH	08 gn	50	L	H	LHHLLHL	L	HHHHH	HH	H	L	LHLLHHLH
x														
401	201	13	LLHH	09 rt	51	L	H	LHHLLHH	L	HHHHH	LL	L	L	LHLLHLHH
402	201	13	LLHH	09 gn	51	L	H	LHHLLHH	L	HHHHH	LL	H	L	LHLLHLHL
403	202	13	LLHH	10 rt	51	L	H	LHHLLHH	L	HHHHH	LH	L	L	LHLLHLLH
404	202	13	LLHH	10 gn	51	L	H	LHHLLHH	L	HHHHH	LH	H	L	LHLLHLLL
405	203	13	LLHH	11 rt	51	L	H	LHHLLHH	L	HHHHH	HL	L	L	LHLLHHHH
406	203	13	LLHH	11 gn	51	L	H	LHHLLHH	L	HHHHH	HL	H	L	LHLLHHHL
407	204	13	LLHH	12 rt	51	L	H	LHHLLHH	L	HHHHH	HH	L	L	LHLLHHLH
408	204	13	LLHH	12 gn	51	L	H	LHHLLHH	L	HHHHH	HH	H	L	LHLLHHLL
x														
409	205	13	LLHH	13 rt	52	L	H	LHHLHLL	L	HHHHH	LL	L	L	LHLLHHLL
410	205	13	LLHH	13 gn	52	L	H	LHHLHLL	L	HHHHH	LL	H	L	LHLLHHLH
411	206	13	LLHH	14 rt	52	L	H	LHHLHLL	L	HHHHH	LH	L	L	LHLLHHHL
412	206	13	LLHH	14 gn	52	L	H	LHHLHLL	L	HHHHH	LH	H	L	LHLLHHHH
413	207	13	LLHH	15 rt	52	L	H	LHHLHLL	L	HHHHH	HL	L	L	LHLLHLLL
414	207	13	LLHH	15 gn	52	L	H	LHHLHLL	L	HHHHH	HL	H	L	LHLLHLLH
415	208	13	LLHH	16 rt	52	L	H	LHHLHLL	L	HHHHH	HH	L	L	LHLLHLHL
416	208	13	LLHH	16 gn	52	L	H	LHHLHLL	L	HHHHH	HH	H	L	LHLLHLHH
x														
417	209	14	HLHH	01 rt	53	L	H	LHHLHLH	L	HHHHH	LL	L	L	LHLLHHLH
418	209	14	HLHH	01 gn	53	L	H	LHHLHLH	L	HHHHH	LL	H	L	LHLLHHLL
419	210	14	HLHH	02 rt	53	L	H	LHHLHLH	L	HHHHH	LH	L	L	LHLLHHHH
420	210	14	HLHH	02 gn	53	L	H	LHHLHLH	L	HHHHH	LH	H	L	LHLLHHHL
421	211	14	HLHH	03 rt	53	L	H	LHHLHLH	L	HHHHH	HL	L	L	LHLLHLLH
422	211	14	HLHH	03 gn	53	L	H	LHHLHLH	L	HHHHH	HL	H	L	LHLLHLLL
423	212	14	HLHH	04 rt	53	L	H	LHHLHLH	L	HHHHH	HH	L	L	LHLLHLHH
424	212	14	HLHH	04 gn	53	L	H	LHHLHLH	L	HHHHH	HH	H	L	LHLLHLHL
x														
425	213	14	HLHH	05 rt	54	L	H	LHHLHHL	L	HHHHH	LL	L	L	LHLLHHHL
426	213	14	HLHH	05 gn	54	L	H	LHHLHHL	L	HHHHH	LL	H	L	LHLLHHHH
427	214	14	HLHH	06 rt	54	L	H	LHHLHHL	L	HHHHH	LH	L	L	LHLLHHLL
428	214	14	HLHH	06 gn	54	L	H	LHHLHHL	L	HHHHH	LH	H	L	LHLLHHLH
429	215	14	HLHH	07 rt	54	L	H	LHHLHHL	L	HHHHH	HL	L	L	LHLLHLHL
430	215	14	HLHH	07 gn	54	L	H	LHHLHHL	L	HHHHH	HL	H	L	LHLLHLHH
431	216	14	HLHH	08 rt	54	L	H	LHHLHHL	L	HHHHH	HH	L	L	LHLLHLLL
432	216	14	HLHH	08 rt	54	L	H	LHHLHHL	L	HHHHH	HH	H	L	LHLLHLLH
x														

Lfd. Nr.	INTERFACE Adresse Nummer 001 - 256	KEYBOARD Nummer 01 - 16	Keyb. Adresse DIL Schalter	Tasten Nr. Tasten-farbe	FUNKTIONS-DECODER Nr. 01 - 64	S1 2 1	A8 2 2	A7 - A1 1234567 2222222 3456789	S2 3 0	D8-D4 33333 12345	D3-2 33 67	D1 3 8	S3 3 9	P8 - P1 44444444 01234567
433	217	14	HLHH	09 rt	55	L	H	LHHLHHH	L	HHHHH	LL	L	L	LHLLHHHH
434	217	14	HLHH	09 gn	55	L	H	LHHLHHH	L	HHHHH	LL	H	L	LHLLHHHL
435	218	14	HLHH	10 rt	55	L	H	LHHLHHH	L	HHHHH	LH	L	L	LHLLHHLH
436	218	14	HLHH	10 gn	55	L	H	LHHLHHH	L	HHHHH	LH	H	L	LHLLHHLL
437	219	14	HLHH	11 rt	55	L	H	LHHLHHH	L	HHHHH	HL	L	L	LHLLHLHH
438	219	14	HLHH	11 gn	55	L	H	LHHLHHH	L	HHHHH	HL	H	L	LHLLHLHL
439	220	14	HLHH	12 rt	55	L	H	LHHLHHH	L	HHHHH	HH	L	L	LHLLHLLH
440	220	14	HLHH	12 gn	55	L	H	LHHLHHH	L	HHHHH	HH	H	L	LHLLHLLL
x														
441	221	14	HLHH	13 rt	56	L	H	LHHHLLL	L	HHHHH	LL	L	L	LHLLLLLL
442	221	14	HLHH	13 gn	56	L	H	LHHHLLL	L	HHHHH	LL	H	L	LHLLLLLH
443	222	14	HLHH	14 rt	56	L	H	LHHHLLL	L	HHHHH	LH	L	L	LHLLLLHL
444	222	14	HLHH	14 gn	56	L	H	LHHHLLL	L	HHHHH	LH	H	L	LHLLLLHH
445	223	14	HLHH	15 rt	56	L	H	LHHHLLL	L	HHHHH	HL	L	L	LHLLLHLL
446	223	14	HLHH	15 gn	56	L	H	LHHHLLL	L	HHHHH	HL	H	L	LHLLLHLH
447	224	14	HLHH	16 rt	56	L	H	LHHHLLL	L	HHHHH	HH	L	L	LHLLLHHL
448	224	14	HLHH	16 gn	56	L	H	LHHHLLL	L	HHHHH	HH	H	L	LHLLLHHH
x														
449	225	15	LHHH	01 rt	57	L	H	LHHHLLH	L	HHHHH	LL	L	L	LHLLLLLH
450	225	15	LHHH	01 gn	57	L	H	LHHHLLH	L	HHHHH	LL	H	L	LHLLLLLL
451	226	15	LHHH	02 rt	57	L	H	LHHHLLH	L	HHHHH	LH	L	L	LHLLLLHH
452	226	15	LHHH	02 gn	57	L	H	LHHHLLH	L	HHHHH	LH	H	L	LHLLLLHL
453	227	15	LHHH	03 rt	57	L	H	LHHHLLH	L	HHHHH	HL	L	L	LHLLLHLH
454	227	15	LHHH	03 gn	57	L	H	LHHHLLH	L	HHHHH	HL	H	L	LHLLLHLL
455	228	15	LHHH	04 rt	57	L	H	LHHHLLH	L	HHHHH	HH	L	L	LHLLLHHH
456	228	15	LHHH	04 gn	57	L	H	LHHHLLH	L	HHHHH	HH	H	L	LHLLLHHL
x														
457	229	15	LHHH	05 rt	58	L	H	LHHHLHL	L	HHHHH	LL	L	L	LHLLLLHL
458	229	15	LHHH	05 gn	58	L	H	LHHHLHL	L	HHHHH	LL	H	L	LHLLLLHH
459	230	15	LHHH	06 rt	58	L	H	LHHHLHL	L	HHHHH	LH	L	L	LHLLLLLL
460	230	15	LHHH	06 gn	58	L	H	LHHHLHL	L	HHHHH	LH	H	L	LHLLLLLH
461	231	15	LHHH	07 rt	58	L	H	LHHHLHL	L	HHHHH	HL	L	L	LHLLLHHL
462	231	15	LHHH	07 gn	58	L	H	LHHHLHL	L	HHHHH	HL	H	L	LHLLLHHH
463	232	15	LHHH	08 rt	58	L	H	LHHHLHL	L	HHHHH	HH	L	L	LHLLLHLL
464	232	15	LHHH	08 gn	58	L	H	LHHHLHL	L	HHHHH	HH	H	L	LHLLLHLH
x														
465	233	15	LHHH	09 rt	59	L	H	LHHHLHH	L	HHHHH	LL	L	L	LHLLLLHH
466	233	15	LHHH	09 gn	59	L	H	LHHHLHH	L	HHHHH	LL	H	L	LHLLLLHL
467	234	15	LHHH	10 rt	59	L	H	LHHHLHH	L	HHHHH	LH	L	L	LHLLLLLH
468	234	15	LHHH	10 gn	59	L	H	LHHHLHH	L	HHHHH	LH	H	L	LHLLLLLL
469	235	15	LHHH	11 rt	59	L	H	LHHHLHH	L	HHHHH	HL	L	L	LHLLLHHH
470	235	15	LHHH	11 gn	59	L	H	LHHHLHH	L	HHHHH	HL	H	L	LHLLLHHL
471	236	15	LHHH	12 rt	59	L	H	LHHHLHH	L	HHHHH	HH	L	L	LHLLLHLH
472	236	15	LHHH	12 gn	59	L	H	LHHHLHH	L	HHHHH	HH	H	L	LHLLLHLL
x														
473	237	15	LHHH	13 rt	60	L	H	LHHHHLL	L	HHHHH	LL	L	L	LHLLLHLL
474	237	15	LHHH	13 gn	60	L	H	LHHHHLL	L	HHHHH	LL	H	L	LHLLLHLH

475	238	15	LHHH	14 rt	60	L	H	LHHHHLL	L	HHHHH	LH	L	L	LHLLLHHL
476	238	15	LHHH	14 gn	60	L	H	LHHHHLL	L	HHHHH	LH	H	L	LHLLLHHH
477	239	15	LHHH	15 rt	60	L	H	LHHHHLL	L	HHHHH	HL	L	L	LHLLLLLL
478	239	15	LHHH	15 gn	60	L	H	LHHHHLL	L	HHHHH	HL	H	L	LHLLLLLH
479	240	15	LHHH	16 rt	60	L	H	LHHHHLL	L	HHHHH	HH	L	L	LHLLLLHL
480	240	15	LHHH	16 gn	60	L	H	LHHHHLL	L	HHHHH	HH	H	L	LHLLLLHH
x														
481	241	16	HHHH	01 rt	61	L	H	LHHHHLH	L	HHHHH	LL	L	L	LHLLLHLH
482	241	16	HHHH	01 gn	61	L	H	LHHHHLH	L	HHHHH	LL	H	L	LHLLLHLL
483	242	16	HHHH	02 rt	61	L	H	LHHHHLH	L	HHHHH	LH	L	L	LHLLLHHH
484	242	16	HHHH	02 gn	61	L	H	LHHHHLH	L	HHHHH	LH	H	L	LHLLLHHL
485	243	16	HHHH	03 rt	61	L	H	LHHHHLH	L	HHHHH	HL	L	L	LHLLLLLH
486	243	16	HHHH	03 gn	61	L	H	LHHHHLH	L	HHHHH	HL	H	L	LHLLLLLL
487	244	16	HHHH	04 rt	61	L	H	LHHHHLH	L	HHHHH	HH	L	L	LHLLLLHH
488	244	16	HHHH	04 gn	61	L	H	LHHHHLH	L	HHHHH	HH	H	L	LHLLLLHL
x														
489	245	16	HHHH	05 rt	62	L	H	LHHHHHL	L	HHHHH	LL	L	L	LHLLLHHL
490	245	16	HHHH	05 gn	62	L	H	LHHHHHL	L	HHHHH	LL	H	L	LHLLLHHH
491	246	16	HHHH	06 rt	62	L	H	LHHHHHL	L	HHHHH	LH	L	L	LHLLLHLL
492	246	16	HHHH	06 gn	62	L	H	LHHHHHL	L	HHHHH	LH	H	L	LHLLLHLH
493	247	16	HHHH	07 rt	62	L	H	LHHHHHL	L	HHHHH	HL	L	L	LHLLLLHL
494	247	16	HHHH	07 gn	62	L	H	LHHHHHL	L	HHHHH	HL	H	L	LHLLLLHH
495	248	16	HHHH	08 rt	62	L	H	LHHHHHL	L	HHHHH	HH	L	L	LHLLLLLL
496	248	16	HHHH	08 gn	62	L	H	LHHHHHL	L	HHHHH	HH	H	L	LHLLLLLH
x														
497	249	16	HHHH	09 rt	63	L	H	LHHHHHH	L	HHHHH	LL	L	L	LHLLLHHH
498	249	16	HHHH	09 rt	63	L	H	LHHHHHH	L	HHHHH	LL	H	L	LHLLLHHL
499	250	16	HHHH	10 rt	63	L	H	LHHHHHH	L	HHHHH	LH	L	L	LHLLLHLH
500	250	16	HHHH	10 gn	63	L	H	LHHHHHH	L	HHHHH	LH	H	L	LHLLLHLL
501	251	16	HHHH	11 rt	63	L	H	LHHHHHH	L	HHHHH	HL	L	L	LHLLLLHH
502	251	16	HHHH	11 gn	63	L	H	LHHHHHH	L	HHHHH	HL	H	L	LHLLLLHL
503	252	16	HHHH	12 rt	63	L	H	LHHHHHH	L	HHHHH	HH	L	L	LHLLLLLH
504	252	16	HHHH	12 gn	63	L	H	LHHHHHH	L	HHHHH	HH	H	L	LHLLLLLL
x														
505	253	16	HHHH	13 rt	64	L	H	HLLLLLL	L	HHHHH	LL	L	L	LLHHHLLL
506	253	16	HHHH	13 gn	64	L	H	HLLLLLL	L	HHHHH	LL	H	L	LLHHHLLH
507	254	16	HHHH	14 rt	64	L	H	HLLLLLL	L	HHHHH	LH	L	L	LLHHHLHL
508	254	16	HHHH	14 gn	64	L	H	HLLLLLL	L	HHHHH	LH	H	L	LLHHHLHH
509	255	16	HHHH	15 rt	64	L	H	HLLLLLL	L	HHHHH	HL	L	L	LLHHHHLL
510	255	16	HHHH	15 gn	64	L	H	HLLLLLL	L	HHHHH	HL	H	L	LLHHHHLH
511	256	16	HHHH	16 rt	64	L	H	HLLLLLL	L	HHHHH	HH	L	L	LLHHHHHL
512	256	16	HHHH	16 gn	64	L	H	HLLLLLL	L	HHHHH	HH	H	L	LLHHHHHH
xx														

Codetabelle für Lok-Decoder

Lfd. Nr.	INTERFACE Adresse Nummer 01 - 99	LOK-DECODER Nr. 01 - 99	S1 2 1	A8 2 2	A7 - A1 2222222 3456789	S2 3 0	D8-7 33 12	D6 Richtg. 3 3	D5 Zusatzf. 3 4	D4-D1 Fahrstufe 3333 5678	S3 3 9	P8 - P1 44444444 01234567	Fahrstufe Nr. 0 - 14	Bemerkung
000	000	00	L	L	HHLHHHH	L	LH	L	L	LLLL	L	LLHLHHHH	00	Grundstellung
x														
001	001	01	L	L	LLLLLLH	L	LH	L	L	LLLL	L	LHLLLLLH	00	
002	002	02	L	L	LLLLLHL	L	LH	L	L	LLLL	L	LHLLLLHL	00	
003	003	03	L	L	LLLLLHH	L	LH	L	L	LLLL	L	LHLLLLHH	00	
004	004	04	L	L	LLLLHLL	L	LH	L	L	LLLL	L	LHLLLHLL	00	
005	005	05	L	L	LLLLHLH	L	LH	L	L	LLLL	L	LHLLLHLH	00	
006	006	06	L	L	LLLLHHL	L	LH	L	L	LLLL	L	LHLLLHHL	00	
007	007	07	L	L	LLLLHHH	L	LH	L	L	LLLL	L	LHLLLHHH	00	
008	008	08	L	L	LLLHLLL	L	LH	L	L	LLLL	L	LHLLHLLL	00	
009	009	09	L	L	LLLHLLH	L	LH	L	L	LLLL	L	LHLLHLLH	00	
010	010	10	L	L	LLLHLHL	L	LH	L	L	LLLL	L	LHLLHLHL	00	
x														
011	011	11	L	L	LLLHLHH	L	LH	L	L	LLLL	L	LHLLHLHH	00	
012	012	12	L	L	LLLHHLL	L	LH	L	L	LLLL	L	LHLLHHLL	00	
013	013	13	L	L	LLLHHLH	L	LH	L	L	LLLL	L	LHLLHHLH	00	
014	014	14	L	L	LLLHHHL	L	LH	L	L	LLLL	L	LHLLHHHL	00	
015	015	15	L	L	LLLHHHH	L	LH	L	L	LLLL	L	LHLLHHHH	00	
016	016	16	L	L	LLHLLLL	L	LH	L	L	LLLL	L	LHLHLLLL	00	
017	017	17	L	L	LLHLLLH	L	LH	L	L	LLLL	L	LHLHLLLH	00	
018	018	18	L	L	LLHLLHL	L	LH	L	L	LLLL	L	LHLHLLHL	00	
019	019	19	L	L	LLHLLHH	L	LH	L	L	LLLL	L	LHLHLLHH	00	
020	020	20	L	L	LLHLHLL	L	LH	L	L	LLLL	L	LHLHLHLL	00	
x														
021	021	21	L	L	LLHLHLH	L	LH	L	L	LLLL	L	LHLHLHLH	00	
022	022	22	L	L	LLHLHHL	L	LH	L	L	LLLL	L	LHLHLHHL	00	
023	023	23	L	L	LLHLHHH	L	LH	L	L	LLLL	L	LHLHLHHH	00	
024	024	24	L	L	LLHHLLL	L	LH	L	L	LLLL	L	LHLHHLLL	00	
025	025	25	L	L	LLHHLLH	L	LH	L	L	LLLL	L	LHLHHLLH	00	
026	026	26	L	L	LLHHLHL	L	LH	L	L	LLLL	L	LHLHHLHL	00	
027	027	27	L	L	LLHHLHH	L	LH	L	L	LLLL	L	LHLHHLHH	00	
028	028	28	L	L	LLHHHLL	L	LH	L	L	LLLL	L	LHLHHHLL	00	
029	029	29	L	L	LLHHHLH	L	LH	L	L	LLLL	L	LHLHHHLH	00	
030	030	30	L	L	LLHHHHL	L	LH	L	L	LLLL	L	LHLHHHHL	00	
x														
031	031	31	L	L	LLHHHHH	L	LH	L	L	LLLL	L	LHLHHHHH	00	
032	032	32	L	L	LHLLLLL	L	LH	L	L	LLLL	L	LHHLLLLL	00	
033	033	33	L	L	LHLLLLH	L	LH	L	L	LLLL	L	LHHLLLLH	00	
034	034	34	L	L	LHLLLHL	L	LH	L	L	LLLL	L	LHHLLLHL	00	
035	035	35	L	L	LHLLLHH	L	LH	L	L	LLLL	L	LHHLLLHH	00	
036	036	36	L	L	LHLLHLL	L	LH	L	L	LLLL	L	LHHLLHLL	00	
037	037	37	L	L	LHLLHLH	L	LH	L	L	LLLL	L	LHHLLHLH	00	
038	038	38	L	L	LHLLHHL	L	LH	L	L	LLLL	L	LHHLLHHL	00	

039	039	39	L	L	LHLLHHH	L	LH	L	L	LLLL	L	LHHLLLLL	00	
040	040	40	L	L	LHLHLLL	L	LH	L	L	LLLL	L	LHHLHLLL	00	
x														
041	041	41	L	L	LHLHLLH	L	LH	L	L	LLLL	L	LHHLHLLH	00	
042	042	42	L	L	LHLHLHL	L	LH	L	L	LLLL	L	LHHLHLHL	00	
043	043	43	L	L	LHLHLHH	L	LH	L	L	LLLL	L	LHHLHLHH	00	
044	044	44	L	L	LHLHHLL	L	LH	L	L	LLLL	L	LHHLHHLL	00	
045	045	45	L	L	LHLHHLH	L	LH	L	L	LLLL	L	LHHLHHLH	00	
046	046	46	L	L	LHLHHHL	L	LH	L	L	LLLL	L	LHHLHHHL	00	
047	047	47	L	L	LHLHHHH	L	LH	L	L	LLLL	L	LHHLHHHH	00	
048	048	48	L	L	LHHLLLL	L	LH	L	L	LLLL	L	LHHHHHHH	00	
049	049	49	L	L	LHHLLLH	L	LH	L	L	LLLL	L	LHHHLLLH	00	
050	050	50	L	L	LHHLLHL	L	LH	L	L	LLLL	L	LHHHLLHL	00	
x														
051	051	51	L	L	LHHLLHH	L	LH	L	L	LLLL	L	LHHHLLHH	00	
052	052	52	L	L	LHHLHLL	L	LH	L	L	LLLL	L	LHHHLHLL	00	
053	053	53	L	L	LHHLHLH	L	LH	L	L	LLLL	L	LHHHLHLH	00	
054	054	54	L	L	LHHLHHL	L	LH	L	L	LLLL	L	LHHHLHHL	00	
055	055	55	L	L	LHHLHHH	L	LH	L	L	LLLL	L	LHHHLHHH	00	
056	056	56	L	L	LHHHLLL	L	LH	L	L	LLLL	L	LHHHHLLL	00	
057	057	57	L	L	LHHHLLH	L	LH	L	L	LLLL	L	LHHHHLLH	00	
058	058	58	L	L	LHHHLHL	L	LH	L	L	LLLL	L	LHHHHLHL	00	
059	059	59	L	L	LHHHLHH	L	LH	L	L	LLLL	L	LHHHHLHH	00	
060	060	60	L	L	LHHHHLL	L	LH	L	L	LLLL	L	LHHHHHLL	00	
x														
061	061	61	L	L	LHHHHLH	L	LH	L	L	LLLL	L	LHHHHHLH	00	
062	062	62	L	L	LHHHHHL	L	LH	L	L	LLLL	L	LHHHHHHL	00	
063	063	63	L	L	LHHHHHH	L	LH	L	L	LLLL	L	LHHHHHHH	00	
064	064	64	L	L	HLLLLLL	L	LH	L	L	LLLL	L	LLLLLLLL	00	
065	065	65	L	L	HLLLLLH	L	LH	L	L	LLLL	L	LLLLLLLH	00	
066	066	66	L	L	HLLLLHL	L	LH	L	L	LLLL	L	LLLLLLHL	00	
067	067	67	L	L	HLLLLHH	L	LH	L	L	LLLL	L	LLLLLLHH	00	
068	068	68	L	L	HLLLHLL	L	LH	L	L	LLLL	L	LLLLLHLL	00	
069	069	69	L	L	HLLLHLH	L	LH	L	L	LLLL	L	LLLLLHLH	00	
070	070	70	L	L	HLLLHHL	L	LH	L	L	LLLL	L	LLLLLHHL	00	
x														
071	071	71	L	L	HLLLHHH	L	LH	L	L	LLLL	L	LLLLLHHH	00	
072	072	72	L	L	HLLHLLL	L	LH	L	L	LLLL	L	LLLLHLLL	00	
073	073	73	L	L	HLLHLLH	L	LH	L	L	LLLL	L	LLLLHLLH	00	
074	074	74	L	L	HLLHLHL	L	LH	L	L	LLLL	L	LLLLHLHL	00	
075	075	75	L	L	HLLHLHH	L	LH	L	L	LLLL	L	LLLLHLHH	00	
076	076	76	L	L	HLLHHLL	L	LH	L	L	LLLL	L	LLLLHHLL	00	
077	077	77	L	L	HLLHHLH	L	LH	L	L	LLLL	L	LLLLHHLH	00	
078	078	78	L	L	HLLHHHL	L	LH	L	L	LLLL	L	LLLLHHHL	00	
079	079	79	L	L	HLLHHHH	L	LH	L	L	LLLL	L	LLLLHHHH	00	
x														
080	080	80	L	L	HHLLHHL	L	LH	L	L	LLLL	L	LLLLLLHL	00	Schalter Analog = ON
x														
081	080	80	L	L	HLHLLLL	L	LH	L	L	LLLL	L	LLLHLLLL	00	Schalter Analog =OFF
x														
082		81	L	L	HLHLLLH	L	LH	L	L	LLLL	L	LLLHLLLH	00	
083		82	L	L	HLHLLHL	L	LH	L	L	LLLL	L	LLLHLLHL	00	
084		83	L	L	HLHLLHH	L	LH	L	L	LLLL	L	LLLHLLHH	00	

Lfd. Nr.	INTERFACE Adresse Nummer	LOK-DECODER Nr.	S1	A8	A7 - A1	S2	D8-7	D6 Richtg.	D5 Zusatzf.	D4-D1 Fahrstufe	S3	P8 - P1	Fahrstufe Nr.	Bemerkung
			2	2	2222222	3	33	3	3	3333	3	44444444		
	01 - 99	01 - 99	1	2	3456789	0	12	3	4	5678	9	01234567	0 - 14	
085		84	L	L	HLHLHLL	L	LH	L	L	LLLL	L	LLLHLHLL	00	
086		85	L	L	HLHLHLH	L	LH	L	L	LLLL	L	LLLHLHLH	00	
087		86	L	L	HLHLHHL	L	LH	L	L	LLLL	L	LLLHLHHL	00	
088		87	L	L	HLHLHHH	L	LH	L	L	LLLL	L	LLLHLHHH	00	
089		88	L	L	HLHHLLL	L	LH	L	L	LLLL	L	LLLHHLLL	00	
090		89	L	L	HLHHLLH	L	LH	L	L	LLLL	L	LLLHHLLH	00	
x														
091		90	L	L	HLHHLHL	L	LH	L	L	LLLL	L	LLLHHLHL	00	
092		91	L	L	HLHHLHH	L	LH	L	L	LLLL	L	LLLHHLHH	00	
093		92	L	L	HLHHHLL	L	LH	L	L	LLLL	L	LLLHHHLL	00	
094		93	L	L	HLHHHLH	L	LH	L	L	LLLL	L	LLLHHHLH	00	
095		94	L	L	HLHHHHL	L	LH	L	L	LLLL	L	LLLHHHHL	00	
096		95	L	L	HLHHHHH	L	LH	L	L	LLLL	L	LLLHHHHH	00	
097		96	L	L	HHLLLLL	L	LH	L	L	LLLL	L	LLHLLLLL	00	
098		97	L	L	HHLLLLH	L	LH	L	L	LLLL	L	LLHLLLLH	00	
099		98	L	L	HHLLLHL	L	LH	L	L	LLLL	L	LLHLLLHL	00	
100		99	L	L	HHLLLHH	L	LH	L	L	LLLL	L	LLHLLLHH	00	
x														
x														
101	016	16	L	L	LLHLLLL	L	LH	L	L	LLLL	L	LHLHLLLL	0	Geschwindigkeits-
102										LLHL		LLHL	1	steuerung
103										LLHH		LLHH	2	
104										LHLL		LHLL	3	
105										LHLH		LHLH	4	
106										LHHL		LHHL	5	
107										LHHH		LHHH	6	
108										HLLL		HLLL	7	
109										HLLH		HLLH	8	
110										HLHL		HLHL	9	
111										HLHH		HLHH	10	
112										HHLL		HHLL	11	
113										HHLH		HHLH	12	
114										HHHL		HHHL	13	
115										HHHH		HHHH	14	
x														
116	016	16	L	L	LLHLLLL	L	LH	L	L	LLLL	L	LHLHLLLL		Fahrtrichtung 1
117	016	16	L	L	LLHLLLL	L	LH	H	L	LLLL	L	LHHHLLLL		Fahrtrichtung 2
x														
118	016	16	L	L	LLHLLLL	L	LH	L	H	LLLL	L	LHLLLLLL		Richt.1 Funktion ein
119	016	16	L	L	LLHLLLL	L	LH	H	L	LLLL	L	LHHLLLLL		Richt.2 Funktion ein
x														

Sachregister